U0530283

光尘
LUXOPUS

古文观止有意思

邵鑫 著

图书在版编目（CIP）数据

古文观止有意思 / 邵鑫著 . -- 北京：中信出版社，2024.4（2024.4重印）
ISBN 978-7-5217-6075-0

Ⅰ.①古… Ⅱ.①邵… Ⅲ.①《古文观止》－注释②《古文观止》－译文 Ⅳ.① H194.1

中国国家版本馆 CIP 数据核字（2023）第 200905 号

古文观止有意思
著者：邵鑫
出版发行：中信出版集团股份有限公司
（北京市朝阳区东三环北路 27 号嘉铭中心　邮编 100020）
承印者：北京中科印刷有限公司

开本：787mm×1092mm　1/16　　印张：19.75　　字数：237 千字
版次：2024 年 4 月第 1 版　　印次：2024 年 4 月第 2 次印刷
书号：ISBN 978-7-5217-6075-0
定价：69.00 元

版权所有·侵权必究
如有印刷、装订问题，本公司负责调换。
服务热线：400-600-8099
投稿邮箱：author@citicpub.com

翻开这本书,
　　历史和古人苏醒了。

目录

序一
古文观止有意思　卢永璘　7

序二
《古文观止》在当下的价值　阮忠　9

序三
在《古文观止有意思》里寻找内心的力量　樊登　13
前言　18

壹

思维

去解决最主要的矛盾，去击中最关键的症结。制胜的根本是你具备了独立思考问题和解决问题的能力。

01《郑伯克段于鄢》：通过说话看性格　003
02《烛之武退秦师》：分析利弊是关键　029
03《曹刿论战》：至少知道怎么赢　043
04《子鱼论战》：该出手时就出手　055
05《展喜犒师》：搞懂对方要什么　066

应变

一定要陈述客观事实，不要太露骨，要给对方留有余地。不要一开始就说大道理，要从身边小事说起。

06《王孙圉论楚宝》：什么东西最值钱　079

07《阴饴甥对秦伯》：态度要不卑不亢　088

08《寺人披见文公》：如何让人不记仇　098

09《子产坏晋馆垣》：如何维护尊严　107

10《楚归晋知罃》：看待问题要客观　119

11《冯煖客孟尝君》：做事学会留后路　126

叁

说话

当你在和他人交涉的时候,你一定要明白对方到底要什么。尽可能地让对方从"情"和"理"两个方面来理解你做事的原因和道理。

12 《石碏谏宠州吁》:宠你就是害了你　143

13 《谏逐客书》:如何防止被辞退　160

14 《郑庄公戒饬守臣》:话不能说得太绝　174

15 《邹忌讽齐王纳谏》:怎么说别人不爱听的话　185

16 《触龙说赵太后》:铁了心该怎么劝　195

17 《子产论尹何为邑》:有些机会不能给　208

18 《宫之奇谏假道》:有些便宜不能占　216

肆 文章

文章是有灵魂的。通过精细地解读文本，动脑分析，用心感受，思接千载，视通万里，实现与古人的心灵对话，最终以古人智识壮我之血脉，以历史洞见为未来开路。

19《有子之言似夫子》：断章取义要不得　231

20《桃花源记》：学会给人讲故事　239

21《兰亭集序》：生死之外无大事　247

22《与韩荆州书》：李白如何自我介绍　256

23《前出师表》：掌握汇报的分寸感　270

24《陈情表》：史上最牛请假条　281

序一

古文观止有意思

文 / 卢永璘　北京大学中文系教授、博士生导师

邵鑫是才子，大才子。这是他在北大中文系读本硕的七年间留给师友们的印象。他曾任北大文学社社长、系辩论队队长，即可见一斑。

当然，那时他的主要精力还花在专业知识的吸收积累和文学研究的刻苦训练上，"积学以储宝，酌理以富才"。他本科毕业论文的选题是明朝文论家李贽的《童心说》，由我指导；旋即在我门下读研，三年后硕士学位论文题为《从"三言"中的"当场描写"看话本小说的文人化进程》。两篇论文都给我留下了深刻的好印象：搜集的资料翔实全面，论证思路明晰，文字干练清爽，特别是立意较高、有新意。

作为北大文学社社长，邵鑫创作的文学作品，我见到的很少，他应该是怕作为导师的我看了生气，骂他不务正业吧，其实我不会。2010年春，我奉命东渡扶桑讲学一年，门下硕士生和博士生十余人合著了一本送别纪念集——《涉江集》，邵鑫在繁忙中提交了两篇作品：一篇散文《"长筒靴"与"名地毯"》，一篇小说《一颗宝石引发的血案》。我下榻异国会馆后当夜失眠，又牵挂学子们，觉得对不住他们，便随手翻看带来的《涉江集》。当看到邵鑫这两篇大作时，始

则忍俊不禁，继而瞠目结舌，终则毛骨悚然！心想这个邵鑫，何苦恐吓我哉！但又禁不住连连感叹：真是个怪才，大才！照此路数，执着写下去，说不准会成为文学大家……

但邵鑫毕业后当然要先谋一个饭碗，便去了一家有名的国企，虽是做文秘摇笔杆，但任人驱遣，案牍劳形。终究这位大才子忍受不住，挣脱了牢笼，放手写作，讲演，搞起"邵鑫读书"这个品牌，瞄准传播古诗文来弘扬传统文化这一千秋大业，很快就风生水起。近年来线上线下授课之余，邵鑫陆续出版了《中学古诗词鉴赏阅读攻略》《会读书才会学语文》等多部著作。

近日邵鑫过访寒舍，又带来一部书稿，即此《古文观止有意思》，真是一位多产的写手。浏览一遍，发现其内容充实，讲解精审，胜义迭出，一如其多年前的本硕学位论文那样精彩、厚重。诸多长处，我就不一一罗列了，请各位细看阮忠教授所作的序，阮先生是《古文观止》研究大家，所论中肯，令人很受启发。我就不再饶舌了，就此打住。

甲辰春月
湛庐永璘
识于燕园

序二

《古文观止》在当下的价值

文 / 阮忠　海南师范大学文学院教授、博士生导师

我和《古文观止》有些缘分。

60年前,做中学语文教师的父亲常在家里捧着一本《古文观止》,晃着脑袋用黄陂话吟诵。这书是他一生的至爱,年逾古稀,仍常吟诵,而我最早能背的古文如《郑伯克段于鄢》《过秦论上》《陈情表》《滕王阁序》《师说》《前赤壁赋》等,都出自《古文观止》,是父亲责令我背的。

1999年年初,我在武汉华中师范大学文学院任教,附近的洪山中学请我去做《古文观止》的讲座。讲完后,我写了《我说〈古文观止〉》一文,发表于当年的《语文教学与研究》第4期。

2020年12月,北京师范大学郭英德兄让我去长沙岳麓书社,讲解他主编的名著导读名家讲解版《古文观止》,结识了岳麓书社的蔡晟,大家都叫她蔡总。我讲解的内容放在该社2021年年底出版的《古文观止》中,该书可以用手机扫码收听。

2023年7月,经蔡总引荐,帆书旗下的文化公司北京光尘大川负责人上官小倍女士请我审订一本讲解《古文观止》的书,我不假思

索就答应了。

这是我与《古文观止》第四次结缘。以上几乎可以构成我的《古文观止》阅读史。我不惮烦地叙说这一历程，是想表明这部书自清朝康熙年间问世以来，一直深受众多读者喜爱，我只是其中一位而已。

20世纪以来，《古文观止》的无数版本问世，一代代的读者以它为阅读古文的门径，足以说明它是一本好书。这实在是当年编《古文观止》的吴楚材、吴调侯没有料到的。他们那时斗胆把这部书称为"古文观止"，意思是读了这些古文，便不必再读其他古文。果然，至今没有产生一部可以超越《古文观止》的新古文选本，尽管自它问世起，三百多年过去了。

这三百多年来，《古文观止》读者众多，二吴编选时有简约的点评，也还精当，但毕竟是一家之言，人们早已不能满足。现在，解读《古文观止》的人也多，注释、翻译、讲解，大家乐此不疲，包括这本我受命审订的《古文观止有意思》。

邵鑫说，今天不少人读《古文观止》，只把它当成一本文言文或古文学习的工具书，这真是"买椟还珠"。《古文观止》收录的二百二十二篇古文，多数称得上古文精品，是传统文化的代表，蕴含着许多人生智慧，应取其智慧而不是溺其文辞。不过，《古文观止》首先是古文，学古文的人叩其门而入也是常事。邵鑫强调它是一本智慧之书，很有道理。古往今来，时代前行，环境变易，但人性依旧，爱情的琴瑟和鸣，离别的杨柳依依，孤独的形影相吊，生命的春夏秋冬，古代如此，当下亦然。因此，这些古文能够成为今人生活的明镜，隐约映现古人的经验和智慧，大到治国理家的方略，小到交往沟通的一笑一颦。生活有智慧也有艺术，你想知道吗？请读《古文观止》。

《古文观止》好读，真正读懂却不容易。我很欣赏邵鑫讲解这部书的愿景：让大家读懂，且懂透。按他的意思，读者得真正了解每篇文章背后的文学、历史、地理等诸多要素，知其表里也知其始末，知其然知其所以然。这样说起来容易，做到却不容易，古人写的文章看似寻常，却在寻常中遮蔽了背后的故事。读文章的人、讲文章的人得探索它的来龙去脉，弄清事件的缘由，悟出故事蕴含的道理，从而有清晰的思考、深刻的认知。

　　当然，历史的还原是困难的，陈寅恪先生告诫力图还原历史的人，要抱有对历史的"同情心"，即了解之同情。走进历史，方能贴近历史。邵鑫正是这样做的，他不只讲解字词，翻译语句，更是将文中历史人物、事件相互关联，这就真正勾勒出历史事件的面貌，厘清道理。《曹刿论战》中鲁国以小胜大、以弱克强的原因是什么？当时齐国和鲁国的国情如何？曹刿为何越级请见鲁庄公？为什么刻意强调作战地点"长勺"？邵鑫这样层层推导，引导读者深入，让人读起来欲罢不能。《烛之武退秦师》，邵鑫以佚之狐慧眼荐烛之武、郑文公劝烛之武退秦师、烛之武诠释利弊、郑国灭亡无利于秦、郑国不亡对秦有利等为纲目，让烛之武危言耸听地对秦穆公说，晋国灭掉郑国之后就会去灭秦国，惊出秦穆公一身冷汗。如此抽丝剥茧，历史事件背后令人目不暇接的故事自然呈现在人们面前，读起来饶有兴味。

　　古文不单是记叙历史，还有许多说理言情之作。说理也好，言情也罢，会有历史事件在支撑。这让邵鑫在讲解古文时，在其中孜孜以求触发理与情的历史事件。讲秦李斯的《谏逐客书》，少不了问秦国为何要逐客籍人。三国诸葛亮的《前出师表》中，刘备为什么要托孤诸葛亮？东晋陶渊明的《桃花源记》中，桃花源中人真的是"避秦时乱"而来此地的吗？邵鑫很会提要钩玄，在看似无疑处生疑，讲则吸引听众，解则感染读者，让大家顺着他的思路在《古文观止》中徜徉，读书的快乐油然而生。

年轻的邵鑫倡导读书，因读而思，每遇一文，不拘一格地精心提炼古人的智慧，在走进历史时既符合古文自身的逻辑，又引人进入读书的胜境，其中自然有他自己的人生体验与感悟。如讲《王孙圉论楚宝》，楚宝是国富民安，而非被帝王、贵族当作玩物的玉器，于是他说应从本质上看问题，而不囿于事物的表象。在《陈情表》里，李密巧妙地借当朝以孝治天下、他因孝敬祖母不能入朝做官向晋武帝"请假"，邵鑫顺势说，向别人提出请求，得先帮对方把顾虑消除，这样一来，事就容易办成，李密就是如此。这是对古人生活经验的归纳，与现实生活勾连起来，以古鉴今，古可为今所用。只是我们在运用的过程中，要以取其精华、去其糟粕为永远的原则。

邵鑫很会讲解古文，在有故事的地方讲出道理，在说理言情的地方讲出故事，总能扣人心弦。而他语言的平易畅达，让我想起苏东坡《自评文》说的："吾文如万斛泉源，不择地皆可出。在平地滔滔汩汩，虽一日千里无难。及其与山石曲折，随物赋形，而不可知也。所可知者，常行于所当行，常止于不可不止，如是而已矣。"我一直铭记这段话，作为自己写作的向往，因此猜想这也许是邵鑫精讲《古文观止》在语言和思想表达上的追求。这让我更乐于为这本书作序。

我喜欢《古文观止有意思》，相信广大读者也会喜欢。

序三

在《古文观止有意思》里寻找内心的力量

文 / 樊登　帆书 App 创始人、首席内容官

我从小爱逛旧书摊，旧书摊就是我的游乐场。每次看到不同版本的《古文观止》，不管厚薄，我都会买回家。别的小朋友把零用钱花在小人书、零嘴上，而我却乐于为《古文观止》"倾家荡产"。想来，"古文观止"这四个字对小时候的我，确有一种说不清道不明的吸引力，而且这种吸引力竟然绵延至今。

阅读《古文观止》，总能给我带来休闲娱乐般的体验。午后，雨天，或者临睡前，随意翻开其中一篇，仿佛拆盲盒：有的短小精悍，如刘禹锡的《陋室铭》，全文只有 81 个字；有的大气恢宏，故事性也很强，如司马迁的《报任安书》，"人固有一死，死，或重于泰山，或轻于鸿毛，用之所趋异也"。千古绝唱，当之无愧。

更有意思的是，我们总能在这些文章中找到熟悉的典故，比如锦上添花、杯弓蛇影、指鹿为马等。大家虽然知道这些成语，但并非都了解它们的出处。其实，答案都藏在《古文观止》里。

小时候，我很喜欢玩扫雷游戏。扫雷最好玩的就是散点，每一次胡乱点击，都可能引起大面积的"爆炸"，爽感便由此而来。阅读

《古文观止》同样如此。翻开任何一篇，都可能会触发历史机关，炸出典故、文化，以及无数曾经鲜活并充满智慧的生命个体。

但是很可惜，并不是所有人都有能力领略古文的魅力。一方面，古代书写不便，古人写文章言简意赅；另一方面，古文离我们年代久远，字义演变，难以理解。这就需要一个合格的解读者，解读者不但要有强大的知识储备，把每篇古文原意吃透，还得具备开阔的视野、灵活的思辨能力，才能发掘古文的现实价值，以满足当今读者的需求。在我的朋友圈里，恰好就有这么一个人，他或许是解读《古文观止》的不二人选。

这个人就是邵鑫。邵鑫是"85后"，山东人，北京大学中文系本硕，从小就是学霸，高考三个志愿全填北大。他跟我说，小时候家里有一本金批《水浒传》，他阅读次数过多，真的翻烂了，长大后，更是对古文经典爱不释手。因此，我说他讲古文有"童子功"。

我与邵鑫结缘，始于山东卫视一档叫作《超级语文课》的公开课节目。当时，我是课评员，邵鑫是参赛选手。节目会聚了全国范围内的优秀语文教师，他们不仅要直面像我这样挑剔的课评员，还需要努力争取30位各年龄段学生的青睐，经过投票方能进入下一轮。

邵鑫一亮相，讲的就是一篇难度很大的古文——《干将莫邪》，出自东晋干宝的《搜神记》。我和坐在前面的学生听得津津有味，我心想，古文原来还能这样讲。当晚，我就邀他一起吃饭，请他开一门古文课。至于讲什么内容，我俩异口同声：《古文观止》。一切都是那么顺理成章。

课程上线后，我自己就是忠诚的听众，不仅每天听，还在朋友圈里反复"安利"。听过我讲书的朋友知道,我讲一本书往往要用60分钟,而邵鑫讲一篇古文就需要同样的时间,可见其在深度挖掘上的用心。

邵鑫和我还有个共同点:平民视角,有时甚至是孩子视角。我们不会假设所有人都"应该知道"。有些老师容易陷入"知识的诅咒",自己特别明白,但讲不明白。邵鑫始终记得自己当年读古文时在哪些地方产生过困惑,这对他今天的讲解至关重要,因为只有这样,他才可以推己及人,才会知道别人在读这篇文章时可能会遇到什么问题。

说到这里,需要强调一下,这本书并非简单的"课转书",而是课程的"升级版"。邵鑫用一年多的时间把每篇讲稿重新写了一遍,逻辑更清晰,语言更生动,并对目录做了主题编排,力求精益求精。此外,编辑团队还特别邀请了中国古代散文学会副会长阮忠老师对全书逐字审订,以确保准确、严谨。纸质书还增加了注释,方便读者深入咀嚼、仔细品味古文的魅力,做到知其然知其所以然。如果你已经听过邵鑫的课,你会发现这本书里新增了不少邵老师的独家解读,与课程完美互补。如果你没有听过邵鑫的课,那么这本书可作为你了解中国传统文化和古代圣贤智慧的启蒙读物。

在我的直播间里,经常有家长问:"如何培养孩子的阅读热情?""怎么提高孩子的语文成绩?"我想告诉家长朋友,语文成绩的提高真的不是靠简单的刷题。如果有捷径,那就是多读书——读近代的书,读古代的书。对孩子来说,阅读《古文观止》还有一大好处,里面既有议论文,又有记叙文。很多孩子之所以不会写议论文,是因为他们根本不知道怎么去议论。只要多读几遍《古文观止》,孩子就会恍然大悟:原来这就是议论。还有的孩子不会写人、不会写景、不会记事，这些问题通过阅读《古文观止》也都能得到解决。我觉得这才是培养阅读兴趣、提高语文成绩的好方法。

我希望成年人也读一读《古文观止》，每个人都需要找到文化的支撑。有了文化的支撑，人的内心就会有力量。如果对中国过去的背景一无所知，那我们根本不知道作为中国人为什么值得骄傲。

读古书，你会惊讶地发现：孔子的人格原来这么成熟！如果把《孟子》《老子》《庄子》等都读完，你会慢慢感受到先贤带给我们的强大力量。这种力量不光能够支撑我们去创业、去成事，还能够支撑我们去面对生死。试想，古往今来，那么多仁人志士，哪个凭借的不是从先贤那儿学来的这一口气？

曾国藩发现，不读书的人很难打胜仗，他就下令把兵痞全部开掉，读书人带庄稼汉。所以，要检验一个人书读得怎么样，不是看他能够背诵多少，他的口头禅是什么，而是正如"湘军之父"罗泽南在给曾国藩的信中写的那句寄语："乱极时站得定，才是有用之学。"这个才是我们读书最重要的目标。

邵鑫选入这本书的文章，都是《古文观止》里的精华。看懂这些文章，再去看其他古文就容易多了。这些文章中，有我特别喜欢的《陈情表》，作者是魏晋时期的李密。《陈情表》被誉为千古最动人的文章之一，"臣无祖母，无以至今日；祖母无臣，无以终余年"，每次读到这里，我都会感叹古人的感情表达是多么自然淳朴。试想，李密要靠一篇文章打动皇帝，打动不了，他可能要被杀头，而李密竟然能够写得那么情真意切，不仅让皇帝不生气，还能让皇帝体认他的孝心，这是何等的表达能力！有人曾问我："樊老师，我不善于表达，该怎么办？"其实，很简单，那就是多读书，多读古文。表达的目的是与别人沟通，沟通的目的是让别人与我们共情。这样，大家才能一起做事。古人、古文为我们提供了丰富的技巧和方法。

我之所以能够说服邵鑫开这门课，再写这本书，也跟我多次读李密的《陈情表》并深受感染有关。

前言

《古文观止》是本名气很大、口气也很大的书。这一点，从书名上就可以看出来。自此书诞生以来，中国人要读古文，基本绕不开它。但在今天，真正爱读它的人并不多。

我身边也有一些《古文观止》的拥趸，但阅读的理由常常是"课本要学""考试会考"，仅此而已。每念及此，痛惜不已。文章是有灵魂的，若把应试作为阅读古文的导向，则把原本熠熠生辉的千古名篇变成了行尸走肉，无异于焚琴煮鹤、买椟还珠。况且任何事情一旦沦为苦差事，则往往不会有好结果。北宋程颐在解《孟子》时说："君子未尝不欲利，但专以利为心则有害。"抱着功利心读古文，算是白读了。

那么，怎么才算不白读？在我看来，须发掘古文自身的魅力，保持好奇心和求知欲，通过精细解读文本，动脑分析，用心感受，思接千载，视通万里，实现与古人的心灵对话，最终以古人智识壮我之血脉，以历史洞见为未来开路。

今天，《古文观止》的阅读价值，不应作为考试工具书，而应作为传承古人智慧和体察文章之道的美味佳肴。以此为考量，我从《古文观止》中挑选了 24 篇文章，从思维、应变、说话、文章这四个维度，进行了精细解读。

本书是以"北大才子邵鑫精讲《古文观止》"这一课程为基础创作的，但与课程内容有很大不同。其一，为了给读者良好的阅读体验，我逐字逐句进行了重新创作，并在编辑老师的协助下删繁就简，相比课程原本口语化、碎片化的表达方式，本书逻辑更合理，表达更清晰，文字更耐读；其二，经典常读常新，时隔一年多再次回顾，我对部分文章有了新的理解和感悟，也一并将它们写进了书中；其三，当初囿于课程时间限制，无法对一些精彩细节展开详细论述，在创作本书时，我对它们进行了比较深入的考订，弥补了此前的缺憾。

付梓在即，感谢我的大学导师卢永璘教授对我的培养和教诲，感谢中国古代散文学会副会长阮忠教授为本书审订并作序，感谢帆书 App 创始人樊登先生的邀请和作序推荐，也感谢为本书付出心血的每一位出版人。限于精力和能力，书中仍有许多不足，盼读者多多指正。

壹

思维

去解决最主要的矛盾,
去击中最关键的症结。

制胜的根本是你具备了独立
思考问题和解决问题的能力。

01 《郑伯克段于鄢》：通过说话看性格

导语

《郑伯克段于鄢》这篇文章久负盛名，很多古文选本都有收录，它是《古文观止》的第一篇文章。当年，我在北大中文系上的第一堂古文课就是讲它。可说实话，那堂课给我的感觉不太好——不是这篇文章不好，而是教室太挤了。刚上大学的我，以为大学也像中小学一样会提前分配好座位。等我踩着上课铃声走进教室，才发现几无立足之地。后来才知道，给我们上课的是蒋绍愚教授，他德高望重，著作等身，还是我们教材的编者，很多学生慕名来听。原本坐50人的教室挤进来上百号人，我被夹在门边角落里站着听了两个小时，四肢僵硬。更尴尬的是，蒋老师是南方人，带些家乡口音，让我这个从未离开过北方的山东小伙儿很不适应。整堂课下来，听得迷迷糊糊，连猜带蒙。此后很长一段时间，提到《郑伯克段于鄢》，我都有心理阴影。可有时候怕什么来什么，不管读什么古代文选，总也绕不开它。也罢，既然躲不过，那就咬牙下苦功夫吧——这一研究不得了，它竟然成了我的"心头好"。

《郑伯克段于鄢》原文

初,郑武公娶于申[1],曰武姜。生庄公及共叔段。庄公寤生[2],惊姜氏,故名曰"寤生",遂恶之。爱共叔段,欲立之。亟[3]请于武公,公弗许。

及庄公即位,为之请制[4]。公曰:"制,岩邑[5]也,虢叔[6]死焉,他邑唯命。"请京[7],使居之,谓之京城大[8]叔。祭仲[9]曰:"都城过百雉[10],国之害也。先王之制:大都,不过参[11]国之一;中,五之一;小,九之一。今京不度,非制也,君将不堪。"公曰:"姜氏欲之,焉辟[12]害?"对曰:"姜氏何厌之有?不如早为之所,无使滋蔓[13]。蔓,难图也;蔓草犹不可除,况君之宠弟乎!"公曰:"多行不义,必自毙。子姑待之。"

既而大叔命西鄙[14]北鄙贰于己。公子吕[15]曰:"国不堪贰,君将若之何?欲与大叔,臣请事之;若弗与,则请除之。无生民心。"公曰:"无庸,将自及。"大叔又收贰以为己邑,至于廪延[16]。子封曰:"可矣,厚将得众。"

1 申:姜姓国,故址约在今河南南阳。
2 寤(wù)生:难产,指生产时婴儿的脚先出来。寤,通"牾",倒着。
3 亟(qì):多次。
4 制:地名,在今河南荥阳。西周时属东虢(guó),后东虢被郑国所灭,制地遂属郑。
5 岩邑:险要的城邑。
6 虢叔:周文王的弟弟,东虢国的国君。
7 京:郑国的旧都,在今河南荥阳。
8 大:同"太"。下同。
9 祭(Zhài)仲:春秋时郑大夫。
10 雉(zhì):量词。古代计算城墙面积,长三丈、高一丈为一雉。
11 参:同"三"。
12 辟:通"避"。
13 滋蔓:滋长蔓延。
14 鄙:边邑。
15 公子吕:字子封,郑大夫,郑桓公的儿子、郑武公的弟弟、郑庄公的叔叔。

公曰："不义不昵[17]，厚将崩。"

大叔完聚，缮甲兵，具卒乘，将袭郑。夫人将启之。公闻其期，曰："可矣！"命子封帅车二百乘以伐京。京叛大叔段，段入于鄢[18]，公伐诸鄢。五月辛丑，大叔出奔共[19]。

书[20]曰："郑伯克段于鄢。"段不弟，故不言弟；如二君，故曰克；称郑伯，讥失教也，谓之郑志；不言出奔，难之也。

遂置姜氏于城颍[21]而誓之曰："不及黄泉，无相见也！"既而悔之。

颍考叔[22]为颍谷封人[23]，闻之，有献于公。公赐之食，食舍肉。公问之，对曰："小人有母，皆尝小人之食矣，未尝君之羹[24]，请以遗[25]之。"公曰："尔有母遗，繄[26]我独无！"颍考叔曰："敢问何谓也？"公语之故，且告之悔。对曰："君何患焉？若阙[27]地及泉，隧而相见，其谁曰不然？"公从之。公入而赋："大隧之中，其乐也融融。"姜出而赋："大隧之外，其乐也泄泄[28]。"遂为母子如初。

16 廪（Lǐn）延：郑邑名，在今河南延津东北、古黄河南。
17 义：正当。昵：亲近。
18 鄢：郑地名，在今河南鄢陵西北。
19 共：古国名，在今河南辉县。
20 书：指《春秋》原文。
21 城颍：郑邑名，在今河南临颍西北。
22 颍考叔：郑大夫，至孝，为时人所称。
23 颍谷：郑边邑，在今河南登封西南。封人：古官名，管理疆界的官。
24 羹：肉汁。此处指肉食。
25 遗（wèi）：留给。
26 繄（yī）：句首语气词。
27 阙：通"掘"，挖掘。
28 泄泄（yìyì）：形容舒坦快乐的样子。
29 见《诗经·大雅·既醉》。匮：穷尽。锡：通"赐"，给予，赐给。这里有影响之意。

• 本文出自《左传·隐公元年》。

君子曰：颍考叔，纯孝也。爱其母，施及庄公。《诗》曰："孝子不匮，永锡尔类。"²⁹ 其是之谓乎！

一 · 破题：郑伯克段于鄢

先说标题"郑伯克段于鄢"。这里的"郑伯"和"段"是一对亲兄弟：哥哥后来做了郑国的国君，即郑庄公，被称为"郑伯"；"段"是弟弟的名字。

值得注意的是，这个标题并不是《左传》作者左丘明取的，而是《春秋》的原文。《左传》是左丘明为《春秋》做的注解，我们要解读的这篇文章，原本是对"郑伯克段于鄢"这六个字的注解。

那么问题来了，这六个字有什么好解释的？当然有，因为短短六个字里，藏着三个谜团。

首先，郑庄公被称为"郑伯"，是一种贬低。尽管郑国是伯爵国，但成康以后，凡是周王室的执政卿士都可以称"公"，享受公爵待遇。郑国的地位在东周初年举足轻重，前三代君主（郑桓公、郑武公、郑庄公）都在王室担任卿士，都称为"公"。左丘明认为，《春秋》在此处称郑庄公为"郑伯"，主要是因为郑庄公在处理弟弟的问题上犯了错。

其次，"克"字一般用在战争中，战胜敌人叫"克"，这个意思沿用至今，比如克敌制胜。郑伯是亲哥，段是亲弟，哥哥打弟弟，居然用"克"，很不寻常。到底发生了什么，使得两兄弟像仇敌一样打得你死我活？

最后,《春秋》惜字如金,能不写的绝对不写,为什么要特意说明郑伯是在"鄢"这个地方把段打败的呢?

这就是《春秋》的特点:微言大义——话不明说,藏在字里行间,观者自己琢磨。《左传》就是明白人左丘明替大家琢磨后,做出的一种解释。

《郑伯克段于鄢》是《左传》的第一个故事。大家读书时一定要注意"第一",因为古人是非常讲究次序的,放在第一,往往有特殊意义。

以《诗经》为例。第一篇《关雎》讲什么呢?"关关雎鸠,在河之洲。窈窕淑女,君子好逑。"从小鸟求偶讲到男女相爱。这就有意思了,孔子说"诗三百,一言以蔽之,曰思无邪",结果一上来就谈情说爱,好像不大讲究。可细想,男女相爱的自然结果就是组成家庭。中国社会是家本位,家庭是基础单元。找什么人组成家庭,通过什么方式组成家庭,很重要。要正天下之气,必先正家风;要正家风,必先正夫妇之德。《论语》讲"君子务本",按这个逻辑,找对了老婆,才能天下太平。

如果说《诗经》讲的是国风、民风、家风,那么《春秋》讲的是事件,是历史。《春秋》的历史可用四个字概括:礼崩乐坏。借用《论语》的说法:君不君,臣不臣,父不父,子不子。而周朝礼制的根本是嫡长子继承制,兄弟争立,导致春秋时期天下大乱。

因此,《左传》的第一个故事就讲兄弟失和。其实,中国古代的乱世大多数是从家乱开始的,正所谓祸起萧墙。夫妇失德也好,兄弟失和也罢,国乱往往源自家乱。乱臣贼子,乱臣即贼子,贼子即乱臣。孔子深刻认识到这一点,《春秋》微言大义,褒贬分明。因此,孟子说"孔子成《春秋》,而乱臣贼子惧"。

综上,要解开所有谜团,关键是弄清楚郑庄公和段之间到底发生了什么。

二·· 母亲引发的争端

初,郑武公娶于申,曰武姜。生庄公及共叔段。庄公寤生,惊姜氏,故名曰"寤生",遂恶之。爱共叔段,欲立之。亟请于武公,公弗许。

——《郑伯克段于鄢》

孩子出问题,根源在父母。这篇文章开门见山地告诉我们,兄弟俩有怎样的父母。

他们的父亲叫郑武公,是郑国的第二任国君。郑武公非常厉害,在位期间,郑国的版图得到了空前扩张。郑武公娶了一个妻子,原文是"郑武公娶于申,曰武姜"。古代一般不记录女子的名字,"武姜"里的"武",是随夫的谥号,而"姜"则是申国的国姓。国与国之间经常通过联姻的形式维持和平,周王室(姬姓)与姜姓申国世代通婚,武姜以相当于申国公主的身份嫁给周王室子弟郑武公。

《左传》特意提到武姜的出身,有什么深意?作为《春秋》的注解,《左传》虽然详细,却也继承了《春秋》微言大义的"优点",很多事情点到为止。本篇既然要讲兄弟失和,当然要研究他们的原生家庭,那么作为母亲的武姜,其为人和出身就非常关键了。深入研究,我们会发现申国是一个很特殊的存在。在西周年间,申起初并未被纳入周王朝的版图，其远在西北，故又被称为申戎——"戎"是中原政权对西北游牧民族的通称。申国算是和西周王朝关系搞得比较好的，还经常联姻，帮忙巩固边防。关系差的，就经常干仗，比如犬戎，周人直接以"犬"称之。

西周是怎么灭亡的呢？很多人会说：烽火戏诸侯！西周的末代天子周幽王，为博褒姒一笑，点燃烽火台，而失信于各诸侯。有没有这回事？大概是有的。这是不是西周灭亡的主要原因？恐怕不是。周幽王最大的错误，不是讨好褒姒，而是因为宠爱褒姒而废了自己的正妻——申后，还顺带废了申后所生的太子（姬宜臼）。申后是申国的公主。于是乎，被抛弃的申后只得带着孩子回娘家。申后的父亲申侯哪能忍受这样的奇耻大辱，一怒之下，非但不守西北边疆了，还联络周边诸侯及犬戎伐周，周幽王被杀于骊山下，西周灭亡。

由此，《郑伯克段于鄢》第一句的深刻含意就交代清楚了：申国的势力不容小觑，申国的公主惹不起。同时，我们知道，申国跟周王朝并非一族，武姜可能从骨子里不把周王朝的嫡长子继承制当回事。对自己所生的两个儿子，姜氏并没有一碗水端平，更没有遵循周礼。她非常喜欢小儿子，却不喜欢大儿子庄公。为什么呢？

文中有四个字：庄公寤生。关于"寤"，《诗经·关雎》提到过，"寤寐思服"，就是睡着了想她，睡醒了也想她——"寤"就是睡醒了。

那么，到底什么是"寤生"？有很多有趣的观点。其一，说庄公出生时眼睛是睁着的——小宝宝一出生，眼睛就瞪得像铜铃；其二，说姜氏生庄公时一度疼到昏死，好不容易才醒过来；其三，说姜氏是在睡梦中生的庄公，醒了之后才发现生了一个孩子——这种无痛分娩的说法有些离谱；其四，寤是个通假字，通"牾"，意思是倒着，寤

壹　思维

生即出生时脚先出来，也就是我们今天所说的难产。哪种说法是对的？见仁见智，但我们看姜氏的态度，就明白她生大儿子时很可能难产——"惊姜氏，故名曰'寤生'，遂恶之"。

在古代的医疗条件下，难产是非常危险的，姜氏和孩子虽然最终都保住了，但估计也经历了九死一生。俗话说，有的孩子是来报恩的，有的则是来报仇的。在姜氏看来，大儿子绝对是个来报仇的主，于是一气之下，直接给他取了"寤生"这个名字。这么看，庄公真是个可怜孩子，出生时差点儿没命，连自己的名字的意思也是"难产"。

在庄公三岁那年，母亲姜氏又生了一个儿子。这个孩子生得格外顺利，姜氏对他疼爱有加，取名为"段"。因为是弟弟，所以叫叔段，又因为叔段后来逃到了共国，所以史称"共叔段"。

段长大之后，一表人才。《诗经》里的"郑风"就是郑地民歌，其中有《叔于田》和《大叔于田》两篇民歌，古代学者一般认为里面的"叔"和"大叔"都是指共叔段。这两篇作品讲共叔段打猎，不仅本领高强，长得也非常英俊，老百姓都很喜欢他。于是，姜氏非常想让自己的小儿子共叔段成为郑国的国君，而且"亟请于武公"。

此处的"请"表示请求，"亟"表示多次。可以想象姜氏每天都在郑武公耳边念叨，说大儿子难产不吉利，应该立小儿子段为继承人。可是，郑武公作为郑国的一代明君，并不同意。他深知要以大局为重，必须遵循嫡长子继承制，才能保障郑国的长治久安。

然而，出身申国的姜氏没有意识到这件事情的严重性，她有个执念，就是把段推上国君之位。郑武公活着的时候，姜氏只能吹吹枕边风，武公一死，她便开始真正实施。

三 ·· 郑庄公是个狠角色

> 及庄公即位，为之请制。公曰："制，岩邑也，虢叔死焉，他邑唯命。"请京，使居之，谓之京城大叔。
>
> ——《郑伯克段于鄢》

郑武公死后，嫡长子即位，就是庄公。根据历史记载推算，庄公即位时只有 13 岁，虽然当上了郑国的国君，但毕竟羽翼未丰，而姜氏在郑国经营已久，背后还有惹不起的申国撑腰。于是，姜氏就开始"逼宫"了，她是怎么做的呢？《左传》讲了四个字：为之请制。

前面说过，周王朝的统治方式有点儿类似于家族管理，新君即位后，通常要把兄弟们封到各处帮自己守地盘。姜氏就瞄准了这个时机，替小儿子段提出了封地请求，而她索要的地盘叫"制"。

制是什么地方？它的另一个名字大家可能熟悉一点儿：虎牢关。《三国演义》的三英战吕布就发生在这里。虎牢关是郑国通往东周王都洛邑（今河南洛阳）的最后一道天险，此地山河表里，易守难攻，是非常险要的关隘。从名字上也可见一斑——虎牢关，是囚虎之牢。制，乃国之咽喉。当年周天子把周文王的弟弟虢叔封到这里，替周朝把守东大门，东虢国建立。后来，东虢国被郑武公吞并，成为郑国最为险要的一座城池。

这么看，姜氏要求庄公把制封给段，用意明显。如果段真的占据此处，对庄公来说必然后患无穷。此时庄公面临两难选择：如果答应，无异于养虎为患；如果不答应，则给了姜氏发难的借口。

郑庄公，如今的少年君主，自幼在歧视和危机的夹缝中生存，早已练就强大的心理素质和应变能力。面对咄咄逼人的母亲，年少的他表现出了远超年龄的老辣。

《左传》记载，庄公回了母亲三句话。

第一句：制，岩邑也。这就是说，制是一座非常险要且坚固的城池。这句话背后的意思是什么呢？因为险要，因为坚固，所以不能分封，否则很容易失控。面对母亲的无理要求，郑庄公并没有直接表态说"不给"，而是客观讲述了制这个城池的特点，很委婉地表达了自己的态度。请大家注意郑庄公的讲话方式，很有智慧，不直接表态，而是尽量客观阐述事实。至于自己的态度嘛，就在事实背后，让对方自己体会。比如，小孩子想吃雪糕，有的妈妈就会说"不准吃"，而有的妈妈会说"上次吃完雪糕，你肚子疼了一晚上"。同样是不让吃，哪种方式更能让孩子接受？当然是第二种，因为妈妈陈述的是客观事实，不直接拒绝小孩子吃雪糕的要求。如果直接表明自己的主观态度，孩子就会有意见：连雪糕都不让吃，妈妈难道不喜欢我吗？

讲完第一句之后，郑庄公又补上了第二句：虢叔死焉。意思是，虢叔就死在制这个地方。这仍然是陈述客观事实，没有直接表态。我们在前面说过东虢国被灭，可虢叔死在这里跟姜氏为段"请制"有什么联系呢？这里面有两层深意。

一是，制并不吉利。虢叔和段的身份相似，都是被哥哥分封去守疆土。既然虢叔在制的下场这么惨，那么段呢？郑庄公的言外之意是：您确定要让您的宝贝儿子去那个别人翻过车的地方？

二是，制并不保险。虽然这里地势险要，但真的可以高枕无忧吗？虢叔的下场是什么？还不是被郑武公灭掉了。郑庄公的言外之意是，就算段得到了这个地方，他也不见得就能掀起什么大浪，我父亲能灭了东虢国,我难道就不能?

最后,庄公说了第三句话:他邑唯命。意思是除了制,其他城池随便挑。显然,这是给姜氏递了一个台阶。我们在拒绝别人时,不要把路堵死,可以提供另外的选项。比如,妈妈说完吃雪糕会肚子疼后,还可以补一句:"渴了,妈妈给你买汽水;热了,妈妈带你吹空调。"

郑庄公的这三句话看似简单,实则精彩:别说这个地方不能给段,就算给了,对段也没好处,别的地方随便挑。这样,庄公既拒绝了母亲的要求,又不显得尴尬。读到这里,大家认为13岁的郑庄公是个怎样的人?——少年老成,果决有谋,能屈能伸。

面对这么会说话的大儿子,姜氏也不能太任性,于是借坡下驴,提出了一个新要求,即"请京"。这里的京当然不是郑国的国都,而是一座名叫"京"的城池。为什么叫京呢?因为它是郑国的旧都,郑国最初给东周把守东大门,都城也离王都洛邑比较近,就在京。后来郑国东扩,为了更好地控制新地盘,都城就从京向东搬迁,郑国给新的国都取名为"新郑"。如今既然得不到制,姜氏也毫不客气,想把郑国的旧都京要来给小儿子。得到京,就得到了一个足以和国都新郑抗衡的大城。更关键的是,京还在从新郑到东周王都洛邑的必经之路上。可以说,姜氏想帮着小儿子造反的心思已经昭然若揭。

对这一点,心思缜密的郑庄公何尝看不出来,但他并没有说破,也没有拒绝,答应了母亲的要求,把京封给了弟弟段,还赐给他一个特别的名号——"京城大叔"。这里的"大"要读作"太",指至高无上,有点儿一人之下万人之上的意思。这就奇怪了,郑庄公明知道母亲想帮着弟弟造反,非但不管,还给弟弟封了个"九千岁"的名号,这是怎么回事?

庄公这样做，一个叫祭仲的大臣看不下去了。

四·祭仲是什么性格？

祭仲曰："都城过百雉，国之害也。先王之制：大都，不过参国之一；中，五之一；小，九之一。今京不度，非制也，君将不堪。"公曰："姜氏欲之，焉辟害？"对曰："姜氏何厌之有？不如早为之所，无使滋蔓。蔓，难图也；蔓草犹不可除，况君之宠弟乎！"公曰："多行不义，必自毙。子姑待之。"

——《郑伯克段于鄢》

祭仲见到庄公，说了三句话。

第一句：都城过百雉，国之害也。我们先区分两个词：国和都。春秋时期，诸侯国的国都叫"国"，诸侯国内某封地的中心城市叫"都"。例如，郑国的国都新郑，就叫"国"；京作为郑国内部叔段封地的中心城市，就叫"都"。国和都的关系，类似于今天的国家首都和省会城市。祭仲所说的"都城过百雉"中的"城"并不是指城市，而是指城墙。这句话的意思是，一旦某个封地城市的城墙长度超过了三百丈，就会对国都造成威胁。为什么古代这么看重城墙的长度呢？

是因为在古代战争中城墙的作用至关重要。城墙越长，防御力越强吗？确实，古代打仗，城墙是非常重要的防御屏障。城墙越长，意味着地盘越大，物资越多，人力也越强。所以春秋时期明确规定了各级别城池的城墙长度，而城墙长度达三百丈是各国国都才有的特权。

一旦封地城市的城墙超过了三百丈，就僭用了国都的规格，很可能拥兵自重，形成割据，对国都造成很大威胁。

因此，祭仲一上来就对庄公说"都城过百雉，国之害也"。言外之意是，把京这样的大城封给段，于礼不合，会对国都造成很大的威胁。祭仲的这句话是主观判断，相对冷静，没有指名道姓。人在表达时会说两种话，一种是客观事实，另一种则是主观判断。客观事实让人信服，而主观判断则容易引起质疑。如果想让人相信自己的主观判断，就必须用客观事实来佐证。

于是，祭仲给出了第二句话——"先王之制：大都，不过参国之一；中，五之一；小，九之一。"意思是先王留下了明确的制度，哪怕是最高级别的封地城市，城墙也不能超过国都的三分之一；中等的不能超过五分之一；小的不能超过九分之一。这就不是主观判断了，先王制度是可以查证的，属于客观事实。这个事实一摆出来，也就证明前面那句话是真实可信的。

于是，祭仲得出了作为结论的第三句话，也是他这次觐见庄公要表达的主要观点。这句话说得很巧妙，前半句"今京不度，非制也"完全是客观事实，后半句"君将不堪"则完全是主观判断：现在京的规模不符合先王制度，您将会承受不住。

祭仲绕了半天，其实就想表达"君将不堪"。但绕完这一大圈子，这个观点就显得非常客观和可信。哪怕是"君将不堪"这个说法，也是一种很含蓄的表达。通过这段话，我们可以看出祭仲是个性格非常沉稳的人。他实际上要劝谏郑庄公留心叔段造反，但并没有明说，更没有轻易表明自己的态度。毕竟，作为臣子，伴君如伴虎，在没有摸清郑庄公对弟弟的真实态度之前，祭仲绝不能轻易表态，否则，很可能招来杀身之祸。面对郑庄公这种城府极深的君主，就算猜中了他的心事，也有可能被当成棋子。

《韩非子》里就讲过这样一个故事，庄公的父亲郑武公当年要攻打胡国，却先跟胡国联姻，把自己的女儿嫁到胡国，好让胡国人放松警惕。

过了一段时间，郑武公就叫来一帮大臣，问道："我最近想要讨伐周边国家，你们觉得哪个国家可以讨伐？"一个叫关其思的大夫站出来说，打胡国，他们现在很松懈。很明显，他看出了郑武公的意图。谁知郑武公勃然大怒："胡国是我们的兄弟，怎么能打胡国呢？而且我女儿还在胡国呢！拉出去，斩！"

关其思被杀的消息传到胡国，胡国人彻底"躺平"了。不久，郑武公却突然发兵，轻而易举地把毫无准备的胡国灭掉了。

讲完这个故事，大家就能明白，为什么臣子对君王说话会经常拐弯抹角。正所谓"螳螂捕蝉，黄雀在后"，前一秒你还以为自己是只猎犬，下一秒你才发现自己只是个诱饵。在获取真正信任前，君王抛来的每道题都有可能是"送命题"。

因此，从祭仲的说话方式上，可以看出他谨慎老到的性格，还可以推断祭仲和新君庄公之间恐怕并没有建立起足够的信任和默契，双方还处在沟通试探和相互磨合的阶段。

面对祭仲半带试探的劝谏，庄公把球踢了回去：姜氏欲之，焉辟害？——姜氏想要啊，我能有什么办法来避祸呢？这句话里的"辟害"很值得玩味，庄公到底避什么祸？表面上看，是说放任弟弟在京发展势力，会给自己惹祸，但经过前面的分析我们知道，此刻就算郑庄公亮明态度，对段进行压制，难道姜氏不会借机作乱吗？这又何尝不是可怕的祸患呢？

值得注意的是，此时庄公直呼姜氏，没有任何敬爱，说明他对母亲已经失望透顶。可这个冷冰冰的称呼，正是姜氏多年来的歧视和偏心造成的。因此，"姜氏"这个称呼也向祭仲透露了庄公的真实意图：当然愤恨，但时机尚不成熟！

祭仲显然捕捉到了庄公的心思，于是也放心地说出自己的想法：姜氏哪会满足呢？一味退让，只会让他们变本加厉。"不如早为之所，无使滋蔓"——虽然意思已经明确，但仍然带着鲜明的表达艺术——祭仲并没有直接建议庄公处置姜氏和段，只是打了个比方：斩草要除根！一旦野草蔓延，要除掉都很困难，何况是您受宠的弟弟呢！

由此我们可以知道，祭仲这个人，政治斗争经验是很丰富的，手段也非常狠毒，他的性格和郑庄公有些相似。只是，祭仲还是低估了庄公的耐性和城府。在听完祭仲的建议后，庄公只是轻描淡写地说了句"多行不义，必自毙。子姑待之"。多行不义必自毙这个成语就出自这里，意思是坏事儿做多了，一定自取灭亡。"子姑待之"，意思是你就等着看好了。

庄公明明怨恨偏心的母亲和骄纵的弟弟，也知道他们的势力很可能越来越大，为什么却选择隐忍不发？一方面，可能是因为自己羽翼未丰，时机尚不成熟；另一方面，庄公可能在下一盘更大的棋。他让祭仲等着看，等什么呢？只有读懂了这一点，才能真正明白郑庄公的怨恨和城府究竟有多深。

五 ·· 公子吕是什么性格？

> 既而大叔命西鄙北鄙贰于己。公子吕曰："国不堪贰，君将若之何？欲与大叔，臣请事之；若弗与，则请除之。无生民心。"公曰："无庸，将自及。"大叔又收贰以为己邑，至于廪延。子封曰："可矣，厚将得众。"公曰："不义不暱，厚将崩。"
>
> ——《郑伯克段于鄢》

《左传》讲故事非常巧妙，无关紧要的一概不提。段得到京之后，其实已经过去多年，文章却只用"既而"两字轻轻带过。多年后，作为京城大叔的段越来越嚣张，仅仅掌控分封的地盘已经不能满足他的野心。京地处郑国西部偏北，于是段干脆直接命令郑国西部和北部的边境城池"贰于己"。这里的"贰"，就是同时服从于两方，不但听命于庄公，还要听命于大叔，这已然是挑战庄公的国君地位。可庄公仍然无动于衷，又有一位大臣看不下去了。

那就是公子吕。"公子"最初的意思可不是帅哥，而是"公"的儿子。公子吕是郑桓公的儿子，也是郑武公的弟弟、郑庄公的叔叔，名吕，字子封。"公子"这个身份非常重要，表明了君臣之间的亲属关系，也决定了他们之间的对话态度。我们会发现，公子吕在跟郑庄公讲话时，完全没有祭仲那般小心翼翼。

公子吕的第一句话就很野：国不堪贰，君将若之何？一个国家怎么能有两个君主呢？你还想不想干了？听听这句话，像不像《三国演义》里张飞对刘备说话的口气？而且边境出事后，也是公子吕跑来说，他大概是个能征善战的猛将，加上与郑庄公的叔侄关系，说话才无所顾忌。

公子吕给郑庄公当头一棒后，越说越气。"欲与大叔，臣请事之；若弗与，则请除之"这句更狠，已经带着股驴脾气了：你要是不想干了，我就去帮你弟弟跟你对着干；你要是还想干，就别磨磨叽叽，赶紧灭了他！直到把不爽发泄完，公子吕才补上一句很重要的话："无生民心。"

我每次对比祭仲和公子吕说的话，就觉得特别有趣。祭仲是先铺垫一大堆客观理由，最后才小心翼翼、扭扭捏捏地说出自己的意见；公子吕则完全相反，一上来就是一通牢骚，最后才补上一句正经理由。这体现了两个人的不同性格，当然有身份差异的原因。我们今天又何尝不是如此？越是亲近的人，讲话往往越没有顾忌。《左传》笔力，可见一斑！

听完公子吕的话，郑庄公依然非常淡定："无庸，将自及。"意思是不用管他，他会自取灭亡。郑庄公的这个态度，让在"作死"边缘疯狂试探的段更加放肆了。又过了一段时间，段开始公然抢夺哥哥的地盘，命令西部和北部边民只听命于自己，将西部和北部地区纳入自己的封地范围。这样，郑国北部大都在段的控制之下，他的势力甚至已经"至于廪延"。廪延是郑国北方战略要地，在今河南延津东北。东汉末年曹操与袁绍争夺北方，延津就是军事要地，袁绍的大将文丑就是在延津之战中被斩。段原本只是占据以京为中心的西部封地，这时连北方的廪延都处于他的控制之下了！

庄公却依然不闻不问。公子吕这次是真憋不住了："可矣，厚将得众。"行了！你装模作样也要有个度吧！再这么下去，人都去你弟弟那儿了！

壹　思维

谁知郑庄公还是一脸淡定："不义不昵，厚将崩。"意思是，不义又不昵，人越多他就越惨。什么是不义不昵？为什么这四个字会给郑庄公这么大的信心和勇气？

义的意思是正当，不义也就是不正当。什么不正当？表面上，好像是说段得到那些地盘不正当，在道义上是站不住脚的。但背后还有一层意思，就是如果段真的造反，两边打起来，谁是正义一方？当然是郑庄公。名不正言不顺，就不会有人支持，这是郑庄公不怕弟弟造反的第一个判断。

昵的意思是亲近，不昵就是不亲近。谁跟谁不亲近？表面上，好像是说段跟自己的哥哥不亲近，作为弟弟却总想着谋权篡位。但背后还有一层意思，就是段跟自己手下的人不亲近，只知道耀武扬威和抢夺地盘，却不知道笼络人心。看上去人多势众，内部却不一定团结，这是郑庄公不怕弟弟造反的另一个判断。

讲到这里，可见郑庄公这些年其实根本没有闲着——他一面纵容弟弟骄横胡来，一面不断发展自己的势力，笼络各路人马。我有理由相信，在段的身边，还有姜氏的身边，郑庄公早已安插了眼线。他们的一举一动，都被庄公看在眼里，也捏在手里。庄公只是冷笑着在等，等无知的弟弟野心膨胀，等偏心的母亲助纣为虐，等他们公然叛乱，然后将他们一举歼灭！

如若不信，就看看后续的故事吧。隐公元年（前722年），即郑庄公继位第22年，已经32岁的段膨胀到了极点，也自认为做好了所有准备，要发兵把35岁的哥哥郑庄公赶下台。然而他万万想不到，"好哥哥"隐忍20多年，就是在等这一天。

六 ·· 郑庄公下了一盘多大的棋?

大叔完聚,缮甲兵,具卒乘,将袭郑。夫人将启之。公闻其期,曰:"可矣!"命子封帅车二百乘以伐京。京叛大叔段,段入于鄢,公伐诸鄢。五月辛丑,大叔出奔共。

书曰:"郑伯克段于鄢。"段不弟,故不言弟;如二君,故曰克;称郑伯,讥失教也,谓之郑志;不言出奔,难之也。

遂置姜氏于城颍而誓之曰:"不及黄泉,无相见也!"既而悔之。

——《郑伯克段于鄢》

段修筑了城墙,聚齐了军队,修整铠甲武器,准备好兵马战车,将要偷袭郑国的国都新郑。原文使用了"袭",在古文中专指偷袭,而非光明正大出兵。为什么要偷袭?因为不义,一旦正式发兵,势必引起全国讨伐。这就呼应了前文郑庄公的第一个判断。

在段发兵偷袭庄公的同时,沉寂许久的母亲姜氏也露面了。文中说,"夫人将启之"。"启"就是开门,开哪儿的门?当然是郑国国都新郑的城门。《左传》用如椽巨笔跳过了中间的细节:姜氏居于新郑,段居于京,二人分处两地,如何保持沟通?所有过程留给我们想象,却突然道出四个字:公闻其期。期,就是约定。也就是说,段和姜氏之间的约定和小动作,早就被庄公看得一清二楚。读到这里,大家还没明白发生了什么吗?

没错,不管是段还是姜氏,早就被郑庄公监视得死死的,一举一动尽在庄公掌握。这就是为什么不管段和姜氏多么嚣张,不管祭仲和公子吕怎么劝说，庄公永远那么淡定。这就是前面庄公所说的"不昵"，战争一起，只要庄公一声令下，聚拢在段身边的势力就会立刻土崩瓦解。这也呼应了前文庄公的第二个判断。

说到这里，我们还剩下一个很重要的问题：庄公既然早就胸有成竹，为什么不主动削弱弟弟和母亲的势力，而要纵容段发动叛乱？还是因为《春秋》微言大义。前面我们说过，"郑伯"这个称呼是带贬义的，是对郑庄公的不满和批评。为什么要批评他？因为郑庄公本可以早点儿让弟弟收手，他却等弟弟闯了大祸，再将母亲和弟弟一网打尽，让外界觉得自己只是一个无辜的受害者。《春秋》用"伯"来称呼庄公，就是批评他作为哥哥不称职——"伯"本就是大哥的意思，这样一个"伯"，还真是个"好大哥"！

在得知段和姜氏的约定之后，庄公终于露出了他的獠牙。《左传》里庄公只说了两个字，无比冷静，也无比凶狠："可矣！"庄公迫不及待地"命子封帅车二百乘以伐京"。从普普通通的句子里，依然能看出庄公的愤恨和凶狠。首先，伐京说明庄公根本没有等段率军出击，而是在获取证据和情报后第一时间就主动出击，打段一个措手不及。其次，庄公派遣的征讨大将是谁呢？就是前面坚定要求"除之"的子封，没有给段留任何机会。最后，从兵力部署看，春秋初期卿大夫的兵力一般不超过一百乘，所以有"百乘之家"的说法，子封攻打京的兵力多达二百乘，显然有很强的震慑作用。

反观段则不堪一击。《左传》甚至都没有提到他有任何抵抗，只交代了一句"京叛大叔段"。这再次表明双方实力的悬殊，庄公早就部署好了一切，可怜的段还在沾沾自喜，殊不知哥哥才是幕后导演。无奈之下，段只得逃亡，要往哪里逃呢？前面说过，从表面上看，段的势力在西部和北部，按理说他应该往那里跑，《左传》却写他一路向南，逃到了郑国以南的"鄢"。为什么会有这样一条奇怪的逃亡路线呢？很明显，其他方向已经走不通了。我们可以想象，老谋深算的郑庄公一定也在西部和北部安插了人手，段还以为都是自己的势力，但其实全是哥哥安排的"演员"。

你以为庄公的算计到这里就结束了吗？当然不是，别忘了，鄢可是《春秋》专门写到的。为什么要写"郑伯克段于鄢"，而不是"郑伯克段于京"呢？因为鄢原本是郑国的附属国，先把段赶到鄢国去，再以讨伐段为由，将鄢国吞并，这才是郑庄公的最后一步棋。可怜而无知的段，连逃亡都在被哥哥当棋子。

对鄢国的讨伐是郑庄公亲自带兵发起的，足以说明这才是他真正的目的和杀招。《左传》记载："公伐诸鄢。五月辛丑，大叔出奔共。"鄢国被灭，段再次出逃，一直逃到郑国北部一个叫共国的小国。

段为什么要往共国跑，而郑庄公不继续攻打共国呢？这就要讲到共国的独特性了。今天很多人对共国不了解，但它在中国历史上有非常重大且独特的意义。公元前841年，周厉王的暴政引发"国人暴动"，厉王逃走，太子年幼，天下无主，于是各诸侯国选举了共国的国君共伯（名和）做了代理天子，"摄行天子事"。后来就以共和作为年号，这一年被称为共和元年，成为中国历史有确切纪年的开始。

共伯这个人高风亮节，大有周公的风范。共伯掌权14年，太子长大成人，共伯便将王权还给太子——后来的周宣王，自己则重返共国。由于共伯做过代理天子，他回去之后，共国的城墙就按照"天子之城"的规格重新修建，比任何一个诸侯国的城墙都要稳固。前面我们说过，城墙是非常重要的防御屏障，共国城墙坚固，外加这么一段光荣的历史，因此尽管逐渐没落，却在很长一段时间里成了各国流亡者的最佳避难地。段逃到共国以后，才算是真正安定下来，后来人们再提到他，就称他为"共叔段"，这个称呼显然有讽刺之意。

庄公和段的故事可以告一段落了，但还有一个人要继续交代。谁呢？就是罪魁祸首，庄公和段两兄弟的母亲姜氏。此前郑庄公碍于实力和面子，一直在偏心的母亲面前忍气吞声。这时庄公的羽翼已经丰满，弟弟段已被赶走，姜氏的罪证也确凿，庄公便光明正大地收拾自己的母亲了——"遂置姜氏于城颍"。庄公把姜氏放逐到城颍，这个地方在郑国的南部边陲。庄公的心思是可以想见的，就是防止这对母子再联系，密谋造反。郑庄公还发誓："不及黄泉，无相见也！"古人挖墓的时候，黄土下会挖出水，后来就把黄泉当作人死以后居住的地下世界。郑庄公这句话非常决绝，意思是他余生都不会再见姜氏！

《左传》却说"既而悔之"——过了一段时间，庄公后悔了。那么，他为什么后悔呢？有两种推测：要么是庄公良心发现，后悔了；要么是庄公受到了外界的压力，毕竟放逐母亲并永世不见，会背负巨大的骂名。哪一种更有可能？

我倾向于后者。首先，从庄公和姜氏两个人之前的所作所为来看，庄公是很难原谅姜氏的，否则也不用隐忍20多年，更不会驱逐自己的弟弟。其次，庄公之所以一直纵容段，是因为他重视自己的名声，而《左传》之后的记载也印证了这一点。

七 ·· 颖考叔如何破解双重难题?

> 颖考叔为颖谷封人,闻之,有献于公。公赐之食,食舍肉。公问之,对曰:"小人有母,皆尝小人之食矣,未尝君之羹,请以遗之。"公曰:"尔有母遗,繄我独无!"颖考叔曰:"敢问何谓也?"公语之故,且告之悔。对曰:"君何患焉?若阙地及泉,隧而相见,其谁曰不然?"公从之。
>
> ——《郑伯克段于鄢》

文章接着提到了一个名叫颖考叔的人,他听说了郑庄公的事,就跑来见庄公。颖考叔原文称"颖谷封人",就是在颖谷管理疆界的官员。颖谷在郑国的西部,西部边境都听说了,可见郑庄公家里的这档子事儿已经在郑国传遍了。所以我推测,郑庄公是因为自己的名声受影响,才开始后悔。

但要劝谏,对颖考叔来说无疑是个难题。常言说"家丑不可外扬",虽然郑庄公的家丑已经传出去了,但颖考叔也不能明说,稍有不慎就可能引来杀身之祸。他既要聊这件事,又不能说自己已经知道。大家不妨想想,要劝郑庄公,该怎么开口。

回到《左传》。颖考叔的劝谏分为五步,步步惊心,步步精彩。

第一步,"有献于公",就是给郑庄公进献礼物。为什么要做这件事?因为想要劝谏,先得见面,而要见面,总得有个由头吧!不能提庄公家里的事,那要找什么理由呢?前面说过,颖考叔是个边境官员,那么觐见庄公最好的理由,就是为他送上稀有物品或地方特产。

第二步,"公赐之食,食舍肉"。周朝重礼,正式场合更是如此。

国君接见臣子，一定会赐食，而在所有食物中，肉是高级配置，也是身份的象征和殊荣。结果，颍考叔做出了一个十分反常的举动——把肉挑出来，不吃。这就让郑庄公好奇了。

第三步，"公问之，对曰：'小人有母，皆尝小人之食矣，未尝君之羹，请以遗之'"。面对庄公的询问，颍考叔回答说，家里有老母亲，没吃过君王赏赐的肉，所以想带回去给她。

在这里，颍考叔特意提到"小人有母"，显然是说给庄公听的。人都是有母亲的，但像庄公这样的人，听到这句的时候，心里一定会咯噔一下。颍考叔装作毫不知情，大方地在庄公面前"秀孝心"，有两个目的，一是引出庄公和姜氏的话题，二是唤醒庄公心里对母亲的感情。

这时，郑庄公说出了自始至终最有人情味的一句话。之前庄公说的话总是短促而冷漠——"虢叔死焉，他邑唯命""姜氏欲之，焉辟害""子姑待之"……连语气词都很少见。唯一一次带着语气的，是在报仇前说的"可矣！"，语气的背后是愤恨的情感。听完颍考叔的话，庄公却说了八个字："尔有母遗，繄我独无！"这里的"繄"是个语气词，类似于"唉"。庄公说：你有母亲，可以给她肉吃，唉！为什么我没有母亲呢？

我愿意相信，此刻的庄公固然有为自己的名声考虑，但也一定有发自肺腑的感叹。毕竟，再怎么怨恨，又如何能抵挡人类渴望母爱的天性呢？

第四步，颍考叔曰："敢问何谓也？"到了此时，应该说颍考叔已经成功一大半了，但伴君如伴虎，仍然大意不得。于是颍考叔继续装傻充愣：什么意思？您为什么说自己没有母亲呢？

这就是颍考叔的谈话智慧，尽管谈话主导者是自己，却让庄公主动讲。于是，郑庄公就把来龙去脉讲了出来，并告诉颍考叔自己有些后悔。至此，颍考叔最难的一关算是过去了。

但情况仍不乐观，因为郑庄公发过誓："不及黄泉，无相见也！"如果去见姜氏，庄公无疑打了自己的脸；如果不去见，则会继续被人说三道四。这也是庄公迟迟没有行动的原因。而对这个难题，颍考叔显然早就想好了解法。

第五步，对曰："君何患焉？若阙地及泉，隧而相见，其谁曰不然？"颍考叔非常聪明地玩了一把文字游戏。庄公的誓言是："不及黄泉，无相见也！"那么，只要能够到黄泉，不就可以见面了吗？虽然我们用黄泉来指人死后的世界，但在现实中也可以挖出黄泉来呀。于是颍考叔建议郑庄公挖条地道，挖出"黄泉"，再和姜氏在地道里见面，这就不算违背誓言了！

颍考叔这个人太有脑子了，灵活应变，关键是能读懂人心。显然，庄公对颍考叔的主意相当满意，于是文章写道："公从之。"

八 ·· 郑庄公与姜氏的真实结局

公入而赋："大隧之中，其乐也融融。"姜出而赋："大隧之外，其乐也泄泄。"遂为母子如初。

——《郑伯克段于鄢》

郑庄公和姜氏见面，是一段值得玩味的叙述。按理说，母子二人如果真的冰释前嫌，应当抱头痛哭。但事实上，两个人却唱起来了，还是欢乐的"抒情歌曲"。两个人走进地道，庄公唱道："在里面真开心！"等一起走出地道，姜氏也唱道："在外面真开心！"大家有没有觉得，这个场景特别像演戏呢？

仔细一琢磨，这两句好像也没那么简单。姜氏被庄公放逐，庄公虽然迫于压力才把姜氏接回来，却说："里面不错吧！"有种调侃甚至威胁的味道。姜氏呢，事已至此也不得不低头，于是回应"外面很好啊"……

可能是我想多了，因为故事的结尾说："遂为母子如初。"两个人又恢复了母子关系，像当初一样。可问题是，当初两个人是母慈子孝吗？

值得注意的是，整篇故事从初字开始，又以初字结尾。转了一圈，好像什么都变了，又好像什么都没有发生。真可谓别出心裁，余音绕梁。

02 《烛之武退秦师》：分析利弊是关键

导语

　　我在学生时代喜欢参加辩论赛，是因为在《文心雕龙》里读到了一句很酷的话：一言之辩，重于九鼎之宝；三寸之舌，强于百万之师。如果选一篇和这句话一样酷的文章，我首选《烛之武退秦师》。

　　这是发生在郑国的故事，此时郑国早已不如郑庄公在位时那般强大。郑庄公去世后，几个儿子为争夺国君之位打得不可开交，郑国的国力日渐衰弱，郑国不但失去了霸主地位，后来还一度沦为齐国、楚国等强国的小跟班，并成了晋国、秦国等新兴势力眼中的一块儿肥肉。

《烛之武退秦师》原文

晋侯、秦伯[1]围郑,以其无礼于晋,且贰[2]于楚也。晋军函陵[3],秦军氾南[4]。

佚之狐[5]言于郑伯[6]曰:"国危矣,若使烛之武[7]见秦君,师必退。"公从之。辞曰:"臣之壮也,犹不如人;今老矣,无能为也已。"公曰:"吾不能早用子[8],今急而求子,是寡人之过也。然郑亡,子亦有不利焉。"许[9]之。

夜,缒[10]而出,见秦伯。曰:"秦、晋围郑,郑既知亡矣。若亡郑而有益于君,敢以烦执事。越国以鄙远,君知其难也,焉用亡郑以陪邻?邻之厚,君之薄也。若舍郑以为东道主[11],行李[12]之往来,共[13]其乏困,君亦无所害。且君尝[14]为晋君赐矣,许君焦、瑕[15],朝济而夕设版[16]焉,君之所知也。夫晋,何厌之有?既东封[17]郑,又欲肆[18]其西封。若不阙[19]秦,将焉取之?阙秦以利晋,唯君图之。"

秦伯说[20],与郑人盟,使杞子、逢孙、杨孙[21]戍之,乃还。

1 晋侯:晋文公。秦伯:秦穆公。
2 贰:有二心。
3 函陵:郑地,在今河南新郑北。
4 氾(Fán)南:郑地,在今河南中牟南。
5 佚之狐:郑大夫。
6 郑伯:郑文公。
7 烛之武:郑大夫。
8 子:古代对男子的尊称。
9 许:答应。
10 缒(zhuì):用绳子拴住人或物从高处往下放。
11 东道主:指负责接待的主人。因郑国在秦国东面,所以被称为"东道主"。
12 行李:使者。
13 共:同"供"。
14 尝:曾经。
15 焦、瑕:均为古地名。
16 设版:指筑防御工事。版,古代筑土墙所用的夹板。
17 封:疆界。
18 肆:扩张。
19 阙(quē):损害。
20 说(yuè):同"悦"。
21 杞子、逢孙、杨孙:均为秦大夫。
22 子犯:晋大夫狐偃,字子犯。
23 微:非。
24 夫(fú)人:那个人,

030　　　　　　　　　　　　　　　　古文观止有意思

子犯[22]请击之。公曰:"不可!微[23]夫人[24]之力不及此。因人之力而敝[25]之,不仁;失其所与,不知[26];以乱易整,不武。吾其还也。"亦去之。

指秦穆公。夫,相当于"那"。
25　敝:败坏、损害。
26　知:同"智"。
· 本文出自《左传·僖公三十年》。

一·· 破题:烛之武退秦师

> 晋侯、秦伯围郑,以其无礼于晋,且贰于楚也。晋军函陵,秦军氾南。
>
> ——《烛之武退秦师》

标题中的"秦师"指秦国军队。秦军要打谁?烛之武又是何人,如何能以一人之力退一国之军?让我们细细探究。

开篇写道:晋侯、秦伯围郑。晋侯就是晋文公重耳,秦伯则是秦穆公。要知道,这两位可都在历史上入选过"春秋五霸"。郑国到底犯了什么事要遭此劫难?一切还要从重耳的经历说起。

和齐桓公一样,晋文公重耳的即位也不顺利。在成为国君前,他曾辗转流亡多个国家,到过狄国、卫国、曹国、宋国、郑国、齐国、楚国、秦国,简直称得上古代的"穷游达人"。而且,重耳的流亡经历跌宕起伏。运气好的时候,倒也能得到当地国君的礼待,甚至在齐国还娶了妻子,一度沉醉于温柔乡中不思进取。但重耳运气差的时候居多,常常吃不饱饭,甚至还因为自己的"骈胁"(肋骨生理缺陷)被曹国的国君偷窥,受尽屈辱。等重耳流亡到郑国时,郑国大夫叔詹看出他的潜力,劝郑文公对重耳以礼相待,遭到了郑文公轻蔑的拒绝。

在郑文公看来，重耳只不过是叛父外逃的不忠不孝之徒，不配礼遇。

数年之后，重耳在秦穆公的帮助下重回晋国即位，成为有雄才大略的晋文公。于是就有了文章开头的一幕——晋文公联合秦穆公，共同发兵围攻郑国，其中一个理由就是要算一算郑文公当年"无礼于晋"的旧账。

那"贰于楚"又是怎么回事呢？当年齐桓公在位时，郑国和周边国家都将齐国尊为盟主；齐桓公死后，齐国实力衰退，楚国实力大涨，郑文公便私自叛盟，跑去当了楚国的小弟。晋文公即位后，以齐桓公接班人自许，于是郑国的叛盟便成了晋秦联军此次讨伐郑国的第二个理由。

当时的形势如何呢？原文写道："晋军函陵，秦军氾南。"虽然是简单的一句话，但仍然能让我们感受到晋秦联军的来势汹汹。函陵和氾南都位于郑国境内，而且分别位于新郑（郑国国都）的北部和南部。晋秦两军一北一南，把新郑夹在中间。这也充分说明郑国面临凶险局势，危在旦夕。

二 ·· 战略大师佚之狐

佚之狐言于郑伯曰："国危矣，若使烛之武见秦君，师必退。"公从之。

——《烛之武退秦师》

挽救郑国成了摆在郑国君臣面前的难题。紧要关头，郑国大夫佚之狐却对郑文公表示，他有一个退敌之策。

佚之狐首先强调了当前局势的严峻：国危矣。在佚之狐看来，此次新郑被晋秦联军围攻，恐怕凶多吉少。

当危险到来时，要冷静分析，寻找机会。我们喜欢用"危机"这个词，是因为危险背后往往藏着机会。在佚之狐看来，尽管晋秦联军来势汹汹，但郑国仍有一线生机。

仔细分析晋秦联军攻打郑国的两个理由——替晋文公出气和讨伐郑国叛盟，会发现问题。首先，晋文公一代雄主，岂会因个人恩怨就兴师动众？后面我们还会讲《寺人披见文公》，寺人披对重耳做的事可比郑文公做的过分多了，但依然得到宽恕甚至受到重用。"无礼于晋"显然只是个借口，再说，"无礼于晋"也好，"贰于楚"也罢，跟秦国又有什么关系呢？秦穆公为何不远千里来帮忙呢？

要回答这个问题，就要了解晋秦两国的地理位置和历史渊源。这两个国家的位置都偏西，之间的关系非常微妙，可以说"相爱相杀"。一方面，由于西部发展空间有限，晋国和秦国都想东扩疆界，从而进入中原，而只有相互支持，它们的后方才能保持稳定。此次围攻郑国，正是晋文公和秦穆公向中原渗透的重要举措，假如能够拿下郑国，就可以把那里作为在中原发展的"桥头堡"。所以，秦穆公选择亲自督军作战。

另一方面，晋国和秦国并非铁板一块。秦在西而晋在东，秦国要东扩就必然会损害晋国利益，晋国要西扩也必然会损害秦国利益，所以两国历史上摩擦不断。而且，此次围攻郑国，秦军和晋军分别驻扎在新郑南部和北部，相隔甚远。这些都给郑国留了可操作的空间。

于是，佚之狐制定了总的退敌战略，即拆散晋秦联盟，劝说秦穆公退兵。只要说服秦穆公退兵，晋国孤掌难鸣，就只能撤退，郑国之围自破。《孙子兵法》中说"上兵伐谋，其次伐交"，选择拉拢秦国，可以说是佚之狐非常高明的战略。

战略既定，接下来便是执行了。毕竟，要说服秦穆公退兵绝非易事，郑国还需要找到一位出色的说客来完成这项艰巨的任务。而佚之狐推荐的这位说客叫烛之武。

烛之武是谁？《左传》此前从未记载，甚至连"烛"这个姓氏都没有。"烛"是郑国的一个地名，在新郑东北，"烛之武"的意思是烛地一个名为武的人。姓氏是古人身份的象征，这个名为武的人连姓氏都没有，表明他出身低微。

后世作品倒流传了一些关于烛之武的故事，比如《东周列国志》里就说他曾任圉正，这是个什么职位呢？"圉"是马厩，"圉正"就是管理马厩的官。当然，这都是后人的演绎。假如对标《西游记》，这个职位跟"弼马温"差不多。看来，喜欢安排能人去养马的，不只是玉皇大帝。

显然，佚之狐看好烛之武，一句"师必退"便是他信心的体现。那么，烛之武到底有何本领，能让佚之狐如此笃定？而一向被冷落的烛之武，又是否愿意帮助郑国退敌呢？

三 ·· 烛之武出山

辞曰："臣之壮也，犹不如人；今老矣，无能为也已。"公曰："吾不能早用子，今急而求子，是寡人之过也。然郑亡，子亦有不利焉。"许之。

——《烛之武退秦师》

大敌当前，郑文公迅速采纳了佚之狐的意见，找来烛之武并请他出面说服秦穆公。可此时的烛之武早已不再年轻，长期遭受冷落使他不复当年热血。他淡然表示，自己年轻的时候都不中用，何况这么一大把年纪了，还是找别人吧。

很明显，烛之武并非干不了，而是在发牢骚。他之所以提"臣之壮也，犹不如人"，是在吐槽自己多年来受委屈：你早干吗去了？

别看郑文公此前各种不靠谱，面对烛之武的抱怨，郑文公给出了教科书般的回答。

首先，郑文公非常诚恳地道歉："吾不能早用子，今急而求子，是寡人之过也。"与其解释或掩饰，不如坦诚面对，承认错误。软话一说，烛之武的牢骚就消了一大半。

其次，郑文公给出了烛之武必须帮忙的理由：假如郑国被灭了，你也别想好过！没错，这是一种隐形的威胁，只不过大敌当前，求人办事的郑文公是硬话软说罢了。

郑文公不愧是一国之君，在他的软硬兼施下，烛之武答应出山。牢骚归牢骚，于公于私，自己的国家还得救。事不宜迟，烛之武连夜出城面见秦穆公，而他出城的方式很不一般。

四 ·· 不按常理出牌的烛之武

夜，缒而出，见秦伯。曰："秦、晋围郑，郑既知亡矣。若亡郑而有益于君，敢以烦执事。越国以鄙远，君知其难也，焉用亡郑以陪邻？邻之厚，君之薄也。"

——《烛之武退秦师》

《左传》特意提到烛之武出城时的细节——"夜，缒而出"。这里的"缒"，就是用绳子拴住身体从高处吊下去。这个细节很值得琢磨。首先，连夜出城，说明这件事情紧急且机密；其次，烛之武不从城门走，而是用绳子把自己从城墙吊下来，足见郑国早已被围得水泄不通。《左传》以"夜""缒"二字，点出了局势的凶险，也让我们看到了烛之武是怎样以身犯险的。

秦穆公接见了烛之武。一个老头子，大半夜不睡觉，在郑国即将覆灭时跑来，自然是要替郑国求情的。可令人意外的是，烛之武第一句就不按常理出牌：郑国死定了，咱们聊聊秦国吧。

这一招相当高明。很多人在劝说别人时，总是不停说自己怎样怎样，殊不知对方也许根本不在意你的感受。假如烛之武讲的是郑国如何如何，秦穆公是很难提起兴趣的，但说到秦国则不然。所以，劝说别人时，不要一味打感情牌，分析利弊才是关键，尤其要聊对方在意的话题，分析跟对方相关的利弊。假如今天要写一篇文章来劝秦穆公退兵，估计很多人写的题目都是"论不能灭掉郑国的十个理由"之类，而烛之武的题目却是"灭掉郑国以后，秦国会怎样"。如果你是秦穆公，哪个题目更让你感兴趣？

在成功引起秦穆公的兴趣后，烛之武展开了他的精彩论辩。

烛之武告诉秦穆公，灭不灭郑国一点儿都不重要，重要的是怎样对秦国更好。假如灭掉郑国对秦国有好处，那拦也拦不住。可事实真的如此吗？

前文说过，秦国远离中原，之所以与晋国结盟围攻郑国，就是想在攻下郑国后分一杯羹，为将来入主中原奠定基础。可问题是，就算真给秦国一块地，那也只是块远离本土的"飞地"，跟秦国本土之间还隔着一个虎视眈眈的晋国,这就是"越国以鄙远",其管理难度可想而知。所以,郑国的土地看似有秦国的份儿,实则都可能落入晋国之手,秦穆公跑来打郑国,实际是在给晋国做嫁衣。这种"毫不利己,专门利人"的事情,秦穆公何必做呢?而且,晋国强了,秦国不就相对弱了吗?这么一看,秦穆公这打向郑国的巴掌,最终扇的却是秦国的脸;对秦国来说,灭掉郑国不但没好处,反而大大有害!

假如做一件事情只有坏处而没有好处,那还要不要做?答案是:不一定。因为假如不做的坏处比做的还大,那么两害相权取其轻,事情仍然要做。所以,烛之武还有一个问题需要说明:假如不灭郑国,对秦国是好还是坏。

五·全国为上,破国次之

> 若舍郑以为东道主,行李之往来,共其乏困,君亦无所害。
> ——《烛之武退秦师》

烛之武表示,假如放过郑国,郑国愿意成为秦国的"东道主"。东道主这个词我们今天仍然在用,请朋友吃饭时所说的"做东",就是"做东道主"的简称。

说到底,秦国不远千里来攻打郑国,还不是为了给自己在东扩道路上留个桥头堡?那好,郑国心甘情愿做秦国的桥头堡,不消耗秦国一兵一卒,别人还抢不走,这种好事秦国干不干?

烛之武对秦穆公的心思真可谓洞若观火,每句话都说到了秦穆公的心窝里。要知道,战争是对国力最大的消耗,特别是对秦国这种长途作战的国家，每打一场仗，每拖延一天，都是巨大消耗。打仗是为了什么？当然是为了争夺更多的资源。假如能够在不消耗我方资源的情况下就得到对方的全部资源，还有什么比这更美呢？《孙子兵法》中强调"全国为上，破国次之"，就是此意。高手作战讲究不战而屈人之兵，只有莽夫才会动不动就要拼个你死我活。

烛之武这句话是极厉害的，他的思维方式更是值得我们学习。你永远叫不醒一个装睡的人，要劝说谁，就把谁的心思琢磨透。说服别人绝不是改变他的需求，而是顺应他的需求，帮助他换个角度看问题。

听到此，秦穆公怎能不动心？他之所以不表态，是因为还有某些顾虑，而聪明的烛之武早已预判了。

六 ·· 我不义，是因为你不仁

> 且君尝为晋君赐矣，许君焦、瑕，朝济而夕设版焉，君之所知也。
>
> ——《烛之武退秦师》

秦穆公的思想包袱是什么？前文说过，晋秦联合出兵围郑，秦国倘若撤兵，对晋国如何交代？毕竟，晋国和秦国的关系也很重要，两国虽然"相爱相杀"，但也要朝夕相处。更何况，秦穆公一心称霸，又怎能在这个时候背上出尔反尔的骂名？

对秦穆公的顾虑，烛之武只用了一招就完美解决，那便是翻旧账。前面说过，晋文公重耳是在秦穆公的帮助下才回国即位的，而秦穆公扶持晋君上位不止一次。公子重耳之前，秦穆公还帮助公子夷吾（重耳同父异母的弟弟）回晋即位，这就是晋惠公。秦穆公当然不是活雷锋，当年扶持晋惠公也好，如今扶持晋文公也罢，其目的都是得到晋国的资源和支持。公子夷吾在回到晋国之前就曾许诺秦穆公，回去就把晋国位于黄河以西的焦、瑕两地送给秦国。这便是烛之武所说的"君尝为晋君赐矣，许君焦、瑕"。

可晋惠公一回国就不认账了，非但不给，还特意派人加固了两地的防御工事，以防秦国来抢。虽然这是晋惠公干的事情，跟晋文公似乎没什么关系，但烛之武只用"晋君"二字便轻轻带过。他冷笑着提醒秦穆公：你也别觉得撤兵不仁义，当年晋国君主对你干的那些事儿，你都忘了吗？

七 ·· 晋国的"黑历史"

夫晋，何厌之有？既东封郑，又欲肆其西封。若不阙秦，将焉取之？阙秦以利晋，唯君图之。

——《烛之武退秦师》

提到晋国的"黑历史"，秦穆公就恨得牙痒痒。要知道，晋国对秦国干的糟心事儿可不止一件。

在惠公即位第四年，晋国发生了大饥荒。饿得实在没办法，晋惠公只能厚着脸皮去找秦穆公购粮赈灾。面对晋国的求助，素有称霸之志的秦穆公为了收服人心，不计前嫌，派出船队将大批粮食从秦国都城一路运送到晋国都城，帮助晋国渡过了难关。

谁知次年，轮到秦国闹饥荒了。秦穆公一面庆幸自己前一年帮助了晋国，一面赶紧派人向晋惠公求助，请求从晋国购粮。可万万没想到，晋惠公恩将仇报，不但拒绝了秦国的请求，还准备趁秦国虚弱，对其发起进攻。秦穆公勃然大怒，哪怕饿着肚子发兵开战，也要出这口恶气。

尽管晋文公和晋惠公有所不同，但秦穆公也着实被伤怕了。所以，烛之武说晋国贪得无厌，又一次揭了秦穆公的伤疤。烛之武提醒秦穆公，以晋国人的作风，他们难道会只想向东发展？晋国要向西发展的话，不打秦国还能打谁呢？所以说，秦穆公此时对晋国人的仁慈，就是未来对大秦子民的残忍！

八 ·· 暗潮汹涌的结局

秦伯说，与郑人盟，使杞子、逢孙、杨孙戍之，乃还。

子犯请击之。公曰："不可！微夫人之力不及此。因人之力而敝之，不仁；失其所与，不知；以乱易整，不武。吾其还也。"亦去之。

——《烛之武退秦师》

言说至此，烛之武彻底打消了秦穆公的顾虑。秦穆公表示，秦国非但不会攻打郑国，还要与郑国结盟。于是，烛之武完美实现了退秦师的目标，也验证了佚之狐的眼光独到。

可故事并没有结束。烛之武只能帮助郑国苟延残喘，免遭灭国之灾，却无法打消晋秦两国控制郑国的企图。秦穆公选择退兵，也只是为了独得对郑国的控制权。退兵前，秦穆公留下三员大将，名为帮助郑国，实则监控。

消息很快传到了晋军那里。盟友的突然反水，让晋国人极为愤怒。就连晋文公身边一向冷静的首席谋士狐偃也坐不住了，他向晋文公表示，这口气咽不下去，连秦国人一起打吧！

晋文公重耳却并不这么想。他给出了三个理由，认为如果此时对秦郑联军作战，就是"不仁""不知""不武"。

什么是"不仁"呢？也就是不厚道。不管怎么讲，重耳能成为晋文公，有赖于秦穆公的扶持。况且此时的晋文公已经有了称霸天下的可能，他断不能像当年的晋惠公那样留下恩将仇报的骂名。为了出一口恶气，就破坏自己的名声，这在晋文公看来是极不值得的。

"不知"即"不智"。在晋文公看来，秦国目前的选择只是与郑国结盟，而不是与晋国为敌。晋国只要不打郑国，和秦国就依然是朋友。政治是什么？就是把朋友搞得多多的，把敌人搞得少少的。身为杰出政治家的晋文公，在这一点上尤为精明。在他看来，如果此时攻打秦郑联军，就是把原本的朋友变成了敌人，也是在变相削弱自己。

如果发起进攻，晋国难道就能打赢吗？尽管晋军实力强大，但秦军也不弱。更何况，秦国和郑国在结盟之前，就已经做好了与晋国作战的准备，而晋国却是在听到消息之后才应对。这就叫"以乱易整"，我方原本的战斗部署完全被打乱，临时发起的进攻又怎能取胜？"不武"，就是根本打不赢。

晋文公不愧为一代雄主，在身边人都陷入愤怒的时刻，仍然保持着冷静的头脑和出色的大局观。在晋文公的指挥下，晋军撤走，郑国最终得以保全。

很多人在读《烛之武退秦师》时，都以为郑国是最大获益者，其

壹 思维

实不然。郑国只是暂时得以喘息，而秦国的势力在向郑国渗透。而且，你以为晋国真的没得到什么好处吗？以晋文公的精明，他怎么可能发动一场毫无所得的战争？

　　晋文公表示，想让晋国退兵也可以，郑国得答应一个条件，那就是立公子兰（郑文公之子，名兰）为郑国储君。原来，当年郑文公为了防止被夺权，杀掉了欲夺君位的太子华等人，还将剩下的儿子都赶出郑国。其中，年幼的公子兰逃到了晋国，在晋国长大，还成了晋文公的心腹重臣。只是此次攻打郑国，公子兰因心怀母国而没有参与。此时郑文公年事已高，而郑国还没有储君，如果将公子兰立为郑国接班人，将来郑国就会沦为晋国的附庸。

　　面对来自晋国的巨大压力，郑文公不得不答应晋国的要求，将公子兰迎立为储君。两年后，郑文公去世，公子兰顺利继位，这就是郑穆公。至此，晋文公布下的棋局才得以完美展现，但晋秦两国夺取郑国的争斗并未停止。后续是另外的故事了。

03 《曹刿论战》：至少知道怎么赢

导语

《曹刿论战》是我中学时代学过的一篇很重要的课文，今天教科书里仍然有，很多人耳熟能详。一代又一代人阅读它，意义到底是什么？我想，阅读《曹刿论战》，绝不仅仅是为了解古人的战争思想，更重要的是学习古人的思维和智慧。

《曹刿论战》原文

十年[1]春,齐师伐我[2],公[3]将战。曹刿[4]请见。其乡人曰:"肉食者[5]谋之,又何间焉?"刿曰:"肉食者鄙,未能远谋。"遂入见。

问:"何以战?"公曰:"衣食所安,弗敢专[6]也,必以分人。"对曰:"小惠未遍,民弗从也。"公曰:"牺牲[7]玉帛,弗敢加[8]也,必以信。"对曰:"小信未孚[9],神弗福也。"公曰:"小大之狱,虽不能察,必以情。"对曰:"忠之属也,可以一战。战则请从。"

公与之乘,战于长勺[10]。公将鼓之[11],刿曰:"未可。"齐人三鼓,刿曰:"可矣。"齐师败绩。公将驰之,刿曰:"未可。"下视其辙,登轼[12]而望之,曰:"可矣。"遂逐齐师。

既克,公问其故,对曰:"夫战,勇气也。一鼓作气,再而衰,三而竭。彼竭我盈,故克之。夫大国,难测也,惧有伏焉。吾视其辙乱,望其旗靡[13],故逐之。"

1 十年:指鲁庄公十年(前684年)。
2 我:指鲁国。
3 公:指鲁庄公。
4 曹刿(guì):《史记》作曹沫,鲁国谋士。
5 肉食者:吃肉的人,比喻享厚禄的高官。
6 专:独享。
7 牺牲:古代为祭祀而宰杀的牲畜。
8 加:虚夸。
9 孚:使人信服。
10 长勺:鲁地名,一说在今山东曲阜北,一说在今山东莱芜东北。
11 鼓之:击鼓进兵。
12 轼:车前的横木。
13 靡:倒下。
- 本文出自《左传·庄公十年》。

一·· 破题：刺客曹刿，何以论战

曹刿的名字，历史上有不同的说法。比如《史记》和《孙子兵法》提到他时有时称为"曹沫（mèi）"。"沫"和"刿"古代发音相近，历史上记载的"曹沫"和"曹刿"都是鲁庄公时期的士，交集很多，两个名字却从未同时出现，所以一般看作一个人。

《史记》和《孙子兵法》里的曹沫（曹刿），非常勇武。《史记》将曹沫的故事放在《刺客列传》开篇，写曹沫在齐鲁柯地会盟之际劫持齐桓公，迫使他退还了侵占的鲁国土地。《孙子兵法》里说"诸、刿之勇"，把曹刿与专诸这个刺客相提并论。可见，历史上的曹刿首先是一名出色的刺客，以勇武大义著称。事实上，"刿"字的本义就是"刺伤"，所以曹刿从名字上看更像大刺客。

《左传》却未讲述曹刿的刺客经历，而是写了他对战争的理解和认识。要知道，《左传》最善于写战争，对战争的认知很深刻，详细记述的"论战"，无一不是经典，由此可见曹刿不但有勇，而且有谋。

二·· 齐桓公的怒火

十年春，齐师伐我，公将战。曹刿请见。

——《曹刿论战》

前文说过，《左传》是鲁国左丘明为鲁史《春秋》做的注解，所以书中的"我（国）"都代指鲁国。鲁庄公十年春，齐桓公派大军发起对鲁国的征讨，而曹刿论战就发生在此时。齐国为何与鲁国开战？

两国孰强孰弱？一切要从齐桓公即位说起。

齐桓公姓姜，名小白，是齐僖公第三个儿子，故称公子小白。按理，齐国国君这个位置是没有公子小白什么事的，因为他还有两个哥哥：大哥公子诸儿，二哥公子纠。齐僖公死后，公子诸儿即位，就是齐襄公。但齐襄公荒淫无道，惹得天怒人怨，最终在内乱中被杀。为了躲避齐国内乱，公子小白逃到了莒国，公子纠逃到了鲁国。内乱平定后，齐国群龙无首，公子小白和公子纠都有望回国即位，于是双方来了一场"生死竞速"——谁先回到齐国，谁就成为齐国下一任国君。

鲁国支持公子纠，因为纠的母亲就是鲁国人。公子纠怕落后于公子小白，便派管仲半途射杀小白。小白诈死，骗过了管仲，并率先回到齐国即位，成为大名鼎鼎的齐桓公。

这件事发生在公元前685年，也就是鲁庄公九年。公子纠当然不甘心，伙同鲁国对齐国发起进攻，结果被齐桓公大败。压力之下，鲁庄公处死公子纠，稍稍平息了齐桓公的怒火。次年春，野心勃勃的齐桓公借机发难，派兵大举进攻鲁国，鲁庄公被迫迎战。

这并不是一场势均力敌的战争，而是在齐国大胜、鲁国大败的情况下发生的。这一点对我们理解《曹刿论战》尤为重要。虽然鲁弱齐强，但当时的鲁庄公只是个二十出头的小青年，年轻气盛，面对齐国大军压境，便怒了：你要战，那便战！激愤不已的鲁庄公召集鲁国群臣，连夜制订作战计划。

就在此时，有个门客突然请求面见庄公，此人便是曹刿。

三·· 曹刿为何越级求见？

其乡人曰："肉食者谋之，又何间焉？"刿曰："肉食者鄙，未能远谋。"遂入见。问："何以战？"

——《曹刿论战》

曹刿要见庄公，有点儿不合规矩。前文说过，周朝有严格的等级制度。鲁庄公身为诸侯，身旁有众卿大夫辅佐，是轮不到曹刿这样的士人来出主意的。但国家形势危急，曹刿越级求见，鲁庄公也就破格见了。

曹刿心系国家，他深知如果莽然迎战，鲁国必败。其他人并不理解曹刿为何越级求见，于是问道："肉食者谋之，又何间焉？"

按照周礼，不同阶层的人在正式宴会上的食物是有差别的，大夫以上食肉，士食鱼。所以，这里的"肉食者"可不是指喜欢吃肉的人，而是代指那些身处高位的卿大夫。换句话说，曹刿的乡人觉得他纯粹是狗拿耗子多管闲事：国君身边有大官们出主意呢，你跟着瞎掺和啥？

可曹刿的回应斩钉截铁："肉食者鄙，未能远谋。"卿大夫虽然身居高位，却只盯着眼前的得失，缺乏长远的见识。这里的"鄙"，最初指的是偏远的边境城镇，由于小地方的人往往见识少，后来"鄙"就有了见识短浅的意思。在曹刿看来，一个人有没有水平，不在于他的阶层高低，而在于他能看多远。就像下棋，越是高手，看得就越远。"远谋"一词，堪称整篇文章的核心。

一个地位并不高的门客有这么大的口气，足见其自信和胆识。那么，曹刿对战争的认识，究竟跟别人有什么不同呢？他的"远谋"又远在何处？

令人意外的是，见到庄公后，曹刿并没有给出任何建议，而是提出了一个重要的问题："何以战？"曹刿反问庄公，鲁国凭什么跟齐国打？

这是一种非常重要的思维方式。很多人遇到事情，第一反应就是去想怎么做，但曹刿不同。他首先想的是，这件事能做成吗？假如没把握，那为什么要做？如果能做成，底气又是什么？想赢是没问题的，可关键是凭什么赢。就像在现实中，很多人一心想成功，却没有认真思考自己凭什么成功。在曹刿看来，假如鲁国连打赢齐国的底气都没有，那么这场仗还不如不打。

问题来了：与强大的齐国开战，鲁庄公底气何在？

四·鲁庄公的底气

公曰："衣食所安，弗敢专也，必以分人。"对曰："小惠未遍，民弗从也。"公曰："牺牲玉帛，弗敢加也，必以信。"对曰："小信未孚，神弗福也。"公曰："小大之狱，虽不能察，必以情。"对曰："忠之属也，可以一战。战则请从。"

——《曹刿论战》

面对曹刿的发问，鲁庄公赶紧表示，自己是个好君主。和《郑伯克段于鄢》里的郑庄公一样，鲁庄公即位之初也只是个十二三岁的少年，为了稳固根基，很懂得笼络人心。平时有什么好吃的、好穿的，鲁庄公总会分给近臣，从不独享。10年过去，鲁庄公的恩惠遍及朝中上下，到处都是他的心腹。

朝廷内部团结，君主大权在握，当然是重要的倚仗，但在曹刿看来，还不足以和强大的齐国抗衡。鲁庄公所说的"分人"，在曹刿眼中只是小恩小惠，"民弗从也"。值得注意的是，在《左传》的话语体系里，"人"和"民"指代不同："人"主要指卿、大夫、士，"民"则侧重平民百姓。鲁庄公虽然把朝中大臣团结得不错，但战争真正依靠的是人民群众。鲁庄公压根儿不惠及鲁国民众，民众不会念他的好。

被反驳的鲁庄公并不甘心，接着给出了第二个理由。他说，自己在祭祀的时候，从来都是诚心诚意，毫不弄虚作假。要知道，周王朝极为重视祭祀，《左传》里说"国之大事，在祀与戎"，祭祀和战争被视为国家最重要的两件大事。只是到了春秋时期，由于周天子统治力减弱，许多诸侯国的祭祀已经沦为走过场，祭祀所用的牲畜和玉器丝帛也经常不按照周礼规定的来。但鲁国不一样，它是周公旦的后裔封国，而周公就是整套周礼的制定者，因此鲁国格外重视礼仪，不但继承得最为完整，而且执行得毫不马虎。鲁庄公认为，鲁国在祭祀方面的庄重和诚信，让鲁国具有极强的公信力，周天子和鲁国的历代先祖，也必将给予鲁国最大的庇佑。

但曹刿的眼光显然更犀利。周天子自己的公信力都快没了，遵循周礼能有多大用？即使有，也只是"小信"，绝对无法使内外信服。于是顺着鲁庄公的话，曹刿也含蓄地幽了一默：咱的神恐怕是指望不上了，想想别的办法吧。

快想破脑袋的鲁庄公给出了第三个理由："小大之狱，虽不能察，必以情。"这里的"狱"指案子。鲁国大大小小的案子很多,鲁庄公一个人肯定无法了解全部详情,即便如此,他也一定会秉公处理,绝不偏私。换句话说,鲁庄公在位期间,一直努力维护着鲁国的司法公正。

听到此处,曹刿终于放松地露出了笑容:"忠之属也,可以一战。"维护国家的司法公正,才是"大惠"和"大信",才能得到全国人民的支持,这才是一个国君的职责所在。凭借这一点,不论敌人如何强大,鲁国都能做到军民一心。

什么才是一个国家抵御外敌的底气?在曹刿看来,统治阶层的和睦并不是,所谓的外部公信力也不是,广大人民群众的支持才是。早在2 700多年前,中国人就已经意识到人民群众才是决定战争胜负和国家存亡的真正力量,而《曹刿论战》正是这一认识的集中体现。

有了底气,这场仗就有的打。但接下来还有一个问题:具体怎么打?

战争,要考虑战略问题和战术问题。做什么是战略,怎么做是战术。在确定战略后,具体战术的执行很重要。对手是强大的齐国,锐不可当,而且已经连续取得了多场对鲁作战的胜利,鲁国该如何应战?战场形势是瞬息万变的,绝不可纸上谈兵。故曹刿也不再多说,只提了一个请求:既然要打,就带我上战场。

五 ·· 一场让人看不懂的战斗

公与之乘,战于长勺。公将鼓之,刿曰:"未可。"齐人三鼓,刿曰:"可矣。"齐师败绩。公将驰之,刿曰:"未可。"下视其辙,登轼而望之,曰:"可矣。"遂逐齐师。

——《曹刿论战》

  《孟子》说:"天时不如地利,地利不如人和。"得到了鲁国人民的支持,鲁军就具备了"人和"这一必要条件,接下来就要考虑"地利":在哪里打?

  古人作战,地形极为重要,《孙子兵法》就曾专门论及地形问题。作为迎战方,鲁国可以谋划与齐军交战的地点,而曹刿将战斗地点定在了长勺。关于长勺的具体位置,历来说法不一,有的说在今曲阜北,也有的说在今莱芜东北。我们且不纠结,单从"长勺"的地名来看,也可以推测出一些信息。中国的地名里,有很多是以地形命名的,比如曲阜,看名字就知道有绵延(曲)的丘陵(阜),"鲁城中有阜,委曲长七八里,故名曲阜"。那长勺呢?可以推测,此地当状如长勺,长柄宽底,外窄内阔,而这样的地形恰恰最利于防守。将战斗地点选在易守难攻的长勺,正是让鲁军立于不败之地的第一步。

  地点选好了,进攻的时机也很重要。年轻气盛的鲁庄公并未意识到这一点,而是一上来就准备向齐军发起冲锋。"公将鼓之"中的"鼓"并不只是简单击鼓,而是进攻信号,古人作战"击鼓进军,鸣金收兵"。曹刿见状,立即阻止了鲁庄公的进攻意图。在曹刿的指挥下,任由挑起战争的齐军发起冲锋,鲁军岿然不动,倚仗长勺的地形优势,抵挡住了齐军潮水般的进攻。待"齐人三鼓",即齐军发起多次攻击仍无果之后,曹刿才让鲁国军队冲了出去。至于杀敌过程,《左传》只字未提,只是轻飘飘来了一句"齐师败绩"。这正是《左传》写战争的高明之处。战斗当然有过程,但对占据了人和、地利、天时的一方来说，胜利早已注定。

看到齐军大败而逃，鲁庄公立刻准备追击。文中写"驰之"，是因为当时主要靠战车作战，显然此时的鲁庄公是极为兴奋的，打算亲自带着大军追上去。但他又一次遭到了曹刿的阻止。在鲁庄公疑惑的眼神中，曹刿先是跳下战车，仔细观察了敌军地面留下的战车轨迹，又登上战车，凭轼远眺，这才放心地对鲁庄公说，可以追了。

齐国人终于被赶出了鲁国，鲁庄公当然开心，但也很疑惑。一会儿不让冲，一会儿让冲；一会儿不让追，一会儿让追：什么意思？

六·曹刿的战争之道

既克，公问其故。对曰："夫战，勇气也。一鼓作气，再而衰，三而竭。彼竭我盈，故克之。"

——《曹刿论战》

曹刿认为：在战略层面，战争比人心；在战术层面，打仗靠勇气。这是极高维度的认知。正所谓狭路相逢勇者胜，决心、气势在战场上最为重要。小孩子打架，未必真打不过对方，而是一上来就害怕了，于是被对方摁着打，一直不敢还手。所以我们常说，自信很重要，假如你自己都不相信自己，先在气势上输一截，那你往往很难成功。在此前与齐国的战斗中，鲁国是战败方，将士们是缺乏信心的，打起仗来自然信心不足。而曹刿要做的第一件事，就是帮助鲁国将士鼓足信心和重拾勇气。

齐国人远道而来，锐不可当，要避其锋芒。"一鼓作气"，就是说齐国人首次冲锋时信心最足，战斗力最强，但倘若没有攻下来，信心就会开始动摇，体力也有所消耗。往后拖的时间越久，齐军越疲惫，越受挫，信心也越不足。鲁国则不同，原本没什么信心，但借助长勺的地形优势，仍可以扛住齐军的攻击。而每抵挡一次，鲁国将士的信心就增加一分，勇气就上涨一截。这就像学生去考试，本来心里没底，但接连取得几次好成绩之后，也会自认为学得不错。这就叫积小胜为大胜。鲁国士气到达顶峰的时候，齐国的士气也跌落谷底。等到鲁国将士极度确信自己能赢，而齐国将士高度怀疑自己的时候，鲁国就可以趁势发起反攻，齐国的大败成为必然。

打胜仗的原因找到了，还剩下最后一个问题：曹刿为什么不让鲁庄公追击逃跑的齐军，而是跳上跳下做了许多奇怪的动作？这就涉及战争的虚实之道。

七 ·· 胜可知而不可为

夫大国，难测也，惧有伏焉。吾视其辙乱，望其旗靡，故逐之。

——《曹刿论战》

《孙子兵法》说："昔之善战者，先为不可胜，以待敌之可胜。不可胜在己，可胜在敌。"什么意思呢？就是说，我们永远只能确保自己不输，而不能确保自己能赢。输，是因为我们自己犯了错误，这是我们可以控制的；赢，则是因为敌人会犯错误，这在根本上取决于敌人，并不由我们完全把控。所以很多时候，打仗就是比谁后犯错误。高手在打仗时,为了引诱敌人犯错,可能会做出各种假象。所以《三国演义》写"空城计",司马懿宁肯相信诸葛亮有伏兵,也绝不冒险进攻。在司马懿看来,如果撤退,那最多是没有赢,至少输不到哪儿去,但如果贸然进攻被伏击,那可能自己的命都没了。曹刿也一样,尽管齐军溃逃,但齐桓公的麾下岂能没有高手?万一齐军的溃逃是引诱鲁军出击的假象,只是为了让鲁军脱离有利地形,那鲁庄公的追击可就跳进了陷阱。所以先不着急追,宁肯小赢也不能大输。

那么,怎么判断齐国军队到底是真逃命,还是诱敌深入呢?曹刿非常聪明,逃命是不会提前计划的,逃跑时也不可能镇定自若;如果是有计划的撤退,将士们就不会慌乱,而且一定有人指挥。于是曹刿做了两件事。第一,看近处齐军的"辙",也就是车轮的轨迹,"辙乱"说明齐军人心惶惶,逃跑路线杂乱无章,显然不是提前规划的;第二,望远处齐军的"旗",军旗是战斗中重要的行动指挥棒,"旗靡"说明齐国军队无人指挥,成了一盘散沙。一近一远,一低一高,曹刿通过这样的小细节迅速判断出,齐军的撤退并非诱敌深入,而是真正的逃亡。

《曹刿论战》的精妙绝伦之处不仅是谈论战争,我们需要学习曹刿的思维方式,即快速抓住问题的本质,从根本上思考和分析问题。真正厉害的人,做事都会研究底层逻辑,不论是在战场上还是考场上,也不论是在生活中还是工作中。

04 《子鱼论战》：该出手时就出手

导语

《曹刿论战》有一个好的结局：曹刿通过自己对战争的认识和阐发，最终取信于鲁庄公，鲁国一举打败强大的齐国。

本篇《子鱼论战》则有一个不好的结局：虽然子鱼对战争也有非常深刻的认识，但宋襄公不听劝告，导致宋国在宋楚泓水之战中大败，宋襄公也中箭受伤，次年伤势复发而死。

泓水之战闻名后世，大家对宋襄公的做法各执己见。有溢美之词，认为宋襄公是一位仁义之君、真正的贵族；有贬损之词，认为宋襄公所谓的仁义不合时宜、不分场合。

毛泽东同志在抗日战争时期写过一篇举世闻名的论战文章——《论持久战》，其中专门提到宋襄公，把他的仁义称作"蠢猪式的仁义道德"。

《子鱼论战》原文

楚人伐宋以救郑。宋公[1]将战。大司马固[2]谏曰:"天之弃商久矣。君将兴之,弗可赦[3]也已。"弗听。

及楚人战于泓[4]。宋人既成列,楚人未既济。司马曰:"彼众我寡,及其未既济[5]也,请击之。"公曰:"不可。"既济而未成列,又以告。公曰:"未可。"既陈而后击之,宋师败绩。公伤股[6],门官歼焉。

国人皆咎公。公曰:"君子不重伤[7],不禽二毛[8]。古之为军也,不以阻隘[9]也。寡人虽亡国之余[10],不鼓不成列。"

子鱼曰:"君未知战。勍敌[11]之人,隘而不列,天赞[12]我也。阻而鼓之,不亦可乎?犹有惧焉。且今之勍者,皆吾敌也,虽及胡耈[13],获则取之,何有于二毛?明耻教战,求杀敌也。伤未及死,如何勿重?若爱[14]重伤,则如勿伤;爱其二毛,则如服焉。三军[15]以利用也,金鼓[16]以声气也。利而用之,阻隘可也;声盛致志,鼓

1 宋公:指宋襄公,名兹父。
2 大司马固:大司马,周朝为主掌武事之官。固,指宋庄公之孙公孙固。一说大司马是子鱼;固,坚持:意思是大司马坚持劝谏。
3 赦:宽免罪过。
4 泓:泓水,宋国水名,在今河南柘城西北。
5 未既济:没有完全渡过河。
6 股:大腿。
7 重(chóng)伤:伤害已负伤的人。
8 禽:同"擒"。二毛:头发黑白相间,指年老的人。
9 阻隘:险阻之地。
10 亡国之余:宋是商朝后代,这时周灭商已四百多年。
11 勍(qíng)敌:实力强大的敌人。勍,强劲、强大。
12 赞:助。
13 胡耈(gǒu):老人。
14 爱:怜惜。
15 三军:春秋时指中军、上军、下军或中军、左军、右军。这里泛指军队。
16 金鼓:古代作战时壮声势的响器。击鼓进军,鸣金收兵。
17 儳(chán):杂乱不整齐。这里指还没有摆好阵势。

儳¹⁷可也。"

· 本文出自《左传·僖公二十二年》。

一·· 破题：子鱼论战

楚人伐宋以救郑。宋公将战。

——《子鱼论战》

文章开头就点出了复杂的历史背景，一场战斗涉及三个国家：楚国、宋国、郑国。宋国为什么攻打郑国，楚国为什么"救郑"？

鲁僖公十七年（前643年），春秋时期的第一霸主齐桓公去世，许多国家把目光投向第二强国楚国，例如郑国。一开始，郑国是追随齐国的。但在齐桓公死后第二年，郑国就急于会见楚国，唯楚国马首是瞻。第三年，楚国召集诸侯在齐国会盟。陈国、蔡国、郑国悉数参加，此时楚国已有称霸之势。

但有个人不服气，那就是宋襄公。齐桓公在世时，宋国的两任国君——宋桓公和宋襄公，在40年左右的时间里都听命于齐国，效犬马之劳，可谓忠心耿耿。

而齐桓公也特别看好宋国，尤其看好守规循礼的宋襄公。当年葵丘会盟时，齐桓公曾语重心长地对宋襄公说："几个儿子中，我尤其喜欢公子昭，希望将来我死后，他继位。如果届时有变故，希望你能够帮助他稳定齐国的局势。"

齐桓公死后，齐国果然大乱，诸公子为争夺君位兵戎相见，公子昭逃到宋国。宋襄公对他说："当年桓公叮嘱过我，要保你上位，我一定会鼎力相助。"于是，宋襄公集结了宋、卫、曹、邾四国军队护送公子昭回齐国。

公子昭就此即位，成为齐孝公。以前只听闻像秦穆公这样的霸主力保晋国公子即位，名不见经传的宋襄公竟也力保齐国公子即位，这让很多人对他刮目相看。宋襄公也因此名声大噪。

宋襄公特别得意，甚至开始以齐桓公霸主接班人的身份自居，希望自己也能像齐桓公那样领导和慑服周边小国。

但宋襄公忽略了一个事实：宋、卫、曹、邾这四国为什么听命于他？或者说为什么只有这四国听命于他？因为这四国正好是当年商朝遗民的居住地。换言之，宋襄公的领导地位只得到了商朝遗民所在的诸国的承认。而且当时齐国恰逢内乱，齐国公子们无心也无力与他国交战，所以宋襄公不费吹灰之力，成功使公子昭即位。

二·宋襄公是真仁义还是假仁义？

宋襄公有个为众人所称道的优点——仁义。为什么后来很多人都说宋襄公是真仁义？因为宋襄公在成为宋国国君之前，做过一件特别仁义的事情——让国。

什么是"让国"？宋襄公的父亲宋桓公有两个儿子：宋襄公是小儿子，但他是正妻嫡出，根据周朝礼法，理应由他继位。

大儿子就是这篇《子鱼论战》中的子鱼。子鱼是宋襄公的哥哥，名目夷，字子鱼，但子鱼是庶出。

宋襄公做太子时，曾向父亲桓公提议："子鱼年长，且有仁德，让他继承君位吧。"

宋襄公如此让贤，很了不起！子鱼却坚决反对，他不但谦让，并且"以襄公之道,还治襄公之身"。他说:"庶子继位不符合礼法。更何况,能主动把君位让出来,没有比这更大的仁德了。"子鱼为了不当国君,竟逃到其他国家。等宋襄公即位后,他才回来。

对这件事,很多人不能理解,甚至赞美宋襄公的仁义礼让,嘲笑子鱼的泥古不化。见微知著,这其实恰恰体现了子鱼的远见卓识。

三 · 兄终弟及是友爱楷模,还是灾祸之端?

前文提及宋国是商朝遗民之邦。西周初期,商纣王的哥哥微子启被分封到商朝旧都,所以这个地方叫"商丘"。

王国维在《殷周制度论》中说"周人制度之大异于商者,一曰立子立嫡之制"。周朝跟商朝有个特别大的区别,周朝是嫡长子继承制,但商朝是嫡长子继承和兄终弟及两者并行。

所以在商朝,国君有时候将君位传给儿子,有时候将君位传给弟弟。但到了周朝,君位必须传给嫡长子;如果传给弟弟,则会后患无穷。正如《左传》所言:"并后,匹嫡,两政,耦国,乱之本也。"而且,以兄终弟及代替嫡长子继承,之前在宋国确实导致了祸乱。宋宣公认为自己的弟弟比儿子太子与夷贤能,把君位传给了弟弟公子和,这就是宋穆公。

宋穆公确实贤能,但在他死后,君位的继承又成了棘手的问题。按照周朝礼法,理应传给儿子。但宋穆公为报宋宣公舍子立己之恩,把君位传给了宋宣公之子与夷(宋殇公)。有时候一个人特别仁义,把东西让给你,但未必合礼仪、法度、规矩。很多时候我们好心办坏事,这就是原因。

回到本文主题，宋襄公一心想做诸侯国中的第二任霸主，可他发现，不仅楚国想当霸主，就连当年齐国的跟班郑国也投靠了楚国，于是他萌生了攻打郑国的念头。

楚国得知后，非常气愤，宋国这是不把楚国放在眼里。于是楚国抢先一步攻打宋国，展开了一场"围宋救郑"的军事行动。这就是宋楚泓水之战的背景。

四·无奈的子鱼

《左传》记载，泓水之战之前，子鱼曾多次规劝宋襄公。

首先，泓水之战前一年春，宋襄公为显示自己的霸主地位，效仿齐桓公九合诸侯，召集诸侯在鹿上（地名）会盟。可宋襄公召集的是哪些诸侯国呢？齐国和楚国。要知道，齐国一直是春秋第一强国，虽然齐桓公已死，但国力犹在，而楚国更是实力不凡。所以子鱼强烈反对宋襄公会盟："小国争盟，祸也。宋其亡乎？"小国主动跟大国争夺盟主，这是会完蛋的呀！但宋襄公不听劝，执意会盟，结果他说的话没人听从。他不死心，当年秋天在盂这个地方再次会盟，还要求更多诸侯出席。

子鱼立刻表示："祸其在此乎！"灾祸就在这里。他特别提醒宋襄公注意早有称霸之心的楚国，建议带点儿人手以防不测。可宋襄公仍旧不听劝，认为自己凭仁义行走天下，结果会盟一开始，他就被楚国软禁了。宋国赶紧联系鲁国协助调停，直到冬天，楚国才把宋襄公放回来。

可吃了大亏的宋襄公还不悔改，子鱼非常无奈："祸犹未也，未足以惩君。"这么做，将来倒霉的事儿多着呢……果然，宋襄公听说郑伯拜见楚成王，认为他背叛了齐国，不够仁义，便要出兵攻打郑国。子鱼又赶紧来劝："所谓祸在此矣！"当然，宋襄公仍是不听劝。

五·一根筋的宋襄公

大司马固谏曰："天之弃商久矣。君将兴之，弗可赦也已。"弗听。

及楚人战于泓。宋人既成列，楚人未既济。司马曰："彼众我寡，及其未既济也，请击之。"公曰："不可。"既济而未成列，又以告。公曰："未可。"既陈而后击之，宋师败绩。公伤股，门官歼焉。

——《子鱼论战》

其实，除了子鱼，大司马公孙固也表示反对：不要跟楚国交战，宋国不存在称霸的可能。

公孙固给出的理由是：商朝都灭亡几百年了，您怎么还想着当霸主呢？当年周灭商之后，周天子为了笼络民心，将商王后裔也做了分封，宋国便是封国之一。

齐桓公、晋文公可以当霸主，至少他们的先祖都为灭商立下了汗马功劳，可宋襄公的祖上是被灭的，现在有封国就不错了，居然还想称霸，其他国家会答应吗？一根筋的宋襄公不听劝，执意称霸，最终导致泓水之战爆发。

这场战斗打得特别滑稽。"宋人既成列，楚人未既济"，"既"就是完成,"济"就是渡河。宋国军队率先到达战场,而且已经摆好了阵势,此时楚国军队还没有全部过河。

显然此时是宋国进攻的良机,半渡而击之,楚国的军队便首尾不能相顾,容易乱成一团。于是司马子鱼请求出击:楚国实力强大,我军弱小,趁楚军还没有完全过河,咱们进攻吧!谁知宋襄公果断拒绝了子鱼的提议。战机稍纵即逝,宋襄公的回答让子鱼一头雾水。

等楚军全部渡河,尚未摆好阵势,子鱼不想再贻误战机,禁不住又请战。结果宋襄公还是说:"不可。"

要等什么时候进攻呢?宋襄公一直等到楚军摆好阵势,才表示可以发起进攻了。

结果是什么?宋军输得很惨。第一,"公伤股",作为一国之君的宋襄公,自己的大腿都被打伤了;第二,"门官歼焉",连宋襄公的贴身侍卫都战死了。

此前两次绝佳的战机,宋襄公都说"不可",令人百思不得其解,还以为他有什么奇招妙计,结果却一败涂地。宋襄公究竟在想什么?

六 ·· 宋襄公的问题

国人皆咎公。公曰:"君子不重伤,不禽二毛。古之为军也,不以阻隘也。寡人虽亡国之余,不鼓不成列。"

子鱼曰:"君未知战。勍敌之人,隘而不列,天赞我也。阻而鼓之,不亦可乎?犹有惧焉。"

——《子鱼论战》

子鱼不明白,宋国人也都不明白,都怪罪宋襄公。

可宋襄公并不觉得自己有问题，还振振有词地说："君子不重伤，不禽二毛。"这里有两个词要解释一下。

"不重伤"，就是"已经受过伤的人，君子就不再次伤害了"。

"不禽二毛"："禽"是通假字，同"擒"；"二毛"指头发斑白，有黑白二色，上了年纪。意思就是"上了年纪的人，君子也不俘虏"。

宋襄公到这时候还觉得自己是真正的君子，不会乘人之危，不会欺负老弱。他继续说道："古代用兵，不会把艰险地势当作依仗。我虽然是亡国之商的后裔，也不会进攻还没有摆好阵势的军队。"

宋襄公是否真的仁义？我们举一个例子。当年宋襄公拉周围几个小国东部会盟，但滕国和鄫国不给面子没来，结果宋襄公恼怒，派兵把滕国国君给抓了，而且把鄫国国君当成祭品杀害，可谓心狠手辣。子鱼对此非常愤怒："将以求霸，不亦难乎？得死为幸。"做了这种事还整天想着当霸主，能得好死就不错了！

显然，宋襄公只是企图以仁义之名称霸而已，既虚伪又愚蠢。他甚至觉得，战场上自己讲仁义，敌人会"谦让"他。所以子鱼直接下了结论：您啊，根本不懂什么是战争！如果敌人因为地形的阻碍而不能列阵，这简直就是上天对我们的帮助，为什么不击鼓进攻呢？敌人如此强大，哪怕没准备好，我们都不一定打得过。您倒好，明明是弱者，却一定要等对方准备好了再打，这不是愚蠢又是什么呢？

毛泽东在《论持久战》中指出："优势而无准备，不是真正的优势，也没有主动。懂得这一点，劣势而有准备之军，常可对敌举行不意的攻势，把优势者打败。"占据优势的军队，会有没准备好的时候；不占优势的军队，会有自己准备好而赢得攻击敌人的时机。对自己来说，是"不打无准备之仗"；对敌人来说，是"出其不意，攻其不备"。

从宋楚两国的实力来看，楚国显然是优势方，正如司马所说"彼众我寡"，宋国等楚国准备好了再打，几乎没有赢的可能；宋国想打赢，就一定要"出其不意，攻其不备"。

宋襄公却反其道而行之，结果大败。所以子鱼说，宋襄公根本不懂什么是战争。

七 ·· 战争不是请客吃饭

且今之勍者，皆吾敌也。虽及胡耇，获则取之，何有于二毛？明耻教战，求杀敌也。伤未及死，如何勿重？若爱重伤，则如勿伤；爱其二毛，则如服焉。三军以利用也，金鼓以声气也。利而用之，阻隘可也；声盛致志，鼓儳可也。

——《子鱼论战》

子鱼进一步指出：现在我们面对的人无论头发是黑是白，都是我们的敌人。哪怕是老年人，上了战场也要生死相搏，跟头发白不白有什么关系呢？

我们平时动员士兵，就是要让他们懂得退缩是耻辱，唤醒他们杀敌的信心，在战场上勇往直前！结果您讲有些人不能打，有些人不能抓，有些人不能杀，这让士兵怎么作战？敌人受了伤还没死，为什么就不能打了？

如果您真的觉得受伤的人可怜，那您一开始就不该打。您如果真的同情上了年纪的人，直接投降就好了。作战的关键是抓住有利条件夺取胜利，那些有利于我方的地形当然可以利用，当敌人阵势混乱时，当然也应该进攻。

我们常说"该出手时就出手",而宋襄公恰恰相反。

首先,他在不该出手时强出手。宋襄公完全不顾形势,在既没威望又没实力的情况下强出手,这叫不会审时度势。

其次,他在该出手时又不出手。假仁假义,沽名钓誉,最后害了自己。战争不是请客吃饭,对敌人的宽容就是对自己的残忍。

05 《展喜犒师》：搞懂对方要什么

导语

《展喜犒师》出自《左传》，和《烛之武退秦师》一样，这也是一个"三寸之舌，强于百万之师"的经典外交案例。文章中的展喜面对气势汹汹的齐国大军，在展禽的指导下"犒师"，最终不费一兵一卒就使齐军全数退去。

不过，展喜面临的情况与烛之武退秦师时并不相同，他所采取的策略和话术，自然也与烛之武有很大的区别。

《展喜犒师》原文

齐孝公[1]伐我北鄙[2]，公[3]使展喜[4]犒师，使受命于展禽[5]。

齐侯未入竟[6]，展喜从之，曰："寡君闻君亲举玉趾，将辱于敝邑，使下臣犒执事。"齐侯曰："鲁人恐乎？"对曰："小人恐矣，君子则否。"齐侯曰："室如县罄[7]，野无青草，何恃而不恐？"

对曰："恃先王之命。昔周公[8]、大公[9]，股肱[10]周室，夹辅成王，成王劳之而赐之盟，曰：'世世子孙，无相害也。'载[11]在盟府[12]，太师职[13]之。桓公是以纠合诸侯而谋其不协，弥缝其阙而匡救其灾，昭旧职[14]也。及君即位，诸侯之望曰：'其率[15]桓之功。'我敝邑用不敢保聚，曰：'岂其嗣世九年，而弃命废职，其若先君何？君必不然。'恃此以不恐。"齐侯乃还。

1 齐孝公：齐桓公的儿子公子昭。
2 鄙：边疆。
3 公：指鲁僖公。
4 展喜：鲁大夫，展禽的弟弟。
5 展禽：名获，字季，又字禽。据传食邑于柳下，谥惠，故称为"柳下惠"，也称为"柳惠""柳下季"。
6 竟：同"境"。
7 县罄（qìng）：县，同"悬"。罄，通"磬"，古代打击乐器，中间是空的，形状像曲尺，用玉、石制成，可悬挂。
8 周公：姓姬，名旦，周文王的儿子，武王的弟弟。辅佐武王伐纣，封于鲁，鲁国始祖。
9 大公：指太公望，姓姜，氏吕，名尚，字子牙，齐国始祖。大，通"太"。
10 股肱（gōng）：比喻得力助手，这里作动词用，意为辅佐。股，大腿。肱，胳膊由肘到肩的部分。
11 载：指盟约。
12 盟府：指掌管盟约文书档案的地方。
13 职：掌管。
14 旧职：昔日的职守。
15 率：遵循。
• 本文出自《左传·僖公二十六年》。

一 ·· 破题：展喜犒师

齐孝公伐我北鄙，公使展喜犒师，使受命于展禽。

——《展喜犒师》

展喜在历史上名气不大，他的大哥展禽则有名得多。展禽的封地在柳下这个地方，他死后私谥为"惠"，所以后人又称他为"柳下惠"。

关于柳下惠，最广为流传的是他坐怀不乱的故事。相传在一个冬夜，柳下惠为了救路边一名快要冻死的女子，而将她抱在怀里一整晚，自始至终也没有做出任何越轨的行为。这说明柳下惠确实是个正人君子。孔子和孟子都先后称赞过柳下惠，孟子甚至把柳下惠看作和孔子一样的圣人，称他"圣之和者也"（和圣）。

本文虽名为《展喜犒师》，但背后替展喜出谋划策的是柳下惠展禽。"犒师"就是送上酒肉来犒劳军队，通常有两种情况：要么是犒劳己方或友方军队，以鼓舞士气；要么是借慰问对方军队之名，缓和敌我关系，或进行战前交涉。展喜犒师便属于第二种，展喜是要借犒师之名，劝说前来攻打鲁国的齐孝公退兵。

文章开篇写"齐孝公伐我北鄙"。值得注意的是，这是齐孝公在同一年里第二次对鲁国发动战争了。第一次是在春天，当时齐国军队进犯鲁国西部边境。由于鲁国西部与卫国很近，鲁卫两国便形成军事联盟，击退了齐军。但齐孝公仍不死心，在这年夏天再度伐鲁，只是换了个方向，从鲁国北部边境发起了进攻。这样一来，卫国军队便援救不及，鲁国一度陷入危险境地。

齐孝公为什么如此急不可耐地攻打鲁国呢？

齐孝公名昭，是春秋五霸之首齐桓公的儿子，即位前称公子昭。齐桓公死后，齐国陷入严重内乱，虽然公子昭在宋襄公的支持下即位，但齐国的国力大不如前，诸侯国也不像从前那样唯齐国马首是瞻。齐孝公一心想延续父亲的霸业，需要杀鸡吓猴，于是盯上了鲁国。

之所以拿鲁国开刀，原因有三。第一，齐桓公死后，鲁国先后召集了两次小型会盟，都没有跟齐国打招呼，这分明不把齐国这个当年的老大放在眼里；第二，鲁国刚刚经历了一场旱灾，饥荒严重，国库空虚，齐国想趁虚而入；第三，齐鲁两国接壤，不必长途行军。

得知齐孝公又一次率军前来，鲁僖公做了三方面准备。

首先，继续请求卫国出兵。但由于长途行军不便，卫国没有支援鲁国北部，而是直接对齐国本土发起进攻，来了个"围齐救鲁"。这一招使得齐国一时间进退两难。

其次，请求南方大国楚国的支援。齐国自北向南进攻，而鲁国兵粮不足，万一齐国打进来，鲁国需要足够的时间和空间来进行战略防守。而楚国兵粮自南向北支援鲁国，并不会受北方战局的影响。这招一出，鲁国就有了和齐国长期作战的底气。

最后，鲁国派出使者展喜，借犒师之名劝说齐孝公退兵。

在阅读《展喜犒师》时，要了解鲁僖公的三连招，才能明白齐孝公退兵的真正原因。正所谓弱国无外交，假如没有卫国对齐国本土的进攻和楚国对鲁国的援助，哪怕展喜再有口才，齐国军队恐怕也不会撤。中国人讲究先礼后兵，说服永远以实力为前提。当时的齐孝公已经骑虎难下：打吧，难以取胜；撤吧，遭人耻笑。他需要一个名正言顺的退兵理由，而这也正是展喜的使命。

二·纳闷儿的齐孝公

> 齐侯未入竟,展喜从之,曰:"寡君闻君亲举玉趾,将辱于敝邑,使下臣犒执事。"齐侯曰:"鲁人恐乎?"对曰:"小人恐矣,君子则否。"齐侯曰:"室如县罄,野无青草,何恃而不恐?"
> ——《展喜犒师》

在齐国军队尚未进入鲁国边境时,展喜就见到了齐孝公。这个时机是值得注意的,此时齐国仍在鲁国境外,双方尚未开战,仍有回旋的余地。此外,这也让齐孝公产生了错觉:鲁国使者如此迫不及待前来交涉,莫不是鲁国怕了?

而展喜接下来的话,让齐孝公更加确信自己的判断。只听展喜说道:"寡君闻君亲举玉趾,将辱于敝邑,使下臣犒执事。"这里的"寡君"是对鲁僖公的谦称,而"君"和"执事"则是对齐孝公的敬称,"敝邑"和"下臣"分别是对本国和自己的谦称。中国古人非常讲究礼仪,哪怕是两军作战,也常自谦敬人。展喜这句话是在说,鲁僖公听说齐孝公这次亲自率军,便派遣他来犒劳齐军。这显然是有些讨饶的意思。

于是,齐孝公颇为得意地询问展喜:你们鲁国人是不是害怕了?殊不知,展喜等的就是这句话。

前文说,鲁僖公派展喜犒劳齐军,又请展禽指导展喜。为什么要弄得这么复杂?很可能是因为展禽此时年事已高,无力亲去前线,提前将话术教给展喜。也就是说,展喜劝说齐孝公的话,并非他的临场发挥,而是事先准备好的。那么,就需要齐孝公"配合"。因此,展喜早早迎见齐孝公,又摆出一份谦卑姿态,就是要引齐孝公"入戏"。

于是展喜回答道:"小人恐矣,君子则否。"这是展喜借小人角度来陈述一个浅陋的观点,再借君子角度来陈述自己的真实观点。类似于今天有人问你怕不怕,你说"孙子才怕呢",极为笃定。

可齐孝公不淡定了。鲁国虽有外援,但毕竟刚刚经历灾荒,"室如县罄,野无青草,何恃而不恐?"这里的"县"是通假字,同"悬",意思是悬挂;"罄"通"磬",是挂在架子上的一种乐器。什么叫"室如悬罄"?用今天的话来说,就是穷得叮当响。"野无青草"是对粮食歉收的夸张说法,地里连草都没有,更不用说粮食了。齐孝公很纳闷儿:鲁国人家里穷得叮当响,地里光秃秃,居然说不害怕齐国的进攻,谁给他们的底气?

三 · 历史上的齐鲁之盟

对曰:"恃先王之命。昔周公、大公,股肱周室,夹辅成王,成王劳之而赐之盟,曰:'世世子孙,无相害也。'载在盟府,太师职之。"

——《展喜犒师》

面对齐孝公的问题,展喜直接回答道:"恃先王之命。"这里的"先王",指的是以前的天子周成王。具体是怎么回事呢?展喜展开阐述。

"昔周公、大公,股肱周室,夹辅成王,成王劳之而赐之盟,曰:'世世子孙,无相害也。'"这里所说的周公,就是鲁国国君的先祖周公旦，而大公，则是齐国国君的先祖姜尚（姜子牙）。周公旦和姜尚是当年周王室的股肱之臣，周武王去世后，两人一同辅佐年幼的周成王，直到他长大成人。周成王有感于周公旦和姜尚的功劳，就将周公旦的长子伯禽封为鲁国第一代国君，将姜尚封为齐国第一代国君，并使两国结盟，叮嘱他们世世代代都不要互相伤害。而且，负责维护盟约的不是别人，正是姜尚。

齐国建立后，姜尚绝大多数时间都留在镐京，担任周朝中央政权的"太师"，其中一项重要职责就是负责维护周天子的命令和诸侯之间的盟约。"载在盟府，太师职之。"这里的"载"就是盟约，而"盟府"则是专门掌管盟约的地方。展喜认为，假如齐孝公带兵进攻鲁国，一来违背了当年周成王的命令，二来愧对齐国先祖姜尚。非但不忠，而且不孝。

何况，维护齐鲁之盟的不只有姜尚，还有齐孝公的父亲齐桓公。

四·以父之名

"桓公是以纠合诸侯而谋其不协，弥缝其阙而匡救其灾，昭旧职也。及君即位，诸侯之望曰：'其率桓之功。'我敝邑用不敢保聚，曰：'岂其嗣世九年，而弃命废职，其若先君何？君必不然。'恃此以不恐。"齐侯乃还。

——《展喜犒师》

齐桓公称霸打着"尊王攘夷"的旗号，联合诸侯会盟，共同对抗周边少数民族政权。这里，展喜巧妙地偷换了概念，把齐桓公称霸说成替周天子维护天下的秩序。

但不管怎么说，齐桓公时期，齐国与鲁国的邦交关系确实缓和了，即"弥缝其阙而匡救其灾"。

所谓弥缝其阙，意思就是补救诸侯行事的过失。齐桓公即位前后，齐鲁两国的关系有很大裂痕：鲁国前任君主鲁庄公的父亲鲁桓公，正是死于齐桓公的哥哥齐襄公之手，此事使得齐鲁两国交恶多年。齐桓公上任后，还发动了对鲁国的长勺之战，但后来积极改善与鲁国的关系，并与鲁国长期结盟。

所谓匡救其灾，则是指扶正挽救诸侯的祸难。齐桓公还曾救扶灾难中的鲁国。鲁庄公死后，他的庶弟庆父作乱，齐桓公出兵赶走庆父，才使鲁国局势得以稳定。

展喜抬出齐桓公，就是想向以孝著称且想要仿效桓公延续霸业的齐孝公说明，假如对鲁国发动攻击，也是对齐桓公的不敬。如此一来，齐孝公攻打鲁国在道义上就站不住脚了，对先王不忠，对先祖不孝，对父亲不敬。

接着，展喜便向齐孝公发射"糖衣炮弹"。展喜表示，齐孝公即位时，诸侯都对他寄予厚望，认为孝公必能像父亲桓公一样，匡合诸侯。所以，鲁国人得知齐孝公率军南下，并不认为是来攻打鲁国的，都没有布防。齐桓公死了才九年而已，假如齐孝公这么"弃命废职"，怎么对得起他的先君呢？鲁国人相信，英明的孝公一定不会这么做，所以他们有什么好害怕的？

展喜的这番话十分高明。他抓住了齐孝公想要快速得到诸侯认可的心理，没有从鲁国自身的利益出发，而是一股脑儿地把维护齐鲁两国的友好关系说成周天子的遗命和齐国国君的职责。

当然，这些理由虽然冠冕堂皇，但在春秋时期早就失去了约束力，就连鲁国自己都不遵守盟约，不止一次发动对齐国的战争。但这些都不重要，因为此时的齐孝公需要一个说得过去的退兵理由。于是听完展喜的话，齐孝公就带着军队返回了国都。

读完《展喜犒师》，我们应该明白几点。

第一，弱国无外交，实力永远是外交的基础。正因为得到了卫国和楚国的援助，鲁国才有与齐国谈判的底气。

第二，名不正则言不顺，言不顺则事不成。做事情，正名是第一步。展喜在展禽的指导下劝说齐孝公，正是抓住了齐国出师无名这一点。

第三，劝说之前，一定要站在对方的立场上分析问题，搞懂对方要什么。齐孝公想要的，无非诸侯的认可和可以接受的退兵理由。

贰

应变

一定要陈述客观事实,
不要太露骨,
要给对方留有余地。

不要一开始就说大道理,
要从身边小事说起。

06 《王孙圉论楚宝》：
什么东西最值钱

导语

　　国宝有时指某些艺术珍品，有时指某些珍稀动植物，有时也指取得巨大成就的人。可到底什么才是一国之宝？不同的人有不同的看法。多年前的一部电影，里面有句台词说："21世纪什么最贵？人才。"如今，21世纪快过四分之一了，这个时代到底什么最宝贵？两千多年前的《王孙圉论楚宝》，或许可以带给我们不少启发。

《王孙圉论楚宝》原文

王孙圉[1]聘于晋，定公[2]飨[3]之，赵简子[4]鸣玉以相，问于王孙圉曰："楚之白珩[5]犹在乎？"对曰："然。"简子曰："其为宝也几何矣？"

曰："未尝为宝。楚之所宝者，曰观射父[6]，能作训辞，以行事于诸侯，使无以寡君为口实[7]。又有左史倚相[8]，能道训典[9]，以叙[10]百物，以朝夕献善败于寡君，使寡君无忘先王之业。又能上下说[11]乎鬼神，顺道其欲恶，使神无有怨痛于楚国。

"又有薮[12]曰云[13]，连徒洲[14]，金、木、竹、箭之所生也，龟、珠、角、齿、皮、革、羽、毛，所以备赋，以戒不虞[15]者也。所以共币帛，以宾享[16]于诸侯者也。若诸侯之好币具，而导之以训辞。有不虞之备，而皇神相[17]之，寡君其可以免罪于诸侯，而国民保[18]焉。此楚国之宝也。若夫白珩，先王之玩也，何宝焉？

"圉闻国之宝，六而已。圣能制议百物，以辅相国家，则宝之；玉足以

1 王孙圉（yǔ）：楚大夫。
2 定公：晋定公，名午，晋顷公之子。
3 飨（xiǎng）：用酒食招待客人。
4 赵简子：晋国正卿，名鞅，又名志父，亦称"赵孟"。
5 白珩（héng）：白色的系在玉佩上的横玉。
6 观射父：楚大夫。
7 口实：话柄。
8 左史倚相：左史，官名，周朝时设立，负责记录君王之言论。有左史、右史之分，左史记言，右史记事。倚相，左史名。
9 训典：指先王典制之书。
10 叙：次第。
11 说：同"悦"。
12 薮（sǒu）：生长着很多草的湖泽。
13 云：即云梦泽。
14 徒洲：洲名。
15 不虞：料想不到的事件。
16 享：献。
17 相：辅佐，帮助。
18 保：安定。
19 嘉谷：古以粟为嘉谷，后为五谷的总称。

庇荫嘉谷[19],使无水旱之灾,则宝之;龟足以宪臧否[20],则宝之;珠足以御火灾,则宝之;金足以御兵乱,则宝之;山林薮泽,足以备财用,则宝之。若夫哗嚣[21]之美,楚虽蛮夷,不能宝也。"

20 臧否:善恶。
21 哗嚣:喧哗的声音,这里指玉佩发出的声音。
• 本文出自《国语·楚语下》。

一 · 破题:王孙圉论楚宝

王孙圉聘于晋,定公飨之,赵简子鸣玉以相,问于王孙圉曰:"楚之白珩犹在乎?"对曰:"然。"简子曰:"其为宝也几何矣?"曰:"未尝为宝。"

——《王孙圉论楚宝》

王孙圉,既不姓王,也不姓孙。"王"本指周天子,即周王;"王孙",即周天子的子孙。春秋时期,有诸侯国的国君僭越称王,例如楚王。此处的王孙圉,便是楚国王室后裔。

楚国在春秋诸国中比较特殊,楚国王室既不是周王后裔,也不算开国功臣。周成王时,它才被正式分封在南方相对落后的地方,因此一直被称为蛮夷之国。受当地文化的影响,楚文化与中原诸国的文化也有很大不同。了解上述背景,是读懂这篇文章的前提。

王孙圉作为楚国使者来到晋国,受到了晋定公的酒食款待。前文提过,周王朝极为重视礼仪,像这种外交国宴,晋国自然安排了相应仪式,而仪式的主持者,便是叱咤政坛多年、手握晋国大权的赵简子。

文中写道"赵简子鸣玉以相"。关于这句话，很多人认为是赵简子在有意炫耀：主持仪式时故意把自己的佩玉弄得叮当响。但其实以赵简子的地位，他还不至于因一块玉而沾沾自喜，大概接待流程中有"鸣玉"环节，因为玉本就是重要的礼器。赵简子只是借此嘲讽王孙圉罢了。

为什么说是嘲讽？我们来看看赵简子问的两个问题。第一个是："楚之白珩犹在乎？"很多解释认为白珩是楚国的一块宝玉，其实不然。假如这么理解，就感觉赵简子是在惦记楚国的老古董，这完全不符合事情发展的逻辑。事实上，白珩是古人佩戴玉器时所用的配件，本身也是用玉做成，通常呈半圆状，系在玉佩的上方。赵简子问王孙圉，楚国还有白珩吗？言外之意，楚国还有人佩玉？这显然是在讽刺楚人野蛮，不懂周礼。这就好比嘲笑别人没文化——你还需要戴眼镜？

面对赵简子的嘲讽，王孙圉忍了。可赵简子不依不饶，继续嘲讽道："你们拿这种东西当宝贝多久了？"

如果说赵简子的第一次嘲讽还有点儿隐晦，那么这一次已经是公然嘲笑楚国了。是可忍孰不可忍，这回王孙圉不惯着赵简子了，开始滔滔不绝地回击：我们从不拿这种东西当宝贝。

二 · 超一流的打脸技术

楚之所宝者，曰观射父，能作训辞，以行事于诸侯，使无以寡君为口实。又有左史倚相，能道训典，以叙百物，以朝夕献善败于寡君，使寡君无忘先王之业。又能上下说乎鬼神，顺道其欲恶，使神无有怨痛于楚国。

——《王孙圉论楚宝》

赵简子嘲笑楚国人白珩用得少，王孙圉偏不辩解：没错，但我们根本瞧不上这种东西。要论宝，我们楚国有的是。

楚国第一宝是观射父。观射父是什么人，为何能成为楚国第一宝？原文说"能作训辞，以行事于诸侯，使无以寡君为口实"，意思是他善于辞令，出使各诸侯国，能使各诸侯国不会把楚国国君当作话柄。这其实只是表面意思，实际上，王孙圉是在借观射父回撑赵简子。要想看懂王孙圉高超的撑人技术，我们先要对观射父这个人有所了解。

历史上对观射父的记载不少，主要说他既熟悉楚人的巫鬼传统，又通晓周朝的礼法，所以常参与楚国大事。关于天地之事，楚昭王遇到什么不清楚的地方，总要向观射父请教。所以王孙圉是说，有观射父在，楚国从来不会犯不守礼节的错误，在和其他诸侯国交往时，也断然不会说错话。这句话一方面反击了赵简子对楚国人不懂周礼的嘲讽，另一方面又暗讽赵简子：恐怕在外交场合说了不该说的话、落人口实的，另有其人吧！

楚国第二宝，是一位名为倚相的左史。这人能干啥？前面的几句"能道训典，以叙百物，以朝夕献善败于寡君"都只是铺垫，关键是通过这些做法，可以"使寡君无忘先王之业"。这句话的门道可深了。让国君不致忘记先王的基业，简直就是在打赵简子的脸。

前文说过，赵简子是晋国重臣。春秋末期，晋国大权已经不由国君掌控，反而落入了六卿手中，而赵氏便是六卿之一。赵简子当政期间，更是集晋国的军事、政治、外交、司法等诸多大权于一身。司马迁在《史记》中说："赵名晋卿，实专晋权！"赵简子名为正卿，实际主政晋国长达17年。

所以，王孙圉表面是在称赞楚国左史倚相能提醒国君不忘先王的基业，实则在批评赵简子架空国君、越俎代庖。还有后面一句"又能上下说乎鬼神，顺道其欲恶，使神无有怨痛于楚国"，意思也就很明显了：楚国之宝能取得天地鬼神的好感，不像某些人，只会害得国君被祖先在天之灵埋怨。

不得不说，王孙圉有超一流的打脸技术，而且打得不留痕迹。赵简子的脸被打得啪啪作响，偏又挑不出王孙圉的毛病来。毕竟，人家没有直说。更何况，就算真要动手，楚国也未见得怕，因为楚国还有第三宝。

三·王孙圉的精妙回击

又有薮曰云，连徒洲，金、木、竹、箭之所生也，龟、珠、角、齿、皮、革、羽、毛，所以备赋，以戒不虞者也。所以共币帛，以宾享于诸侯者也。若诸侯之好币具，而导之以训辞。有不虞之备，而皇神相之，寡君其可以免罪于诸侯，而国民保焉。此楚国之宝也。若夫白珩，先王之玩也，何宝焉？

——《王孙圉论楚宝》

楚国的第三宝，是一个叫"云"的"薮"。"薮"一般指大泽，但有时也代指山林湖泊。从下文王孙圉所说来看，此薮可以产出金、木、竹、箭、皮、革、羽、毛，显然是湖泽山林之意。"云连徒洲"，就是说云薮连接着徒洲。为什么说云薮是楚国第三宝呢？因为它物产丰富，足以"备赋，以戒不虞者也"，也足以"共币帛，以宾享于诸侯者也"。"不虞"也就是不测，此处指突然爆发战争；"宾享于诸侯"，则是指用丰富的物产结交周边国家。王孙圉的意思是，楚国有云薮这样物产丰富的地方，让楚国既有充足的军事物资，也有充足的外交物资。

所以我们要明白，王孙圉并非老老实实地介绍楚国的人才、物产，而是以此对赵简子的傲慢无礼进行巧妙回击。第一宝，是解释楚国尊崇礼法，讽刺赵简子不懂礼数；第二宝，是阐述楚国君臣一心，讽刺赵简子欺君犯上；第三宝，则是表明楚国国力雄厚，不会惧怕包括晋国在内的任何外敌。

王孙圉总结道，有充足的物资来团结诸侯，通晓周礼并依礼行事，有雄厚的军备物资，能得到祖先神明庇佑，便能使邦国独立于天下，保黎民百姓无忧，这才是楚国引以为傲的宝物。至于那些挂在身上叮当响的白珩，只是先王日常的小玩物罢了，哪里配作宝物呢？

王孙圉的言外之意就是，楚国不惹事，也不怕事。如果诸侯国礼尚往来，大家就同遵先王训典，和睦共处；如果诸侯国不想好好处了，即便打起来，楚国也有足够的底气。

每读至此，我都由衷赞佩古人的应变智慧和说话艺术。要知道，这可都是临场反应，电光石火之间，王孙圉居然能以如此精妙的话术回击赵简子的嘲讽，有理有节，不卑不亢，看似句句在题外，实则字字在事里。

四 ·· 什么才是国宝?

> 圉闻国之宝,六而已。圣能制议百物,以辅相国家,则宝之;玉足以庇荫嘉谷,使无水旱之灾,则宝之;龟足以宪臧否,则宝之;珠足以御火灾,则宝之;金足以御兵乱,则宝之;山林薮泽,足以备财用,则宝之。若夫哗嚣之美,楚虽蛮夷,不能宝也。
>
> ——《王孙圉论楚宝》

说完了楚国三宝,王孙圉继续阐述自己对国宝的看法。

在王孙圉看来,真正的国家之宝,必须有益于国家和百姓。圣明之人之所以为国宝,是因为其能辅佐君王,为国家建立秩序;玉器之所以为国宝,是因为其能用来祭祀天地,使国家风调雨顺;龟甲之所以为国宝,是因为其能占卜吉凶,让国家趋利避害;龙珠之所以为国宝,是因为其能镇宅防火(因水克火,古人常在建筑上雕龙镶珠);青铜之所以为国宝,是因为其能打造武器,帮国家应对战争;山林湖泽之所以为国宝,是因为其可以产出物资来扩充国家财力。也就是说,能当"宝"的,无一不有益于国家和百姓。

这很值得我们深思。大家都渴望得到别人的尊重,都希望有人能把自己当成宝,可一个人是不是宝,并不由别人决定,而是由自己把握。你对别人有帮助,能为别人创造价值,别人就会把你当成宝;你的作用越大,越不可替代,你在别人眼中就越宝贵。一个人如果具备造福国家和百姓的能力,就会被当作真正的国宝。一个人如果除漂亮之外一无是处,那么即便年轻时被当成宝,到青春不再时也会被厌弃。

小孩子被家人宠成宝,但等长大后进入社会,可能会处处碰壁。

  文章结尾,王孙圉说道:叮当作响的美玉只不过是"哗嚣之美",除了当作玩物,并无大用,又怎能称为宝呢?"楚虽蛮夷",既是低调的自谦,也是自信的回击——赵简子嘲讽楚国为蛮夷,但蛮夷尚且知道何为国宝,可惜晋国这中原大国却搞不明白啊!

07 《阴饴甥对秦伯》：态度要不卑不亢

导语

　　人活在世上，总有求人办事的时候。很多有求于人的人常把自己的姿态放得极低，认为这样就可以博得对方的好感或者同情。他们应该读一读《阴饴甥对秦伯》。这篇文章曾被中国近代藏书家、训诂学家吴曾祺誉为"千古词令之祖"，即古往今来的外交辞令，都尊它为祖。读完《阴饴甥对秦伯》，你就会明白，哪怕是请人帮忙，也要不卑不亢。

《阴饴甥对秦伯》原文

十月，晋阴饴甥[1]会秦伯[2]，盟于王城[3]。

秦伯曰："晋国和乎？"对曰："不和。小人[4]耻失其君[5]而悼丧其亲，不惮征缮以立圉[6]也，曰：'必报仇，宁事戎狄。'君子[7]爱其君而知其罪，不惮征缮以待秦命，曰：'必报德，有死无二。'以此不和。"

秦伯曰："国谓君何？"对曰："小人戚[8]，谓之不免；君子恕[9]，以为必归。小人曰：'我毒秦，秦岂归君？'君子曰：'我知罪矣，秦必归君。'贰[10]而执之，服而舍[11]之，德莫厚焉，刑莫威焉。服者怀德，贰者畏刑。此一役也，秦可以霸。纳而不定，废而不立，以德为怨，秦不其然。"秦伯曰："是吾心也。"改馆[12]晋侯，馈[13]七牢[14]焉。

1. 阴饴甥：即吕甥，晋大夫。
2. 秦伯：指秦穆公。
3. 王城：古地名，在今陕西大荔东。
4. 小人：见识短浅的人。
5. 君：指晋惠公。
6. 圉：晋太子名。晋惠公去世后，圉即位，即晋怀公。
7. 君子：指有远见的人。
8. 戚：忧愁、悲哀。
9. 恕：以自己的心比别人的心。
10. 贰：背叛。
11. 舍：释放。
12. 改馆：指改用国君之礼相待。
13. 馈：赠送。
14. 七牢：牛、羊、猪各一头，叫一牢。七牢，即各七头。这里指当时赠诸侯国国君的礼节。

- 本文出自《左传·僖公十五年》。

一 ·· 破题：阴饴甥对秦伯

十月，晋阴饴甥会秦伯，盟于王城。

——《阴饴甥对秦伯》

阴饴甥是晋国大夫，秦伯则是大名鼎鼎的秦穆公。文章开篇交代，在鲁僖公十五年（前645年）十月，阴饴甥和秦穆公在王城（秦地）相会，并订立了盟约。这里有两个问题值得研究。首先，这是一个怎样的时间点，此时的秦晋两国是何关系？其次，此次会盟为何没有晋国的国君参加？要想解答这两个问题，我们就要把时间往前推一个月。

九月十四日，秦晋两国在韩原（今陕西韩城）打了一场惨烈的大战。惨烈到什么地步呢？秦晋两国的国君秦穆公、晋惠公亲自下场，而且都险些丧命。当时的秦国刚刚经历一场大饥荒，国力还没有恢复，秦穆公一度在战场上落入下风。紧要关头，突然从一旁杀出三百勇士，冲散了晋军，秦穆公转危为安。这三百人是哪里来的呢？原来，穆公曾有一批好马走失，后来发现是被郊野的三百壮汉吃掉了。宽宏大量的秦穆公非但没有怪罪，反而说只吃马肉不喝酒会对身体不好，命人赐酒。这三百人对秦穆公感恩戴德，便在秦晋大战的关键时刻杀出，救了秦穆公一命。

晋惠公的战场遭遇，也跟马有关。开战前，晋惠公特意挑选了郑国进献的小驷马来驾自己的战车，但遭到大夫庆郑的反对。庆郑认为，国产马更熟悉本国环境，更好驾驭，而别国的马可能会在生死关头掉链子。由于之前庆郑说话得罪了晋惠公，这次他的意见没有被采纳。结果在大战中，晋惠公的马陷入泥潭无法脱身，最终被秦军活捉。

通过这两件事，我们不难发现秦穆公的宽宏大量和晋惠公的小肚鸡肠。如果再往前翻，类似的事情还有很多。在读《烛之武退秦师》时，我讲过晋惠公对秦穆公忘恩负义的"黑历史"。此次韩原之战，起因正是晋惠公恩将仇报——他非但不感激秦穆公对晋国的救助之恩，还对赶上灾荒的秦国落井下石。可此次大战，秦军不但大败晋军，还活捉了晋惠公，秦穆公心里别提有多痛快了。他当即下令，把晋惠公押回秦国，择日祭天！

消息传出，各方震动。周天子火速派人赶来，表示晋国是自己的同姓国，希望秦穆公能够饶晋惠公一命。尽管当时的周王朝已权威尽失，但对一直偏居西部、被视同戎狄的秦国来说，接近周天子，也是参与中原事务的绝佳机会。同时，失去了国君的晋国大夫们也披头散发地跟在秦国军队后面，求秦穆公饶自己国君一命。向来把人心看得很重的秦穆公只得出面安慰，说自己不会要晋惠公的命。晋国大夫们一听，立刻抓住话柄不放，表示皇天后土都听见了，不许说话不算数！

就在秦穆公纠结杀不杀晋惠公时，自家后院也起火了。原来，秦穆公的妻子穆姬正是晋惠公同父异母的姐姐。假如晋惠公被押回秦国杀掉，她哪儿还有脸留在秦国。穆姬也不多说，直接堆起一垛干柴，带着她给秦穆公生的几个孩子（包括太子）就站了上去，派人给秦穆公传话：如果把晋惠公押回秦都，那就准备给她和孩子们收尸！这下把秦穆公吓得不轻，国都也不敢回了，只能先把晋惠公安置在秦国郊外的灵台。

冷静下来的秦穆公明白，杀掉晋惠公也只是为了出口恶气，对秦国并没有实际的好处。面对各方压力，秦穆公已经有释放晋惠公的想法，但心有不甘，还是想在晋惠公身上捞点儿好处。最终，秦穆公约晋国大夫阴饴甥会谈。

二·谈判的底气

秦伯曰："晋国和乎？"

——《阴饴甥对秦伯》

一见面，秦穆公就问："晋国和乎？"意思是晋国现在团结吗？这个问题看似云淡风轻，实则用意深刻。失去国君，晋国团结不团结？假如说团结，晋国人同仇敌忾，就说明晋惠公在国内威望很高，把他送回去恐怕对秦国不利；假如说不团结，晋国一盘散沙，大家对晋惠公不太在意，那秦国释放晋惠公的意义何在？秦穆公之所以这样问，也是因为在会谈前，他已经听到了从晋国传来的一些风声。

原来，在接到秦穆公的会谈通知后，阴饴甥并没有着急赴约，而是立刻实施了两项措施。第一项措施是，他让从秦国来的使臣假传晋惠公的旨意，说晋惠公想对晋国人民承认错误，请求退位，让太子继位，并将王室公田赏赐给众人。晋国人本来对晋惠公满是怨气，一看他态度转变，立马感动得痛哭流涕。戏做足了，阴饴甥才出来表示，晋惠公自己被俘，心里想的却全是他的臣民，这么好的国君哪里找啊！

大家慷慨激昂，纷纷表示一定要把国君救回来！可是，战败的晋国元气大伤，国君被俘，军备不足，完全是任人宰割，哪有底气让秦国释放国君呢？这时，阴饴甥又实施了第二项措施——作州兵，也就是改革兵制，训练地方武装。两项措施下来，战败的晋国变得空前团结，分得公田的众人对晋惠公感恩戴德，晋国武装力量也得到极大的补充。为了防止秦国要挟，阴饴甥还将太子圉立为新君，这才动身前往王城面见秦穆公。

阴饴甥的做法相当高明。谈判需要什么？除了技巧，更重要的是实力。谈判比的不是同情心，也不是大吼大叫，而是手里的筹码和底牌。阴饴甥很清楚，韩原之战后，元气大伤的晋国是没什么底气的，贸然前去谈判，那放不放晋惠公回国就完全看秦穆公的心情。所以在动身前，阴饴甥做足了准备。

以秦穆公的敏锐，他自然早已捕捉到了晋国的变化。所以在见到阴饴甥之后，秦穆公便试探道：晋国现在团结吗？

三·· 软话硬话一起说

对曰："不和。小人耻失其君而悼丧其亲，不惮征缮以立圉也，曰：'必报仇，宁事戎狄。'君子爱其君而知其罪，不惮征缮以待秦命，曰：'必报德，有死无二。'以此不和。"

——《阴饴甥对秦伯》

面对秦穆公的试探，阴饴甥直截了当地回答："不和。"在接下来的话里，他把晋国人分为两派：小人和君子。

今天我们讲"小人""君子"，是带着感情色彩的——小人道德败坏，君子道德高尚。但春秋时期，小人和君子的区别更多在于出身和见识，小人出身低下、见识短浅，而君子出身高贵、见识深远。阴饴甥表示，晋国国内并没有形成统一的意见，而是分为两派。

一派是没什么见识的小人，他们对秦国抓走了国君感到羞耻，也对亲人在战争中丧生感到悲伤，所以他们不惜得罪秦国也要修整军备，并把太子圉立为新君。这一派的人说，哪怕投靠戎狄，也要找秦国人报仇。

显然，阴饴甥是在借所谓小人的立场对秦穆公讲狠话。晋国被收拾得这么惨，国君被抓，将士被杀，如果说晋国人民对秦国没有怨恨，恐怕秦穆公自己都不信。更何况，晋国修整军备，秦穆公又何尝不知道？既然他知道，阴饴甥就不必掩饰了，直接托小人之口说出。而这样说又不会得罪秦国，因为阴饴甥已经将有这种想法的人定义为小人了。这就好比有人对你说，"有个可恶的家伙说你怎样怎样"，不管说得多难听，你也不好怪罪到传话的人头上。

接着，阴饴甥又搬出另一派也就是有远见卓识的君子的意见。阴饴甥表示，晋国的君子知道是自己的国君有错在先，对秦国恩将仇报才落得如此下场，秦国是在替天行道，帮助晋国长教训。所以，君子们也在修整军备，目的是为秦国效劳以报答秦人的恩德。这番话说得更巧妙，除了避免了当面拍马屁的尴尬，还给晋国修整军备做出了另一种解释——为秦国所用。

这样，阴饴甥借小人和君子之口，把硬话和软话都说了，而且暗示秦国：谈得拢，我们就做君子，感恩戴德地为你们卖命；谈不拢，就别怪我们做小人，咬牙切齿地跟你们拼命。

阴饴甥希望秦穆公怎么选择，当然也已有所暗示——两国化敌为友，才是君子之为。

四 ·· 阴饴甥的"二分法"

秦伯曰:"国谓君何?"对曰:"小人戚,谓之不免;君子恕,以为必归。小人曰:'我毒秦,秦岂归君?'君子曰:'我知罪矣,秦必归君。'贰而执之,服而舍之,德莫厚焉,刑莫威焉。服者怀德,贰者畏刑。此一役也,秦可以霸。纳而不定,废而不立,以德为怨,秦不其然。"秦伯曰:"是吾心也。"改馆晋侯,馈七牢焉。

——《阴饴甥对秦伯》

听完阴饴甥的话,秦穆公自然明白其中的意思,但如果就这么主动松了口,也确实心不甘情不愿。于是秦穆公将球踢给了阴饴甥:你们国内怎样议论你们的国君?

这又是一个不容易回答的问题,因为晋惠公实在太不靠谱了,就凭他之前对秦国干的那些事儿,他被杀了也不冤。秦穆公愿意放晋惠公一马,完全是因为大度和远见,但站在阴饴甥的位置上,他又不好低三下四地恳求。

于是阴饴甥继续运用前面的"二分法",从小人和君子两个角度表达自己的态度:"小人戚,谓之不免;君子恕,以为必归。"儒家主张君子行事要光明磊落,且要有宽恕之德,《论语》里就有"君子坦荡荡,小人长戚戚"的说法。阴饴甥表示,晋国的小人担忧不已:"我毒秦,秦岂归君?"小人觉得晋惠公这次死定了,谁让他当初对秦国那么坏!这里,阴饴甥是在借小人之口替秦国鸣不平,同时也说出了秦穆公心里的委屈。要知道,劝人大度的人常常不受欢迎,因为他体会不到对方心里的伤痛，可要是说太多伤痛，又很容易唤起对方的委屈，无法产生劝说的效果。阴饴甥很聪明，他没有直接表态，而是通过转述小人的话来暗示秦穆公：有委屈可以理解，但执着于所受的那点儿委屈并不是君子所为——正所谓"牢骚太盛防肠断，风物长宜放眼量"。

阴饴甥又借君子之口表示："我知罪矣，秦必归君。"晋国的君子相信，既然晋国已经服罪，秦国就一定会放晋惠公回来。当初晋惠公的背叛行为已经遭到了惩罚，这就是"贰而执之"；如今晋国服罪，将晋惠公放还，便是"服而舍之"。没有什么恩德比这样做更深厚，没有什么刑罚比这样做更有震慑作用。

假如放了晋惠公，秦穆公就相当于向天下人宣告：背叛的人将沦为阶下囚，而服罪的人将得到宽恕。这样，那些服罪的人自然感恩戴德，而那些想背叛的人也不敢轻易造次，秦穆公借此可以一举成就霸业。

可如果囚禁晋惠公，秦穆公就得不偿失了。首先，当年是秦穆公亲自扶持晋惠公上位的，此时又把他抓起来，岂不是打了自己的脸？何况，秦穆公本就对晋国有恩，假如这次不放晋惠公，就是放着大恩人不当，非要当大仇人，这对秦国又有什么好处呢？

就这样，阴饴甥通过"二分法"，把自己的观点和建议表达得不卑不亢。其实，我们在生活中也可以用这种方法。在需要表态的时候，不一定非得直接亮明观点，也可以学学阴饴甥：有的人是这么想的，有的人却那么想……这样，既做到了换位思考，也委婉地表达了自己的态度。

阴饴甥的这番话，并没有一句刻意讨好，却字字说到了秦穆公的心坎上,也打消了秦穆公的种种顾虑。秦穆公非常开心,表示"是吾心也",并改变了对晋惠公的态度——改馆晋侯,馈七牢焉。也就是说,秦穆公不但把晋惠公放了,还以国君之礼相待。虽然晋国最终付出了几座城池和质押太子的代价,但毕竟保全了晋惠公的性命和晋国的脸面,可以说,主要功劳在阴饴甥的完美谈判。《阴饴甥对秦伯》这篇文章,也着实无愧于"千古词令之祖"的美名。

08 《寺人披见文公》：如何让人不记仇

导语

为什么取"如何让人不记仇"这个副标题？文中被称为"寺人披"的主人公曾经好几次差点儿要了公子重耳的命，在重耳即位，成为晋文公后，寺人披却要去见他。那么，寺人披要怎么做才能让重耳不记仇呢？

这篇文章很有现实意义。生活中，人往往会和他人有利益冲突，也免不了会得罪一些人，要说什么、做什么才能让对方不记仇？

《寺人披见文公》原文

吕、郤[1]畏逼，将焚公宫而弑晋侯[2]。寺人披[3]请见。公使让[4]之，且辞焉，曰："蒲城[5]之役，君命一宿，女[6]即至。其后余从狄君以田[7]渭滨，女为惠公[8]来求杀余，命女三宿，女中宿[9]至。虽有君命，何其速也？夫祛[10]犹在，女其行乎！"

对曰："臣谓君之入也，其知之矣。若犹未也，又将及难。君命无二，古之制也。除君之恶，唯力是视。蒲人、狄人，余何有焉？今君即位，其无蒲、狄乎？齐桓公置射钩而使管仲相，君若易之，何辱命焉？行者甚众，岂唯刑臣[11]！"公见之，以难[12]告。三月，晋侯潜会秦伯于王城。己丑，晦[13]，公宫火，瑕甥、郤芮不获公，乃如河上。秦伯诱而杀之。

1. 吕、郤（Xì）：吕甥、郤芮，均为晋大夫。吕甥，即《阴饴甥对秦伯》中的阴饴甥，又称瑕甥、吕饴甥、瑕吕饴甥。
2. 晋侯：指晋文公重耳。
3. 寺人披：晋宦官。寺人，古代宫中的侍卫小臣，即后世的宦官、太监。披，寺人的名，也有一说，他的真实名字叫勃鞮。
4. 让：责备、谴责。
5. 蒲城：晋邑，在今山西隰县西北。
6. 女：同"汝"，你。
7. 田：打猎。
8. 惠公：指晋惠公，名夷吾，文公之弟，先于文公做国君。
9. 中宿：次夜。
10. 祛（qū）：衣袖。
11. 刑臣：披的自称。因太监须割除生殖器官，如同受刑一般，故称为"刑臣"。
12. 难（nàn）：灾祸。
13. 晦：阴历每月的最后一天。

- 本文出自《左传·僖公二十四年》。

一 · 破题：寺人披见文公

在读本文之前，需要了解晋国的骊姬之乱。

骊姬之乱就是被晋献公专宠的骊姬为了让自己的儿子继位，设计陷害太子和其他公子，最终导致晋国大乱。这样的故事历史上常常发生。

晋献公在位时，骊姬和她的妹妹都非常受宠，两姐妹分别诞下了公子奚齐和卓子。奚齐出生前，晋献公早就立了太子，名为申生，是齐国公主齐姜所生。后来齐姜去世，骊姬才被立为夫人。跟太子申生年纪差不多的还有两位公子——重耳和夷吾。

为了让自己的儿子奚齐上位，骊姬私下找到太子申生，说晋献公前两天梦到了申生死去的母亲齐姜。当时有梦见先人后祭祀食享的习俗，于是申生就到晋国祖庙所在地曲沃拜祭了母亲，并按照礼仪将祭祀的酒肉带给晋献公。同时，骊姬怂恿晋献公外出田猎，让申生把酒肉留在宫中，她趁机下药。

晋献公回来后正要吃太子送来的酒肉，骊姬却提醒说，这是外面来的食物，最好先试一下。献公不以为意地丢了一块肉给狗吃，结果狗被毒死了。惊呆了的晋献公又找来一个太监试吃，结果太监中毒身亡。

献公大怒，对申生起了杀心。有人劝申生辩解或逃走，但申生是个大孝子，他虽知道自己是被陷害的，但也背上了弑父之名，便在新城自缢了。申生死后，骊姬仍不甘休，又说公子重耳、公子夷吾都是申生的同谋。于是献公派心腹带兵抓捕重耳和夷吾，而负责抓捕重耳的正是寺人披。

此人是个厉害角色，有两个特点：一是非常有能力，做事靠谱，是晋献公的心腹；二是极有智慧，特别善于揣摩人心。晋献公死后，寺人披还先后成为晋惠公、晋怀公甚至晋文公的心腹，晋国多次内乱，他却一直屹立不倒，堪称奇迹。

当时重耳正在自己的封地蒲城，手下劝他率兵抵抗，但他和申生一样孝顺，表示谁抵抗谁就是自己的仇人。好在他没申生那么迂腐，还知道逃跑。寺人披带人杀进来时，正撞见重耳越墙逃跑，寺人披挥刀便斩，只斩断了一只衣袖。重耳侥幸逃脱。这是重耳记恨寺人披的第一件事。

重耳逃到狄国定居，颇有贤名，这让后来即位的晋惠公夷吾感到了威胁。于是，晋惠公派成为自己心腹的寺人披去刺杀重耳。好在重耳命大，又逃过一劫，但从此被迫离开狄国，开始了流亡生涯。这是重耳记恨寺人披的第二件事。

在外流亡多年后，重耳终于等到了机会，在秦穆公的帮助下重回晋国，成为晋文公，他准备腾出手来清算这些年的恩仇。可还没等晋文公动手，寺人披反倒主动找上门来了。

二 ·· 被痛骂的寺人披

吕、郤畏逼，将焚公宫而弑晋侯。寺人披请见。公使让之，且辞焉，曰："蒲城之役，君命一宿，女即至。其后余从狄君以田渭滨，女为惠公来求杀余，命女三宿，女中宿至。虽有君命，何其速也？夫袪犹在，女其行乎！"

——《寺人披见文公》

晋文公即位后，立刻派人杀了逃亡梁国的前任国君晋怀公。这让当年跟随晋怀公、晋惠公的老臣们惴惴不安，显然，晋文公是要清算旧账了。为了保命，有些老臣准备先下手为强，而领头的两位都是晋惠公的旧臣，文中称为"吕、郤"。"吕"是吕饴甥，"郤"是郤芮。

吕饴甥和郤芮密谋在宫中放火，将晋文公烧死。他们便想找个出入过宫禁的人，当然得是宦官，不但要办事能力强，还得与晋文公有仇。他们想到了寺人披。

关于此次密谋，《左传》只字未提，我们也不得而知。但作者紧接着写"寺人披请见"，事情似乎有了转机——倘若寺人披答应参与弑君计划，那他应该不会主动求见晋文公。他来多半是告密。果然，这一次，他选择站在晋文公这边。

寺人披太有阅历了，他对局势看得很清楚。晋文公雄才大略，又是晋献公所有儿子中唯一在世的，除了他还有谁能担任晋国的国君呢？假如杀掉晋文公，好不容易稳定下来的晋国又将陷入大乱。于是寺人披决定把吕、郤二人的弑君计划告诉晋文公。可晋文公两次差点儿被寺人披杀掉，他愿意见寺人披吗？

不出所料，晋文公听说寺人披来见，不但拒绝，还派人把寺人披狠狠骂了一顿：当年献公让你过一个晚上赶到蒲城杀我，结果你当天就到了，害得我差点儿没跑掉。后来我跟狄国的国君在渭水之滨打猎，你又替惠公来杀我，惠公让你三天赶到就行，结果你两天就到了，害得我流离失所。虽然说两次都是国君的命令，但你为什么跑那么快？这些事情我可没忘，当年被你斩断的袖子我还留着呢，你给我滚！

在晋文公看来，寺人披当年为了在国君面前拼命表现，一点儿面子和机会也没给他留。寺人披的主观能动性特别强，做事也果断狠辣，只是让他警告别人，他却把人打个半死。晋文公很讨厌寺人披，也对当年寺人披赶尽杀绝的做法十分痛恨。

三 ·· 寺人披如何化敌为友？

对曰："臣谓君之入也，其知之矣。若犹未也，又将及难。君命无二，古之制也。除君之恶，唯力是视。蒲人、狄人，余何有焉？今君即位，其无蒲、狄乎？齐桓公置射钩而使管仲相，君若易之，何辱命焉？行者甚众，岂唯刑臣！"

——《寺人披见文公》

怎样才能够让别人不记恨？

很多人以为：别人讨厌你，是因为你们性格不合；别人喜欢你，是因为你们比较合得来。影响两个人关系的，除了感情，还有利益。成为你朋友的人，可能是因为和你有共同利益；成为你敌人的人，可能是因为和你有利益冲突。

是敌还是友，很多时候由利害决定，而不是感情。要想让人不记仇，首先要化敌为友，找到双方的共同利益，至少不要站在对方的对立面。

什么是晋文公最在意的？那便是统治的稳定。

所以，寺人披说的是：我以为您这次回国已经成熟了，懂得了为君之道。假如您还不懂，恐怕未来还会有灾难。

寺人披的这句话很值得分析。表面上看，他是在怪晋文公不懂为君之道，不善纳谏，但潜台词是提醒晋文公，如果不见他，晋文公未来便会有灾难。为什么会有这层意思？前文说过，寺人披这次来拜见晋文公，是为了通风报信，救他于危难之中。

"君命无二，古之制也。除君之恶，唯力是视。"这句话是寺人披解释以前的所作所为。他认为，作为臣子，听从君主的命令是天职，自古如此。除去国君所厌恶的人，应该有多少力就使多少力。

读完我们就知道，为什么寺人披在晋国能够屡屡受重用。一个全心全意为君主分忧解难的臣子，哪个君主不需要、不喜欢呢？但这句话里也有潜台词，那就是时任国君晋文公需要寺人披做什么，他也会全力以赴。

寺人披进一步解释说，不管是杀在蒲城的人还是在狄国的人，对我来讲并没有区别。我只知道这是国君的命令，所以会拼尽全力做好。寺人披反问晋文公，您现在做了国君，难道就没有像当年在蒲城或狄国的眼中钉了吗？

显然晋文公是有眼中钉的，他刚派人杀掉怀公，做的又何尝不是同样的事呢？一个领导者不应该感情用事，像寺人披这样一个不带任何私人感情、忠实执行上级命令的下属，是领导者需要的。寺人披认为，晋文公此次回国，要统治长久，就一定要想明白。

接着，寺人披又用齐桓公来举例子："齐桓公置射钩而使管仲相，君若易之，何辱命焉？行者甚众，岂唯刑臣！"这句话看似突兀，怎么突然扯到齐桓公？这是因为齐桓公是诸侯公认的霸主，也是晋文公效仿的对象。

"置射钩"，就是把当年被射中的衣带钩扔在一旁不再计较。我们在讲《曹刿论战》时提过，管仲替公子纠截杀公子小白，用箭射中了小白的衣带钩，小白诈死骗过管仲，回到齐国。小白成为齐桓公后，非但不杀管仲，还让他成为国相，并在他的帮助下最终成就了霸业。

既然齐桓公可以不计前嫌，重用管仲，为什么晋文公要对寺人披耿耿于怀呢？何况，齐桓公的大度为他招来的不止管仲一位贤才，假如晋文公也能宽恕甚至重用寺人披，又怎会不留下美名？

寺人披表示：如果您真的要我走，那我又哪能违抗您的命令呢？只是到时候晋国得罪过您的人都会觉得您心胸狭窄，走的可就不止我这个受刑之人了啊！

四 ·· 寺人披的智慧

公见之，以难告。三月，晋侯潜会秦伯于王城。己丑，晦，公宫火，瑕甥、郤芮不获公，乃如河上。秦伯诱而杀之。

——《寺人披见文公》

这番话被转达给晋文公后，晋文公立刻召见了寺人披。毕竟，过去的事情都已结束，没有什么比国家的长治久安和晋国的霸业更重要。

见到晋文公后，寺人披就把吕、郤二人要谋害晋文公的计划详细说了出来。

为什么一开始不说？这正是寺人披老练和智慧的体现。没见到晋文公就说，难保不会走漏风声，万一传到吕、郤二人那里，寺人披如何能善终？何况，这也是寺人披的一张保命牌，假如晋文公还记恨他，那晋文公也不是一个值得辅佐的君主，寺人披也不介意联合吕、郤二人将晋文公除掉。

晋文公得知吕、郤的计划后，处理方式也是老辣的。文中并未写晋文公和寺人披的谋划过程,而是直接告诉了我们结局。在当月的最后一天,晋文公的宫室被烧,但吕饴甥和郤芮并没有发现本应在宫中的晋文公。他们得知事情败露,便逃往黄河边,想要去秦国避难,却被秦穆公诱骗到秦国杀掉了。

晋文公做了什么?文中只有一处线索:"晋侯潜会秦伯于王城。"王城这个地方,也正是《阴饴甥对秦伯》一文中秦晋两国谈判的地方,位于秦国境内。也就是说,晋文公偷偷去秦国请求秦穆公援助。阴饴甥如何也料不到,王城这个让他名垂青史的地方,最终也成了他的葬身之地。

读完这篇文章,不妨总结一下寺人披的处世智慧。如果想让人不记仇,那么首先不要站在别人利益的对立面,而是尽可能让自己更有价值,以满足别人的需求。其次,要动之以情,晓之以理,把自己一举一动的原因、感受、背后的道理说清楚。这样,别人才能真正理解你。而一旦得到了理解,往后的事情就会变得非常简单。

09 《子产坏晋馆垣》：如何维护尊严

导语

《古文观止》里讲了不少郑国的故事。在《郑伯克段于鄢》中，郑庄公时期的郑国正处于巅峰期，到《烛之武退秦师》的郑文公时期，郑国已经沦为秦晋两国眼中的肥肉。此后，郑国的国运一直不济，第十五位国君郑僖公更是惨遭弑杀，他年仅5岁的儿子被立为君，是为郑简公。

郑简公在位期间，在子皮、子产等名臣的协助下，郑国虽然得以存续，但已然不被诸侯国放在眼里——郑国甚至靠向晋国等强国纳贡，才能维持国家的安稳。公元前542年，郑简公在子产的陪同下前往晋国纳贡。可到了晋国，子产竟然派人把晋国客馆的墙砸了，这到底是怎么回事呢？

《子产坏晋馆垣》原文

子产[1]相[2]郑伯[3]以如晋。晋侯[4]以我丧故,未之见也。子产使尽坏其馆[5]之垣[6],而纳车马焉。

士文伯[7]让[8]之曰:"敝邑以政刑之不修,寇盗充斥,无若诸侯之属辱在寡君者何,是以令吏人完客所馆,高其闬闳[9],厚其墙垣,以无忧客使。今吾子坏之,虽从者能戒,其若异客[10]何?以敝邑之为盟主,缮[11]完葺[12]墙,以待宾客;若皆毁之,其何以共命?寡君使匄请命。"

对曰:"以敝邑褊[13]小,介于大国,诛求[14]无时,是以不敢宁居,悉索敝赋[15],以来会时事。逢执事之不闲,而未得见;又不获闻命,未知见时。不敢输[16]币,亦不敢暴露。其输之,则君之府实[17]也,非荐陈[18]之,不敢输也。其暴露之,则恐燥湿之不时而朽蠹[19],以重敝邑之罪。

"侨闻文公[20]之为盟主也,宫室卑庳[21],无观[22]台榭,以崇大诸侯之馆。馆如公寝,库[23]厩[24]缮修,司空[25]以

1	子产:国氏,名侨,字子产,又字子美,谥成子,又称公孙侨、公孙成子等,郑大夫。
2	相:辅佐。
3	郑伯:郑简公。
4	晋侯:晋平公。
5	馆:招待宾客食宿的房舍。
6	垣(yuán):围墙。
7	士文伯:士氏,名匄(gài),字伯瑕,晋大夫。
8	让:责备。
9	闬闳(hànhóng):馆舍的大门。
10	异客:他国的宾客。
11	缮:修整。
12	葺:原指用茅草覆盖房顶,后泛指修补房屋。
13	褊(biǎn):狭小。
14	诛求:需索,强制征收。
15	赋:指财物。
16	输:送给。
17	府实:府库中的财物。
18	荐陈:进献并陈列。
19	朽蠹(dù):朽败及被虫蛀。
20	文公:晋文公。

时平易道路，圬人[26]以时塓[27]馆宫室。诸侯宾至，甸[28]设庭燎[29]，仆人巡宫，车马有所，宾从有代，巾车[30]脂辖[31]，隶人牧[32]圉[33]，各瞻[34]其事，百官之属，各展其物。公[35]不留宾，而亦无废事，忧乐同之，事则巡之，教其不知，而恤其不足。宾至如归，无宁菑[36]患，不畏寇盗，而亦不患燥湿。

"今铜鞮[37]之宫数里，而诸侯舍于隶人。门不容车，而不可逾越，盗贼公行，而天厉[38]不戒。宾见无时，命不可知。若又勿坏，是无所藏币，以重罪也。敢请执事，将何所命之？虽君之有鲁丧，亦敝邑之忧也。若获荐币，修垣而行，君之惠也，敢惮勤劳。"

文伯复命。赵文子[39]曰："信！我实不德，而以隶人之垣，以嬴[40]诸侯，是吾罪也。"使士文伯谢不敏焉。

晋侯[41]见郑伯，有加礼，厚其宴好而归之。乃筑诸侯之馆。

叔向曰："辞之不可以已也如是夫！子产有辞，诸侯赖之。若之何其释辞也？《诗》曰：'辞之辑矣，民之

21 卑庳(bì)：低小。
22 观(guàn)：楼观。
23 库：仓库。
24 厩(jiù)：马棚。
25 司空：职官名，掌管土木工程。
26 圬(wū)人：泥水匠。
27 塓(mì)：粉刷。
28 甸：甸人。职官名，掌供薪柴之事。
29 庭燎：庭院中照明的用具。
30 巾车：职官名，掌车。
31 脂辖：用油涂车轴。
32 牧：放饲牲畜的人。
33 圉：养马的人。
34 瞻：看管。
35 公：晋文公。
36 菑(zāi)：同"灾"。
37 铜鞮(dī)：晋邑名，晋平公曾筑铜鞮宫于此，在今山西沁县南。
38 天厉：瘟疫。
39 赵文子：赵氏，名武，谥文，又称赵文子，赵盾之孙、赵朔之子。
40 嬴：接待。
41 晋侯：晋平公。
· 本文出自《左传·襄公三十一年》。

协矣;辞之怿矣,民之莫矣。'其知之矣。"

一·· 破题:子产坏晋馆垣

子产相郑伯以如晋。晋侯以我丧故,未之见也。子产使尽坏其馆之垣,而纳车马焉。

——《子产坏晋馆垣》

子产是郑穆公的孙子,名侨,《左传》有时也称他为"公孙侨"。他是春秋后期著名的政治家,与齐国的晏婴、晋国的叔向并称为"三贤"。孔子也非常欣赏子产,《论语》和《左传》里都留下了孔子称赞子产的话,连有人说孔子的肩膀像子产,孔子都很高兴。

子产极有见识,能言善辩。《左传》中襄公、昭公的部分记录了很多有关子产的内容,而《子产坏晋馆垣》发生在鲁襄公三十一年(前542年)。标题中的"晋馆"是晋国招待诸侯使者的客馆,而"垣"就是围墙。子产来到晋国后,把所住的客馆围墙拆了。

当时,郑国是很弱小的,而晋国十分强大,是中原盟主。那么子产为何敢大着胆子去拆盟主的墙呢?

文章开篇写道:"子产相郑伯以如晋。晋侯以我丧故,未之见也。""相"就是辅佐,子产辅佐郑简公到晋国访问。按理说,一国之君亲自来访,理当受到隆重接待,郑简公却吃了个闭门羹,就连晋平公的面都没见上。为什么呢?

"晋侯以我丧故,未之见也。"在《左传》里,"我"是左丘明对鲁国的自称。晋平公给出的理由是，鲁国的国君刚死，晋国作为同姓国，没心情搞接待。这显然只是一个借口，晋国只不过自恃强大，故意怠慢郑国罢了。可令晋国人万万没想到的是，"子产使尽坏其馆之垣，而纳车马焉"。不迎接是吧？好，我直接把墙拆了，把车马统统赶进去。这下轮到晋国人恼怒了，负责外事接待的士文伯匆匆赶来，对子产"兴师问罪"。

二 · 士文伯如何硬话软说

士文伯让之曰："敝邑以政刑之不修，寇盗充斥，无若诸侯之属辱在寡君者何，是以令吏人完客所馆，高其闬闳，厚其墙垣，以无忧客使。今吾子坏之，虽从者能戒，其若异客何？以敝邑之为盟主，缮完葺墙，以待宾客；若皆毁之，其何以共命？寡君使匄请命。"

——《子产坏晋馆垣》

士文伯名叫"匄"，是晋国老臣，有十分丰富的外交经验。虽然是来问罪，但士文伯并没有劈头盖脸地乱骂一通，而是有理有节地说了三句话。

第一句："敝邑以政刑之不修，寇盗充斥，无若诸侯之属辱在寡君者何，是以令吏人完客所馆，高其闬闳，厚其墙垣，以无忧客使。"士文伯表示，晋国的治安做得不好，所以"寇盗充斥"，强盗、小偷到处都是。为了保障国外来访人员的人身安全，这才专门修建了客馆，还把门修得高高的，墙砌得厚厚的，让外国使者能安心在这里住。这句话听上去谦虚低调，实则是一种指责和威胁。士文伯并非在强调晋国有多乱，而是在强调客馆围墙不能拆，他也不是在担心郑国人的安全问题，而是在隐隐威胁：竟敢拆我们的墙，可别怪你们的安全没保障！

第二句："今吾子坏之，虽从者能戒，其若异客何？"就算你们郑国有保镖，不怕偷、不怕抢，可其他国家的来访人员怎么办？要知道，晋国的客馆未来还要招待其他国家的使者，可不是只给郑国人住的！假如说上一句是从郑国人的利益出发说事，那么这一句就是拉着其他诸侯国的利益来说事了。郑国人不要命，总得考虑一下别人的安全吧。

第三句："以敝邑之为盟主，缮完葺墙，以待宾客；若皆毁之，其何以共命？"这句话可以说是晋国人愤怒的主要原因：晋国作为堂堂盟主，墙都被你拆了，以后"何以共命"？这里的"共命"是一种谦虚的外交话术，字面意思是为大家开展服务工作，实际则是指做统率领导。说白了，你跑到晋国来拆墙就是公开打盟主的脸，我们如果不收拾你，以后还怎么服众？

士文伯的话讲得非常有水平。其实晋国之所以愤怒，是因为作为盟主折了面子，但到了士文伯嘴里，就变成了是要为郑国人的安全服务，为他国使者的安全服务，为诸侯在各方面服务——你把墙拆了，晋国还怎么服务？

"寡君使匄请命"，"命"指的是您的命令，这又是客气的说法，字面意思是我们国君派我来听从您的命令，实际则是责问子产：你自己说吧，这事儿怎么解决？

士文伯的指责好像有理有据，子产该如何回应呢？

三 ·· 子产该如何应对

对曰:"以敝邑褊小,介于大国,诛求无时,是以不敢宁居,悉索敝赋,以来会时事。逢执事之不闲,而未得见;又不获闻命,未知见时。不敢输币,亦不敢暴露。其输之,则君之府实也,非荐陈之,不敢输也。其暴露之,则恐燥湿之不时而朽蠹,以重敝邑之罪。"

——《子产坏晋馆垣》

面对士文伯的指责,子产也用三句话进行了回应。

第一句:"以敝邑褊小,介于大国,诛求无时,是以不敢宁居,悉索敝赋,以来会时事。"子产坦诚地表示,郑国实力弱小,位置又夹在大国之间,生存压力本来就大,再加上晋国"诛求无时",随时责求郑国纳贡,郑国根本不得安生,所以掏空了家底跑来晋国送礼。这句话虽然是为卖惨,但其实是巧妙地回应了士文伯所谓的服务——你以为我们想来,还不是因为晋国索取无度?你口口声声说晋国为我们好,可如果真对我们好,就不会逼得我们在这个时间点跑来纳贡了。

第二句:"逢执事之不闲,而未得见;又不获闻命,未知见时。不敢输币,亦不敢暴露。"我们郑国来送礼,甚至国君本人都亲自来到晋国,可你们忙得很,连见我们的时间都没有。不光不见,还不说什么时候能见。那请问我们带来的财礼往哪里放呢?这里的"输币"就是献财礼。子产表示,我们是来送礼的,可现在这礼既送不出去,也留不下来。为什么呢?

贰 应变

第三句:"其输之,则君之府实也,非荐陈之,不敢输也。其暴露之,则恐燥湿之不时而朽蠹,以重敝邑之罪。"如果就这么把财礼送进晋国的府库,显然是不符合礼节的,毕竟我们连晋平公的面都没见着,更没有任何仪式;可如果没把财礼保管好,就这么露在外面,日晒雨淋,朽烂虫咬,我们的罪过又会加重。

面对别人笑里藏刀的指责,什么是最好的回应?子产的这三句话就是非常好的示范。真诚是对抗虚伪的最佳武器。子产不卑不亢地从郑国的实际困难出发,解释了自己之所以要来送礼,是因为晋国的逼迫;而晋国的无礼又使得郑国非常难堪,为了保管好礼物,只能把墙拆掉,把马车赶进来。

假如仅仅说到这里,子产拆墙的理由虽已相当充分,但还无法打动晋国人的心。晋国人会在乎他国人的感受吗?他们只在乎自己作为盟主的脸面。于是子产抓住晋国人的"盟主"心态,又展开了一番论述。

四 · 盟主应该怎么当

侨闻文公之为盟主也,宫室卑庳,无观台榭,以崇大诸侯之馆。馆如公寝,库厩缮修,司空以时平易道路,圬人以时塓馆宫室。诸侯宾至,甸设庭燎,仆人巡宫,车马有所,宾从有代,巾车脂辖,隶人牧圉,各瞻其事,百官之属,各展其物。公不留宾,而亦无废事,忧乐同之,事则巡之,教其不知,而恤其不足。宾至如归,无宁菑患,不畏寇盗,而亦不患燥湿。

今铜鞮之宫数里,而诸侯舍于隶人。门不容车,而不可逾越,盗贼公行，而夭厉不戒。宾见无时，命不可知。若又勿坏，是无所藏币，以重罪也。敢请执事，将何所命之？

——《子产坏晋馆垣》

辩论高手都懂得换位思考，就别人在意的事展开论述。既然晋国是盟主，那就聊聊怎么做盟主。且看晋国历史上最了不起的国君晋文公，是怎样当盟主的。

第一句："侨闻文公之为盟主也，宫室卑庳，无观台榭，以崇大诸侯之馆。馆如公寝。"子产说，晋文公当盟主时，他自己的王宫低矮狭小，却把客馆盖得高大宽敞，如同君主的寝宫。这显然是在讽刺晋平公，自己住得富丽堂皇，却把客馆修得狭窄低矮，进车马都得拆墙，这哪有盟主的样子。

第二句："库厩缮修，司空以时平易道路，圬人以时塓馆宫室。诸侯宾至，甸设庭燎，仆人巡宫，车马有所，宾从有代，巾车脂辖，隶人牧圉，各瞻其事，百官之属，各展其物。"这句是针对士文伯提到的治安问题。晋文公在位时，所有仓库、马厩、房屋、道路，都会定时维护，让诸侯宾客来到晋国时有好的观感和舒适的居住条件，并且派人日夜照料，确保来宾的安全；车马有固定的场所安置，贵宾仆从有专人代为服务，管车的、管马的、管环境卫生的，各司其职；招待外宾的物品多种多样，陈列得整整齐齐。这又与晋平公对郑国的态度形成鲜明对比：郑简公此次来晋，住的客馆既破又小，还对人身和财产安全问题有顾虑，车马也没地方放。这岂是盟主的待客之道？

第三句："公不留宾，而亦无废事，忧乐同之，事则巡之，教其不知，而恤其不足。宾至如归，无宁菑患，不畏寇盗，而亦不患燥

贰　应变

湿。"晋文公从来不让诸侯宾客吃闭门羹，也不会让他们长期滞留，耽误他们回国处理政事。他同宾客忧乐与共，还巡查缺漏。宾客若有迷惑的地方，他就细心指导，宾客即使言行不周到，他也会体谅。那时，所有的外宾来到晋国，都像回到自己家中一样自在，没有灾患，也不怕盗贼，更不担心环境燥湿。

这三句话句句在夸晋文公，也句句在骂晋平公：这哪有盟主的样子？让盟主没脸面的不是郑国子产，而是你们自己啊！

于是子产总结道："今铜鞮之宫数里，而诸侯舍于隶人。门不容车，而不可逾越，盗贼公行，而夭厉不戒。宾见无时，命不可知。若又勿坏，是无所藏币，以重罪也。敢请执事，将何所命之？"现在晋平公自己住着方圆数里的豪华宫殿，而将来访的诸侯安置在下等人住的破地方。客馆的门小到连车都进不去，外面盗贼横行，不知道什么时候可以受到接见，也不知道又会对我们提出什么要求，假如不拆墙安置车马财礼，财礼丢失或者损坏，又成了我们自己的责任。晋平公派您来问我怎么办，我倒想问问您，我还能怎么办呢？

五·子产的智慧

"虽君之有鲁丧，亦敝邑之忧也。若获荐币，修垣而行，君之惠也，敢惮勤劳。"

文伯复命。赵文子曰："信！我实不德，而以隶人之垣，以赢诸侯，是吾罪也。"使士文伯谢不敏焉。

晋侯见郑伯，有加礼，厚其宴好而归之。乃筑诸侯之馆。

叔向曰："辞之不可以已也如是夫！子产有辞，诸侯赖之。若之何其释辞也？《诗》曰：'辞之辑矣，民之协矣；辞之怿矣，民之莫矣。'其知之矣。"

——《子产坏晋馆垣》

子产的话，已经把晋平公和士文伯的指责驳斥得淋漓尽致，但他接下来的收尾更加令人赞赏。

第一句："虽君之有鲁丧，亦敝邑之忧也。"意思是，鲁襄公去世，晋平公难过是可以理解的，郑国也感到悲痛啊！因为郑国和晋国与鲁国一样，都是姬姓国。子产这一句话极为高明。首先，他给晋平公留了面子，虽然看破了对方的借口，但不拆穿；其次，你们的借口，我们"感同身受"，因此不应该不见，而是更应该接见；最后，这也是在提醒晋国，郑国与鲁国都是一样的，既然用忧戚以示对鲁国的尊重，为何用冷落对待郑国的来访呢？

第二句："若获荐币，修垣而行，君之惠也，敢惮勤劳。"既然墙拆了，脸打了，就适可而止吧，方便别人下台阶。这就是子产的智慧。他很清楚自己陪同郑简公来的目的，是要讨好而非得罪晋国。子产表示，只要能顺利见到晋平公，献上贡礼，我们心甘情愿把墙修补好。

子产有理有据、不卑不亢，既维护了自己的权益，也给对方保留了脸面，解决方案非常明确。

"文伯复命。"士文伯带着子产的话回去交差了。赵文子听完后表示，子产说得在理，是晋国不厚道在先，用下等人住的地方来接待郑简公这样一位国君。于是士文伯又被派去专程向郑简公及子产道歉，晋平公接见了郑简公，对郑国来宾厚加款待，还安排了丰厚的回礼。之后，晋国新建了专门用来接待外宾的客馆，比之前高大宽敞多了。

前文说，晋国叔向、郑国子产、齐国晏婴并称"三贤"，三贤之一的叔向听说此事后，盛赞子产："辞之不可以已也如是夫！"子产充分证明了会说话的重要性，他不但帮助了郑国，也造福了其他诸侯国。接着，叔向引用了《诗经·大雅·板》里的一句诗："辞之辑矣，民之协矣；辞之怿矣，民之莫矣。"好的辞令，会让百姓安居乐业。子产深谙其道！

其实，口才的背后是思维，子产之所以有如此高超的说话艺术，根源在于他强大的思维能力。他懂得坦诚相待，懂得换位思考，懂得适可而止，哪怕是维权，也一样理直气壮，游刃有余。

10 《楚归晋知罃》：看待问题要客观

导语

很多时候，我们的情绪会被别人的行为左右：别人对我们不好，我们就心生怨恨；别人优待我们，我们就感恩戴德。读一读《楚归晋知罃》，你就会明白，有时别人的所作所为不一定是他们的真实态度——别人对你的态度，往往取决于你对自己的态度。

《楚归晋知罃》原文

晋人归楚公子穀臣[1]与连尹襄老[2]之尸于楚，以求知罃[3]。于是荀首[4]佐中军[5]矣，故楚人许之。

王[6]送知罃，曰："子其怨我乎？"对曰："二国治戎，臣不才，不胜其任，以为俘馘[7]。执事不以衅鼓[8]，使归即戮，君之惠也。臣实不才，又谁敢怨？"王曰："然则德我乎？"对曰："二国图其社稷而求纾[9]其民，各惩其忿以相宥[10]也，两释累囚[11]以成其好。二国有好，臣不与及，其谁敢德？"王曰："子归，何以报我？"对曰："臣不任受怨，君亦不任受德，无怨无德，不知所报。"王曰："虽然，必告不穀[12]。"对曰："以君之灵，累臣得归骨于晋，寡君之以为戮，死且不朽。若从君惠而免之，以赐君之外臣首，首其请于寡君而以戮于宗，亦死且不朽。若不获命而使嗣宗职[13]，次及于事，而帅偏师以修封疆，虽遇执事，其弗敢违。其竭力致死无有二心，以尽臣礼，所以报也。"王曰："晋未可与争。"重为之礼而归之。

1. 穀臣：春秋时期楚庄王之子。
2. 连尹襄老：楚臣，连尹是官名。
3. 知罃（yīng）："知"通"智"。智罃，又称荀罃，字子羽，谥号武，史称智武子，晋臣。前597年，邲之战时，他和父亲智首（荀首）共同参战，在楚军压倒性的军力前，晋军崩溃，智罃被楚国俘虏，而智首俘虏了穀臣，并射杀了楚臣连尹襄老。
4. 荀首：即知罃的父亲。
5. 佐中军：古代官职，指中军副统帅。
6. 王：指楚共王。
7. 俘馘（guó）：俘虏。
8. 衅鼓：古代战争时，杀人或牲，以其血涂鼓行祭。
9. 纾（shū）：缓和，解除。
10. 宥（yòu）：饶恕，原谅。
11. 累（léi）囚：被拘囚的人，累，通"缧"，指捆绑犯人的绳索。
12. 不穀：古代王侯自称的谦辞。
13. 宗职：祖宗世袭的官职。

- 本文出自《左传·成公三年》。

一 ·· 破题：楚归晋知罃

晋人归楚公子穀臣与连尹襄老之尸于楚，以求知罃。于是荀首佐中军矣，故楚人许之。王送知罃，曰："子其怨我乎？"

——《楚归晋知罃》

标题里的知罃是人名，而"楚"和"晋"则是楚国和晋国。《楚归晋知罃》讲的是楚国将知罃放回晋国的事。

文章开篇写道："晋人归楚公子穀臣与连尹襄老之尸于楚，以求知罃。"晋国希望用楚国公子穀臣，以及楚国连尹襄老的尸体，换回被楚国俘虏的知罃。楚国表示同意。这是因为"荀首佐中军矣"。荀首是知罃的父亲，时为晋中军副统帅，权力很大，"故楚人许之"。

于是，晋国便把连尹襄老的尸体和公子穀臣都送回了楚国，而楚国也准备把知罃送回晋国。临行之前，楚共王问知罃："把你关了这么久，你怨我吗？"

二 ·· 恩怨都与你无关

对曰："二国治戎，臣不才，不胜其任，以为俘馘。执事不以衅鼓，使归即戮，君之惠也。臣实不才，又谁敢怨？"王曰："然则德我乎？"对曰："二国图其社稷而求纾其民，各惩其忿以相宥也，两释累囚以成其好。二国有好，臣不与及，其谁敢德？"

——《楚归晋知罃》

此时距知罃被俘已经过去了9年。不难想象,被关押这么多年的知罃过得有多苦。面对楚共王的询问,知罃该如何回答?

知罃表示,两国交战,我被俘虏,那是因为我自己没本事,没有履行好职责。您没有把我杀掉来行祭,现在还要把我放回去,这是您给我的恩惠啊。错误是我自己犯的,恩惠是您给的,我怎么会怨恨您呢?

知罃的这番话发自肺腑。他知道自己是一定会被放回晋国的,楚共王只是想了解他的态度。而知罃的回答体现了他思考问题的方式。

很多人讨厌自己的竞争对手,其实没有必要。有竞争很正常,总有一方输,各凭本事,没必要夹带个人情绪。

知罃正是这样做的,这是一个很重要的思维方式:从自己身上找原因,不要怪罪别人,更不能有所怨恨。

知罃说完这句话之后,楚共王就知道他是怎么想的了。

但楚共王又问道:"现在我放你回国,你会感激我吗?"

知罃答道:"我们两个国家各自为社稷百姓着想,才决定交换俘虏,相互原谅,化干戈为玉帛。您又不是主动放我,我有什么好感激您的呢?"

很多人看到别人优待自己,就以为是对自己的偏爱,却看不懂其中可能存在很多利益交换。在知罃看来,楚共王释放自己,只是因为自己恰好做了交换的筹码,并非楚共王特意对自己施以恩惠,自然不必感激。

被关了9年,还能如此冷静客观地看待问题,知罃真的是头脑清醒。

三 ·· 楚共王的真实目的

> 王曰:"子归,何以报我?"对曰:"臣不任受怨,君亦不任受德,无怨无德,不知所报。"王曰:"虽然,必告不穀。"对曰:"以君之灵,累臣得归骨于晋。寡君之以为戮,死且不朽。若从君惠而免之,以赐君之外臣首,首其请于寡君而以戮于宗,亦死且不朽。若不获命而使嗣宗职,次及于事,而帅偏师以修封疆,虽遇执事,其弗敢违。其竭力致死无有二心,以尽臣礼,所以报也。"王曰:"晋未可与争。"重为之礼而归之。
>
> ——《楚归晋知䓨》

听完知䓨的回答,楚共王又问道:"子归,何以报我?"这里的"报"不仅有"报恩"的意思,还有"报仇"的意思。既然你说无恩无怨,那回到晋国后,你会怎么对待我呢?

知䓨答道:"我不怨恨您,您对我也没有恩德,我实在不知道对您有什么好报答的。"

楚共王不依不饶:"虽然,必告不穀。""不穀"是自谦。不行,总得有个态度吧,你得告诉我。

知䓨说:首先还是要感谢您,让我这个罪臣可以回到晋国。但我回到晋国之后,遭遇是不确定的,因为我是一个败军之将,在敌国被关押了9年。

知䓨说,第一种可能是:我刚回到晋国,就因为当年的失败而被国君杀掉。如果是这个结局,我也心安理得,为国家而死,"死且不朽"。

第二种可能是：因为您的恩德，我能得到赦免，重回父亲荀首的身边。父亲会怎样对我呢？他可能也会怪罪我，因为我让家族蒙羞，于是他行家法赐我一死。如果我是这个结局，那我仍然心安理得，为了祖宗荣耀而死，"亦死且不朽"。

第三种可能是：他们都不杀我，让我继续在宗族中履行职务，继续承担国家责任，那我将"帅偏师以修封疆"。

古人的表达方式非常委婉，把自己国家的军队叫作"偏师"。知䓨表示，假如留我一条命，那我将继续为国而战。假如某天又在战场上遇到您，那我也将忠诚地履行职责。我一定会用尽自己全部的力量，绝不对我的国家有二心。

读到这里，大家应该会明白，楚共王为什么要和知䓨对话。显然，他想利用释放知䓨的机会笼络他，让他成为楚国安插在晋国的一枚棋子。

知䓨是何等聪明，他知道自己被释放并不是楚共王的恩典，而是两国利益交换的结果。所以他义正词严地表示，不怨恨楚共王，对楚共王也没什么好感激的，自己作为晋国人，会继续全心全意为晋国效力。这就是他对楚共王的回应。

听了知䓨的一番话，楚共王非但没有生气，反而深受震撼。他表示："晋未可与争。"一个国家能有知䓨这样客观冷静、尽忠职守的臣子，又怎会失败呢？于是楚共王派人送上厚礼，将知䓨隆重地送回了晋国。

这篇文章能教给我们很多东西。

第一，在看待问题时，一定要客观，不要带主观情绪。

一个人被关押 9 年，会不会有怨气？突然得到释放，高不高兴？

但愤怒、高兴，都只是主观情绪。客观是什么？就是理智地分析自己被关的原因，以及被释放的原因。关你不是因为讨厌你，放你也不是因为喜欢你，都是利益变化的结果，何必带情绪呢。

第二，坚守底线，才能赢得别人的尊重。

很多人以为只要满足别人的要求，就可以得到尊重。事实上，想要赢得别人的尊重，必须守住自我底线，即做事要有原则、有操守、有信仰。对原则的坚守会让你更加强大，谁会不尊重一个真正的强者呢？

11 《冯谖客孟尝君》：做事学会留后路

导语

　　我曾偶然听到一首老歌，叫作《长铗》，作者是一位师兄。这首歌旋律粗犷，荡气回肠，歌词古朴悲凉："长铗，归来乎！食无鱼，出无车……"歌里用到的典故，便出自这篇《冯谖[①]客孟尝君[②]》。2 000多年后还有人慷慨高歌，可见文章的影响力之大。我常想，冯谖客孟尝君之后，一定有数不清的人像冯谖一样弹其剑铗而歌，并热切渴望遇到自己生命中的孟尝君。

[①] 冯谖（xuān）：孟尝君的食客。
[②] 孟尝君：田氏，名文，字孟，号孟尝君，战国四公子之一，齐国的公族，在其父靖郭君田婴死后，继位薛公于薛城（今山东滕州东南），以广招宾客、食客三千闻名。

《冯谖客孟尝君》原文

齐人有冯谖者，贫乏不能自存，使人属[1]孟尝君，愿寄食[2]门下。孟尝君曰："客何好？"曰："客无好也。"曰："客何能？"曰："客无能也。"孟尝君笑而受之，曰："诺[3]。"

左右以君贱之也，食以草具[4]。居有顷，倚柱弹其剑，歌曰："长铗[5]归来乎，食无鱼！"左右以告。孟尝君曰："食之比门下之客。"居有顷，复弹其铗，歌曰："长铗归来乎，出无车！"左右皆笑之，以告。孟尝君曰："为之驾，比门下之车客[6]。"于是乘其车，揭[7]其剑，过[8]其友曰："孟尝君客我！"后有顷，复弹其剑铗，歌曰："长铗归来乎，无以为家！"左右皆恶之，以为贪而不知足。孟尝君问："冯公有亲乎？"对曰："有老母。"孟尝君使人给其食用，无使乏。于是冯谖不复歌。

后孟尝君出记[9]，问门下诸客："谁习计会[10]，能为文收责[11]于薛者乎？"冯谖署[12]曰："能。"孟尝君怪

1 属：同"嘱"，嘱咐，介绍。
2 寄食：倚赖他人生活。
3 诺：表示答应，同意。
4 草具：粗糙的饮食。
5 铗（jiá）：剑。
6 车客：有车可乘的食客。
7 揭：高举。
8 过：拜访。
9 记：通告。
10 计会：会计，管理计算财物出纳之事。
11 责：通"债"。
12 署：签写、题写（姓名）。
13 负：亏待。
14 愦：困扰。
15 懦：懦弱。
16 券契：债券，互相约束的契据。
17 市：买。
18 反：同"返"。
19 矫命：假传命令。
20 窃：私自。
21 拊：同"抚"，抚慰。
22 贾（gǔ）利：取利、得利。
23 说：同"悦"。
24 齐王：齐湣（mǐn）王，

之，曰："此谁也？"左右曰："乃歌夫'长铗归来'者也。"

孟尝君笑曰："客果有能也！吾负[13]之，未尝见也。"请而见之。谢曰："文倦于事，愦[14]于忧，而性懧[15]愚，沉于国家之事，开罪于先生。先生不羞，乃有意欲为收责于薛乎？"冯谖曰："愿之。"于是约车治装，载券契[16]而行。

辞曰："责毕收，以何市[17]而反[18]？"孟尝君曰："视吾家所寡有者。"驱而之薛，使吏召诸民当偿者，悉来合券。券遍合，起矫命[19]，以责赐诸民。因烧其券，民称万岁。

长驱到齐，晨而求见。孟尝君怪其疾也，衣冠而见之，曰："责毕收乎？来何疾也？"曰："收毕矣。""以何市而反？"冯谖曰："君云'视吾家所寡有者'，臣窃[20]计，君宫中积珍宝，狗马实外厩，美人充下陈，君家所寡有者，以义耳。窃以为君市义。"孟尝君曰："市义奈何？"曰："今君有区区之薛，不拊[21]爱子其民，因而贾利[22]之。臣窃矫君命，以责赐诸民，

齐宣王之子。
25 就：回，归。
26 国：指封邑。
27 梁：魏国，因魏都在大梁（今河南开封），故又称"梁"。
28 虚：空出。
29 重币：重金，厚礼。
30 固辞：坚决谢绝。
31 太傅：职官名，为国君的老师及辅佐大臣。
32 赍（jī）：带着。
33 文车：绘有图案的车子。
34 驷：古代计算四匹马所拉车辆的单位，相当于"辆"。
35 谢：道歉。
36 不祥：不善。
37 祟（suì）：灾祸。
38 谄谀（chǎnyú）：逢迎阿谀。
39 纤介：小草。比喻非常微小。

· 本文出自《战国策》。

因烧其券，民称万岁，乃臣所以为君市义也。"孟尝君不说[23]，曰："诺，先生休矣。"

后期年，齐王[24]谓孟尝君曰："寡人不敢以先王之臣为臣！"孟尝君就[25]国[26]于薛。未至百里，民扶老携幼，迎君道中。孟尝君顾谓冯谖："先生所为文市义者，乃今日见之！"

冯谖曰："狡兔有三窟，仅得免其死耳！今有一窟，未得高枕而卧也。请为君复凿二窟。"孟尝君予车五十乘，金五百斤，西游于梁[27]。谓梁王曰："齐放其大臣孟尝君于诸侯，先迎之者，富而兵强。"于是，梁王虚[28]上位，以故相为上将军，遣使者，黄金千斤，车百乘，往聘孟尝君。冯谖先驱，诫孟尝君曰："千金，重币[29]也；百乘，显使也。齐其闻之矣。"梁使三反，孟尝君固辞[30]不往也。

齐王闻之，君臣恐惧。遣太傅[31]赍[32]黄金千斤，文车[33]二驷[34]，服剑一，封书谢[35]孟尝君曰："寡人不祥[36]，被于宗庙之祟[37]，沉于谄谀[38]之臣，开罪于君。寡人不足为也，愿君顾先王之宗庙，姑返国统万人乎！"

冯谖诫孟尝君曰："愿请先王之祭器，立宗庙于薛。"庙成，还报孟尝君曰："三窟已就，君姑高枕为乐矣。"

孟尝君为相数十年，无纤介[39]之祸者，冯谖之计也。

一··破题：冯谖客孟尝君

齐人有冯谖者，贫乏不能自存，使人属孟尝君，愿寄食门下。孟尝君曰："客何好？"曰："客无好也。"曰："客何能？"曰："客无能也。"孟尝君笑而受之，曰："诺。"

——《冯谖客孟尝君》

孟尝君是齐威王的孙子田文，与魏国信陵君、赵国平原君、楚国春申君并称"战国四公子"。孟尝君的父亲是历史上颇有威名的靖郭君田婴，曾经长期主持齐国的国政。在靖郭君的40多个儿子里，孟尝君最有才能和雅量，格外受重视，并最终承袭了靖郭君的封地——薛。

孟尝君最为人所称道的，就是广泛招贤纳士，门下食客多达数千人，在战国四公子里，他的门客最多。据说，他招纳门客有个特点：不挑。不论是什么人才，只要有心投靠孟尝君，他一概招揽。后人对此褒贬不一，有人认为他海纳百川，也有人认为他沽名钓誉，宋朝王安石还写了篇《读孟尝君传》批评他招人不设门槛。

《冯谖客孟尝君》的开篇就体现了这一特点。齐国有个叫冯谖的穷光蛋，好像活不下去了，就托人将自己介绍给孟尝君，希望做他的门客。于是孟尝君问冯谖爱好什么，冯谖回答说没啥爱好；孟尝君又问冯谖会些什么，冯谖回答说啥也不会。孟尝君听完只是微微一笑：好吧。

二 ·· "贪得无厌"的门客

左右以君贱之也，食以草具。居有顷，倚柱弹其剑，歌曰："长铗归来乎，食无鱼！"左右以告。孟尝君曰："食之比门下之客。"居有顷，复弹其铗，歌曰："长铗归来乎，出无车！"左右皆笑之，以告。孟尝君曰："为之驾，比门下之车客。"于是乘其车，揭其剑，过其友曰："孟尝君客我！"后有顷，复弹其剑铗，歌曰："长铗归来乎，无以为家！"左右皆恶之，以为贪而不知足。孟尝君问："冯公有亲乎？"对曰："有老母。"孟尝君使人给其食用，无使乏。于是冯谖不复歌。

——《冯谖客孟尝君》

虽然冯谖成了孟尝君的门客，但大家都不重视他，给他吃粗劣的食物，而没有当时门客的标配食物——鱼。在他们看来，冯谖就是个啥也不会的关系户，给他口吃的就行了。结果过了一段时间，冯谖倚着柱子用手敲起了剑，一边敲一边唱："长剑啊，我们回去吧！吃的饭里没有鱼啊！"

孟尝君的手下听到后气坏了：不饿死你就不错了，居然还挑挑拣拣！于是跑去向孟尝君告状。谁知孟尝君听完后很淡定：给他配鱼，让他跟普通门客吃的一样。手下不解其意，只得照做。

谁知没过多久，冯煖又开始敲自己的剑，边敲边唱："长剑啊，我们回去吧！出门都没有车啊！"孟尝君的手下都耻笑他：能坐车的都是高级门客，你是谁啊？大家又跑去告诉孟尝君。谁知孟尝君依旧很淡定：给他配车，让他跟高级门客一个待遇。

谁知冯煖有了车之后，立即向自己的朋友显摆：看到没有？孟尝君给我的。但过了一段时间，冯煖仍旧不满足，又开始敲剑唱歌了："长剑啊，我们回去吧！家里过不下去啊！"这下可把孟尝君的手下恶心坏了，大家都极为讨厌冯煖，没见过这么贪婪的人。可孟尝君听说后却问道："冯先生家里有什么亲人吗？"一打听，他有位老母亲。于是孟尝君便派人给冯煖家里送去衣食所需，让冯煖的老母亲不缺吃穿。有意思的是，自那之后，冯煖再也不唱他的"长铗歌"了。

孟尝君为什么对冯煖百依百顺？想知道答案，还得继续往下看。

三·孟尝君的心思

后孟尝君出记，问门下诸客："谁习计会，能为文收责于薛者乎？"冯煖署曰："能。"孟尝君怪之，曰："此谁也？"左右曰："乃歌夫'长铗归来'者也。"

孟尝君笑曰："客果有能也！吾负之，未尝见也。"请而见之。谢曰："文倦于事，愦于忧，而性懧愚，沉于国家之事，开罪于先生。先生不羞，乃有意欲为收责于薛乎？"冯煖曰："愿之。"于是约车治装，载券契而行。

辞曰："责毕收，以何市而反？"孟尝君曰："视吾家所寡有者。"

——《冯煖客孟尝君》

后来某天，孟尝君对所有门客发布了一则通告："谁习计会，能为文收责于薛者乎？""计会"相当于今天的会计，就是懂算账的人。"文"是孟尝君的自称，"为文收责于薛"就是替孟尝君到薛地收债。前文说过，薛地是孟尝君的私邑，当地百姓应该给孟尝君缴税，而有很多人欠了孟尝君的债。

司马迁在《史记》里说自己到过薛地，发现那里"多暴桀子弟"，相当难搞定。孟尝君之所以需要发通告招募，也足以表明去薛地收债不是件容易的事，负责要债的这个人除了要会算账，恐怕还得有点儿特殊手段。令所有人没想到的是，冯煖主动请缨，表示自己会算账，可以前往薛地替孟尝君收债。

孟尝君问：这人是谁啊？手下人提醒他：这就是当初总唱"长铗归来"的那位。孟尝君闻言笑道："客果有能也！"

从孟尝君的这句话里，我们足以窥见他真正的心思。"果"，就是果然、果真，说明孟尝君一直就猜测冯煖是个有大能耐的人，尽管此前冯煖说自己一无所能，又不断提出各种要求，但在孟尝君看来，这恰恰说明此人不俗。冯煖弹剑而歌，要待遇都要得如此豪迈，岂是碌碌之辈！

通过这件事，我们也足以发现孟尝君并非沽名钓誉，而是眼光独到，认为非常之人必有非常表现，能够不拘一格取用人才。而冯煖到来后的三次弹剑而歌，也是在考察孟尝君是否值得辅佐。等他确认孟尝君有识人之明和容人之量后，才开始展露自己的才能。

孟尝君将冯煖叫到跟前，先是就此前自己没有重用他道歉，继而询问冯煖是否真心愿意帮忙。冯煖当即表示没问题，然后收拾行李，带上相关的债券准备出发。出发前，冯煖问孟尝君，收回来的钱给你买点儿啥？孟尝君说：你看我缺少啥就买啥！

孟尝君万万想不到，这句话会让他悔青了肠子。

四·送给孟尝君的大礼

驱而之薛，使吏召诸民当偿者，悉来合券。券遍合，起矫命，以责赐诸民。因烧其券，民称万岁。

长驱到齐，晨而求见。孟尝君怪其疾也，衣冠而见之，曰："责毕收乎？来何疾也？"曰："收毕矣。""以何市而反？"冯煖曰："君云'视吾家所寡有者'，臣窃计，君宫中积珍宝，狗马实外厩，美人充下陈，君家所寡有者，以义耳。窃以为君市义。"孟尝君曰："市义奈何？"曰："今君有区区之薛，不拊爱子其民，因而贾利之。臣窃矫君命，以责赐诸民，因烧其券，民称万岁，乃臣所以为君市义也。"孟尝君不说，曰："诺，先生休矣。"

——《冯煖客孟尝君》

冯煖驾车到达薛地后，派人把那些欠债的人全部叫来对账。等核对完所有账目，冯煖做了一件让人惊掉下巴的事：他非但没有催债，反而当着众人的面，一把火把债券烧了个精光，并假称这是孟尝君的命令。薛地的百姓先是吃惊，继而欢喜万分，高呼万岁。干完这些事，冯谖马不停蹄地赶回孟尝君身边交差。

一大早看到冯谖，孟尝君以为自己眼花了：怎么这么快就回来了？冯谖表示：债都收完了，收来的钱给你买了份大礼。孟尝君连忙问：买的是啥？

冯谖这才不慌不忙地说道：您让我看看您家里少什么，说少啥就买啥。我看了一圈，珍宝、犬马、美女，您一样不缺，就是缺少仁义。所以，我给您买了仁义回来。

孟尝君都听呆了：仁义？仁义怎么买？

冯谖便告诉孟尝君：您不爱自己封地的子民，还整天收他们的债，这就是不仁义。如今我已经假借您的名义，一把火把所有债券都烧了，这不就是给您买了仁义回来吗？

这把孟尝君气坏了，啥也没收回来，还把债全免了！说我缺仁义？是你缺心眼吧！但事已至此，又能如何呢？孟尝君只得没好气地说了句：嗯，算了吧……

问题来了：冯谖这样做到底值不值呢？答案很快就会揭晓。

五 · 狡兔有三窟

后期年，齐王谓孟尝君曰："寡人不敢以先王之臣为臣！"孟尝君就国于薛。未至百里，民扶老携幼，迎君道中。孟尝君顾谓冯谖："先生所为文市义者，乃今日见之！"

冯谖曰："狡兔有三窟，仅得免其死耳！今有一窟，未得高枕而卧也。请为君复凿二窟。"

——《冯谖客孟尝君》

烧债券的事情过去一年后，齐湣王突然对孟尝君说："你是先王的臣子，不适合再当我的臣子了。"此事发生在齐湣王七年。他都即位七年了，突然拿"先王之臣"来说事，这显然只是个借口。《史记》记载，齐国贵族田甲在这一年劫持了齐湣王，事败后，齐湣王怀疑孟尝君参与了此事，便以"先王之臣"为借口，拿孟尝君开刀。

大难临头的孟尝君无处可去，只能逃回自己的封地。令他意外的是，在距离薛地尚有百里之远的地方，密密麻麻站满了薛地的百姓，大家扶老携幼，在大路上欢迎孟尝君。直到此时，孟尝君才回头看着冯煖说道：您当初替我买的仁义，我今天才真正看见啊！

冯煖并不会未卜先知，但此事足以表明他的远见卓识。冯煖知道，孟尝君功高盖主，迟早会有被猜忌的一天。虽然此前孟尝君贵为齐相，但一切都建立在齐王信任他的基础上。假如某天齐王对孟尝君不再信任，能够使他安身立命的，就只有他自己的封邑薛地。因此，冯煖便早早替孟尝君收买了人心，使薛地成为他坚实的后盾。

就在孟尝君以为自己可以高枕无忧的时候，冯煖却说出"狡兔三窟"的道理。聪明的兔子都会找不止一个藏身的洞穴，因为任何一条后路都不会百分之百可靠。冯煖提醒孟尝君，您现在只有薛地这一条后路，就像兔子只有一个洞穴，如果未来守不住薛地怎么办？所以，我还要再给您凿两个洞才行啊！

俗话说，不要把鸡蛋都放在一个篮子里。读到此处，我们不妨也想想，还可以替孟尝君准备什么后路呢？

六 ·· 冯谖的奇计

孟尝君予车五十乘，金五百斤，西游于梁。谓梁王曰："齐放其大臣孟尝君于诸侯，先迎之者，富而兵强。"于是，梁王虚上位，以故相为上将军，遣使者，黄金千斤，车百乘，往聘孟尝君。冯谖先驱，诫孟尝君曰："千金，重币也；百乘，显使也。齐其闻之矣。"梁使三反，孟尝君固辞不往也。

齐王闻之，君臣恐惧。遣太傅赍黄金千斤，文车二驷，服剑一，封书谢孟尝君曰："寡人不祥，被于宗庙之祟，沉于谄谀之臣，开罪于君。寡人不足为也，愿君顾先王之宗庙，姑返国统万人乎！"

冯谖诫孟尝君曰："愿请先王之祭器，立宗庙于薛。"庙成，还报孟尝君曰："三窟已就，君姑高枕为乐矣。"

孟尝君为相数十年，无纤介之祸者，冯谖之计也。

——《冯谖客孟尝君》

首先，冯谖作为孟尝君特使，带着五十乘车、五百斤金，一路向西，前往魏国大梁面见魏惠王。这个阵仗本身就足以显示孟尝君的雄厚实力，更何况孟尝君在齐国经营多年，门客遍天下。冯谖对魏惠王说，孟尝君已经被齐湣王放逐了，谁能抢先得到他，谁就可以称霸天下。这句话其实并不夸张，对与齐国素来不和、一心想要称霸的魏惠王更是有着致命的吸引力。于是魏惠王派出使团，带着百乘车马、千斤黄金，前往薛地聘请孟尝君，并许以魏相之位。

如此大的阵仗，自然引起了所有人的注意。消息传到临淄，把齐湣王吓坏了。假如孟尝君去了魏国，且不说他的三千门客和雄厚财力，单凭他对齐国的了解，就会要了齐国的命。孟尝君是把好枪，虽然放在自己手上怕走火，但总比送给敌人强啊！

那么，孟尝君究竟会留在齐国，还是会奔赴魏国呢？

其实早在出发之前，冯煖便告诫孟尝君，不论魏国开出什么条件，一概拒绝。魏惠王如此急迫地想要聘请孟尝君，只是因为看重他能给魏国带来的价值。假如孟尝君帮助魏国对付齐国，就会成为齐国的罪人，而且在魏国很可能是兔死狗烹的结局；假如孟尝君不帮助魏国对付齐国，魏惠王也不会白白养着孟尝君。但只要孟尝君不去魏国，便可以保留对齐国的威慑力和对魏国的吸引力，齐湣王就不敢对孟尝君动手！

这一招太妙了，不但让孟尝君从"讨人嫌"变成了"炸子鸡"，而且充分赢得了齐国的民心和齐湣王的信任。齐湣王听说魏惠王派人多次聘请孟尝君不成，既害怕又感动。感动的是，孟尝君真够意思，不肯背弃齐国；害怕的是，万一他哪天真去魏国了怎么办。

于是，齐湣王也连忙派遣太傅带上重礼和信物前往薛地，并写了一封亲笔信向孟尝君道歉：我是个糊涂蛋，当初听信谗言怀疑您，都是我不好！希望您不要计较，哪怕看在列祖列宗的面子上，也要留在齐国统领黎民百姓啊！

此时，冯煖为孟尝君凿的第二窟算是完成了，但还有第三窟。别看孟尝君变成了香饽饽，假如将来齐王又猜忌他怎么办。就算齐王不亲自攻打，也可以默许其他国家进犯薛地，到时候孟尝君仍然没有立足之处。冯煖非常懂得趁热打铁的道理，趁现在齐湣王对孟尝君百依百顺，顺势提出请求，希望可以在薛地设立先王宗庙，以便祭祀。表面上看，这是进一步体现孟尝君对齐国的忠心，实则真正将薛地变成了孟尝君的庇护所。未来齐王如果攻打薛地，就是对先王不敬；其他国家如果进犯薛地，齐王也必定要派兵支援。齐国先王的宗庙，就是孟尝君永不过期的护身符。

如此一来，孟尝君真正做到了进可攻、退可守，再也无惧齐王的猜忌和政坛的动荡，如同狡兔"三窟已就"，可以高枕无忧了。此后，孟尝君在齐为相数十年，屹立不倒，全赖冯煖的计谋。

我们读《冯煖客孟尝君》，常常感慨冯煖的远见卓识，也感慨贤才的难辨与难得。假如不是遇到孟尝君，恐怕冯煖的惊天才华终生无处施展；假如不是遇到了冯煖，孟尝君恐怕早就已经身败名裂。明主和贤才相互信任，彼此成就，才能书写历史和人生的辉煌，难怪千百年来总有读者对此生出无尽的慨叹和向往。

叁

说话

当你在和他人交涉的时候,
你一定要明白对方到底要什么。

尽可能地让对方从"情"和"理"
两个方面来理解你做事的原因和道理。

12 《石碏谏宠州吁》：宠你就是害了你

导语

这篇文章涉及的主题与做父母的人密切相关：怎么管教孩子。

以前有段相声说到怎么管教别人家的孩子，简直头头是道，甚至"老虎凳""辣椒水"都用上了，轮到管教自己家孩子就舍不得了，因为"我们家那是亲儿子"。事实往往如此，很多人一面说着孩子得管教，一面干着宠孩子的事儿。就像有人说的，"听了很多大道理，还是过不好这一生"。问题出在哪儿？我想，很大的可能在于，你只是简单地听和说这些道理，入耳却没入心。王阳明说"知而不行，只是未知"，即是此理。

《石碏①谏宠州吁》这篇文章，也许可以帮助你真正认识到，父母为什么不能宠孩子。

---

① 石碏（què）：卫国大夫。

《石碏谏宠州吁》原文

卫庄公娶于齐东宫得臣[1]之妹，曰庄姜，美而无子。卫人所为赋《硕人》[2]也。又娶于陈，曰厉妫[3]。生孝伯，蚤[4]死。其娣[5]戴妫，生桓公，庄姜以为己子。

公子州吁，嬖人[6]之子也。有宠而好兵，公弗禁，庄姜恶之。

石碏谏曰："臣闻爱子，教之以义方，弗纳于邪。骄、奢、淫、佚[7]，所自邪也。四者之来，宠禄过也。将立州吁，乃定之矣；若犹未也，阶[8]之为祸。夫宠而不骄，骄而能降，降而不憾[9]，憾而能眕[10]者，鲜矣。且夫贱妨贵，少陵长，远间亲，新间旧，小加大，淫破义，所谓六逆也。君义、臣行、父慈、子孝、兄爱、弟敬，所谓六顺也。去顺效逆，所以速[11]祸也。君人者，将祸是务去，而速之，无乃不可乎？"弗听。

其子厚与州吁游。禁之，不可。桓公立，乃老[12]。

1　东宫：代称太子，本指太子的住所和办公地点，因为在皇宫东边，所以称为东宫。得臣：齐国太子名，姜姓，齐庄公太子。
2　《硕人》：《诗经·卫风》篇名。
3　厉妫（Guī）：妫姓，陈国人。厉与戴，均为谥号。
4　蚤：通"早"。
5　娣：古时称妹妹为"娣"，厉妫的妹妹戴妫随嫁卫庄公。
6　嬖（bì）人：地位卑微而受到宠幸的人。
7　佚（yì）：没有规矩，不受约束。
8　阶：逐级、逐步。
9　憾：怨恨、不满。
10　眕（zhěn）：安重，隐忍，不轻举妄动。
11　速：招致。
12　老：年老而退休。
・本文出自《左传·隐公三年》。

一　·　破题：石碏谏宠州吁

标题涉及两个人：一个叫石碏，是卫庄公的一名臣子，有远见卓识；另一个叫州吁，是卫庄公的儿子，颇受卫庄公宠爱。标题背后还藏着一个关键人物：卫庄公。春秋时期有两个卫庄公，一个名扬，是卫国第十二任国君，史称"卫前庄公"，《石碏谏宠州吁》里的就是这一位；另一个名蒯聩，是卫国第三十任国君，史称"卫后庄公"，孔子的弟子子路就死在他手上。卫国的这两个庄公，历史评价都不高，而且都是不合格的父亲。卫前庄公宠溺小儿子州吁，导致州吁恃宠而骄，最终弑兄篡位；卫后庄公则为了自己上位，派人暗杀当上国君的儿子。

州吁杀掉卫桓公篡位自立，是春秋时期第一桩弑君案。但早在州吁弑君前的20年，石碏就曾劝谏卫庄公，宠溺州吁必将酿成大祸，这就是《石碏谏宠州吁》的主要内容。州吁到底是个怎样的儿子？

二　·　庄姜是谁

卫庄公娶于齐东宫得臣之妹，曰庄姜，美而无子。卫人所为赋《硕人》也。

——《石碏谏宠州吁》

文章先写了一个看似无关的人：庄姜。作者围绕庄姜，交代了三点信息。

第一，庄姜是齐东宫得臣的妹妹。这里的"东宫"是指太子，这一点大家并不陌生。"齐东宫"就是齐国的太子,"得臣"是齐国太子的名字。这说明什么呢?说明庄姜背后有靠山。我在《郑伯克段于鄢》里详细分析过古人联姻的情况,这里不再赘述。卫庄公从齐国娶来的这位夫人姜氏,后世称为"庄姜":"姜"是齐国的国姓,谥号与丈夫庄公相同。

第二,庄姜"美而无子",这个信息非常重要。庄姜是正妻,背后又有强大的齐国,由她的儿子来当卫国的下一任国君再稳妥不过了,谁知庄姜竟没有儿子,这就给卫国的后宫增添了许多变数。

第三,《诗经》里有一篇《硕人》,就是卫人颂庄姜的。这首诗对很多人而言并不陌生,"手如柔荑,肤如凝脂""巧笑倩兮,美目盼兮"等夸美女的名句都出自这里。可以说,庄姜是现存记载中最早的大美女。什么叫"硕人"?硕的意思就是大,齐国位于今山东,很多山东人长得比较高大,庄姜也是大个子。除了高大这层意思,"硕人"这个称呼里还有一种崇敬的意味——就像"大人"这个称呼里有尊敬,而"小人"这个称呼里有贬低。所以,从《硕人》这首诗来看,庄姜在卫国是很受爱戴的,除了长得美,为人也一定很不错。《硕人》满篇都是对庄姜的夸赞,一言以蔽之:"白富美。"我们来简单读两段。

> 硕人其颀,衣锦褧衣。齐侯之子,卫侯之妻。东宫之妹,邢侯之姨,谭公维私。
>
> 手如柔荑,肤如凝脂,领如蝤蛴,齿如瓠犀,螓首蛾眉,巧笑倩兮,美目盼兮。
>
> ——《诗经·卫风·硕人》

第一段主要讲庄姜的"富"和"贵"。"硕人其颀",是说庄姜身段高挑;"衣锦褧衣",是说庄姜雍容华贵。接着交代庄姜的身份,她是齐国国君的女儿、卫国国君的正妻、齐国太子的妹妹、邢国国君的小姨、谭国夫人的姐妹。这一沓名片扔出来,着实有些惊人。

第二段则集中表现了庄姜的"白"和"美"。诗里说,庄姜的手像"柔荑",即柔软的水草,又软又嫩。庄姜的皮肤像"凝脂",什么叫"凝脂"?有人说,像猪油冻上了。这就没法想象了。古人讲究"神似",打比方时不仅要考虑外形,还要抓住内在特点。"凝脂"有什么特点?一是滑,二是白,三是凉,也就是冰肌玉肤。同样,庄姜的脖子像"蝤蛴",又细又长又白;牙齿像"瓠犀",既白皙又整齐;"螓首蛾眉",额广而方,眉细而长。总之,太美了。庄姜的美还属于很灵动的类型,"巧笑倩兮,美目盼兮",总是笑语盈盈,顾盼生姿,看你一眼,让你"三月不知肉味"。

三 ·· 鸡飞狗跳的后宫

又娶于陈,曰厉妫。生孝伯,蚤死。

——《石碏谏宠州吁》

庄姜没有孩子,但卫国不能没有继承人,所以卫庄公"又娶于陈",从陈国娶了位夫人,后世称为"厉妫"。妫是陈国的国姓,而"厉"是这位新夫人死后的谥号。这位新夫人怎么样?很差劲,从她的谥号就可以得知。

"厉"是一个非常糟糕的谥号,例如周厉王,贪财好利,暴虐无道，导致国人暴动。什么样的女人会得到"厉"这样的谥号呢？谥法说，"长舌阶祸曰厉"。长舌的意思当然不是舌头长，而是喜欢传播各种八卦、小道消息。一个人喜欢说人坏话，无中生有，造谣生事，最终会惹祸上身，这就叫"长舌阶祸"。所以，通过"厉"这个谥号，我们就知道当年卫庄公的后宫绝对鸡飞狗跳：来自陈国的新夫人爱搬弄是非，今天挑这个人的毛病，明天说那个人的是非，谁知最后反害了自己，大祸临头。具体是什么祸呢？文章紧接着交代了五个字：生孝伯，蚤死。

"蚤死"就是"早死"，也就是说，这个喜欢搬弄是非的厉妫，生了个儿子叫孝伯，没养大就死了。卫庄公接连两任正妻都在生养孩子的方面有问题，到底是谁在兴风作浪？

四·谁在兴风作浪？

其娣戴妫，生桓公，庄姜以为己子。

——《石碏谏宠州吁》

古人娶妻可不像今天找老婆那么简单，而是家族势力甚至国家势力的联合。之前，卫庄公娶庄姜，是和齐国联姻。谁知庄姜没儿子，卫庄公又和陈国联姻，因为齐国和陈国都是当时卫国周边比较强大的国家。厉妫从陈国来卫国的时候，还带了个随嫁的妹妹，古代叫"娣"。这就是出现在文章里的第三个女人，谥号是"戴"，所以称为"戴妫"。

"戴"是个很好的谥号，指"典礼不愆，爱民好治"，意思是守礼爱民。这说明戴妫是个很守规矩的女人。

戴妫也生了一个儿子,他就是卫庄公的继任者——卫桓公。桓公能够最终当上卫国的国君,当然有陈国势力的影响,但也离不开庄姜的支持。文章特意交代,庄姜对戴妫的儿子视如己出。这再一次说明,庄姜是个识大体的女人,而戴妫和她的儿子都能得到庄姜的认可,也反过来印证了他们的品行。

讲到这里,故事变得更加扑朔迷离。我们梳理一下出现的三个女人各自的情况:

庄姜,齐国公主,得民心、识大体,美而无子;

厉妫,陈国公主,嚼舌头、爱挑事,生子早死;

戴妫,陈国小公主,本分、守规矩,生子即位。

庄姜和戴妫不是作恶的人,厉妫虽然事儿多,但不会害死自己的孩子,也就是说,在卫庄公的后宫里兴风作浪的,另有其人。

五 ·· 公子州吁的身世

> 公子州吁,嬖人之子也。有宠而好兵,公弗禁,庄姜恶之。
> ——《石碏谏宠州吁》

在交代了庄姜、厉妫、戴妫三人之后,文中突然杀出一对母子。女人没有名字,身份是嬖人,而她的儿子,便是文章标题里的州吁。

什么叫"嬖人"?"嬖"的甲骨文字,是一个人站在一旁,服侍一个坐着的人。

所以,"嬖"的本意是奴婢。如果这个人得到了君王的宠幸,就叫"嬖人"。而州吁就是卫国的一个嬖人和卫庄公所生的儿子。

我们来看看文章是如何描述州吁的。

首先，州吁是嬖人之子。这是交代州吁的出身。古人认为，出身体现地位。比如屈原在《离骚》里要自证清白，就先说自己"根正苗红"；再比如陈琳骂曹操，就先攻击曹家祖上三代。当然，出身和教养不能画等号，但《左传》强调州吁母亲的嬖人身份，用意是比较明显的。

其次，州吁确实品行不端，主要表现为好兵，即喜欢打仗。我们今天常说要热爱和平，因为一个好战分子绝不会安分守己，会想方设法搞得周围鸡飞狗跳。假如这个人还是国君的儿子，麻烦就更大了，轻则以下犯上，重则祸国殃民。再次，地位低下的州吁颇得卫庄公的宠溺。卫庄公明知州吁好兵，却不禁止，我们从中也可以看出庄公目光短浅，是非不分。我在讲解《郑伯克段于鄢》时曾说，孩子身上的问题，根源在于父母。

最后，文中特意交代，庄姜很讨厌州吁。庄姜是一位美丽善良、得民心、识大体的高贵女子，她对州吁的不端行为，当然会很生气。

六 · 父母最该做什么

石碏谏曰："臣闻爱子，教之以义方，弗纳于邪。骄、奢、淫、佚，所自邪也。四者之来，宠禄过也。"

——《石碏谏宠州吁》

"养不教，父之过"，州吁的肆无忌惮，完全在于其父卫庄公的纵容。对这一点,卫国大臣石碏有清晰的认识,所以主动劝谏卫庄公。石碏又称公孙碏,名碏,字石。前文讲过,春秋时期的"公子"指的是"公之子",那么"公孙"则是"公之孙",这就说明石碏是卫国宗亲。公孙碏的一部分后人用"石"作为氏,成为今天石姓的一个来源,公孙碏也因此被后世称为"石碏"。"碏"的意思是石之杂色,巧的是,《列子》里有女娲炼五色石补天的传说,而石碏这块"五色石"也对卫国有补天之功。

石碏先提出了一个观点:"臣闻爱子,教之以义方,弗纳于邪。"这是一个非常重要的问题:怎样教育孩子?孩子教育不好,重要原因就是父母的认知出了问题。石碏认为,父母爱孩子,不要什么都管,但有两个字不能不教,一个是"义",另一个是"方"。

什么是"义"?义就是正确的事,该做的事。今天很多家长教孩子怎么做题,怎么拿高分,这些其实都不是家长该做的。家长应该帮助孩子树立正确的价值观,让孩子知道什么是对的,什么是错的。这就是"义"。

什么是"方"?方就是规矩。一个群体中要遵守共同的规则,比如红灯停、绿灯行,不能由着自己的性子来。今天有些家长是怎么教育孩子的呢?孩子一不高兴,全家鸡飞狗跳,让谁吃亏也不能让孩子吃亏,最终培养出唯我独尊的"小皇帝",毫无规矩可言。

石碏认为,能帮孩子明是非、立规矩的父母,才是爱孩子的父母,才不会把孩子引向邪路。

"邪"是与"正"相对的概念,我们常说"正邪不两立"。可问题是,走邪路的人从来不觉得自己"不正"。那么,"正"和"邪"到底有什么本质区别?

有一个成语叫"心术不正",出自《管子·心术》。《管子》认为,心术正还是不正,关键在于心能否管住身体:如果能管住,就是"正";如果管不住,就是"邪"。举个例子。当看到一个自己喜欢但不该要的东西,你会怎么做呢?你知道拿走是不对的,但你想要它。这时你的心就在和身体"打架"了。如果你的心能够管住身体,就不会被诱惑,这就是正路;如果身体管住了你的心,你就会"昧着良心",想方设法地占有,这就是邪路。人一旦走上邪路,就会越来越糟,终将酿成大祸。

孟子说:"人之所以异于禽兽者几希。"人和其他动物的差别其实并不大。动物多靠身体本能做事,但人做事主要凭良心。就是这一点点差别,就让人成为人,成为"万物之灵"。

那么,怎样让心具有强大的定力,能抵御外界诱惑,真正掌控自己的身体呢?古人认为,靠的是"义"和"方"。

所以石碏才说,真正爱孩子,要"教之以义方"。他继续说:"骄、奢、淫、佚,所自邪也。"一个人如果管不住自己,就会出现"骄、奢、淫、佚"四大问题。

第一个是"骄",本义是高头大马,后指自视甚高,觉得自己比谁都强。不讲是非和规矩的孩子,会觉得自己是天下第一,所有人都得以他为中心,为他服务。今天很多家庭里的"小皇帝""小公主",就是"骄"。

第二个是"奢",本义是深宅大院,后指贪图享受,凡事讲排场、好面子。既然谁都比不上我,那我当然要求吃最好的、穿最好的、住最好的、用最好的,这就是"奢"。今天有些孩子不跟别人比本事,偏跟别人比品牌,买东西只喜欢买名牌的,不给买就闹脾气。这就是"奢"。

第三个是"淫",古代指过度放纵、没有节制。这个问题在今天很多孩子身上都有。他们喜欢吃什么就会一直吃,喜欢玩什么就会一直玩,父母也不在意,反正买得起,哪怕买不起,也不能让孩子"吃苦",于是毫无节制地放纵孩子的欲望,造成很多孩子不知收敛,纵欲无度。这就是"淫"。

第四个是"佚",这是通假字,同"逸",指没有规矩、不受约束。很多家长在孩子青春期时很头疼,觉得孩子小时候那么听话,长大后怎么变成这样了?虽然孩子在青春期容易叛逆,但主要是因为父母在孩子小时候忽视了"义"和"方"的教育,想管教的时候,已经管不住了。

可以说,骄、奢、淫、逸四大问题,无一不来自"义"和"方"教育的缺失。所以石碏总结说,"四者之来,宠禄过也"。根源就在"宠禄"两个字上。

"宠"和"禄"有一定的区别。"宠"是精神骄纵,"禄"是物质骄纵。想把全世界最好的都给孩子,这是做父母的正常心理,从情感上讲是完全可以理解和值得赞美的。但古人的智慧在于能从远处着眼,看到了这样做对孩子身心成长的不利之处。父母毕竟只能宠孩子一时,无法宠他们一世,每个人的路都要自己走。

七 ·· "神预言"从何而来

将立州吁,乃定之矣;若犹未也,阶之为祸。夫宠而不骄,骄而能降,降而不憾,憾而能眕者,鲜矣。

——《石碏谏宠州吁》

前面一段劝谏，是站在理性高度讲道理。道理讲完，石碏便回归现实，直接提到了公子州吁："将立州吁，乃定之矣；若犹未也，阶之为祸。"这里的"阶"可以理解为逐级、逐步。这句话的字面意思是，如果要立州吁为继承人，请尽快确定，否则一定会逐步酿成大祸。那么，这是否代表石碏支持州吁呢？当然不是。嫡长子继承制是规矩，石碏和卫庄公都知道，立桓公为君就证明了这一点。所以，石碏只是用委婉的表达方式，真正的意思是：只要州吁没有当上国君，他绝不会善罢甘休。换句话说，未来新君即位，州吁必定造反！

2000多年后的今天，我们仍然十分佩服石碏的判断。州吁弑桓公篡位，发生在桓公即位的第16年。石碏笃定地预言了多年后的国家大事。我们来看他是如何做出这个判断的。

"夫宠而不骄，骄而能降，降而不憾，憾而能眕者，鲜矣。"这一串话像绕口令，是石碏预判州吁未来定会造反的逻辑推理，论述极为精彩。

首先，"宠而不骄"是不可能的。一个孩子受宠惯了，会理所当然地认为自己值得被宠，从而产生唯我独尊的意识。所以，受宠的孩子必然骄纵。

其次，"骄而能降"是不可能的。这里的"降"是指"降心"，也可以简单地理解为放下身段或者低头。一个内心唯我独尊的孩子，当然无法放下身段，更不会允许任何人爬到自己头上。所以，骄纵的孩子不会心甘情愿在别人面前低头。

再次，"降而不憾"是不可能的。这里的"憾"，是指怨恨、不满。尽管不想低头，但新君即位以后，州吁却不得不低头，而他从小骄纵，心中岂能没有怨恨。所以，一个从小受宠的人被迫臣服于他人时，一定会心怀怨恨。

最后,"憾而能眕"是不可能的。这里的"眕"是指克制、自重。如果一个人心里有了怨恨和不满,他终究会在行为上有所表现,哪怕忍得了一时,也忍不了一世,必定付诸行动。

所以石碏推断,新君即位后,骄纵的州吁必定无法屈居人下,心中必生怨恨,也绝不会善罢甘休。而州吁天生好战,他必将在卫国掀起一场腥风血雨!

讲到这里,除了赞佩石碏的先见之明,我们更应该想一想,为什么一定不要宠孩子。所有唯我独尊的"小皇帝""小公主",终究都会走向社会,终将独立面对属于自己的工作和生活。假如一个人从小骄纵,只会抬头不会低头,只知索取不知付出,只知争抢不知谦让,势必无法与他人和谐相处,最终害人害己。

八 ·· 管理者的责任是什么

> 且夫贱妨贵,少陵长,远间亲,新间旧,小加大,淫破义,所谓六逆也。君义、臣行、父慈、子孝、兄爱、弟敬,所谓六顺也。去顺效逆,所以速祸也。君人者,将祸是务去,而速之,无乃不可乎?
>
> ——《石碏谏宠州吁》

不论是父母还是君王,都可以说是管理者。管理者要负起怎样的责任?在石碏看来,一定要预判问题,并阻止其发生。而要做到这一点,就必须抓住规律,掌握顺逆,遵循天理。

所谓"顺",就是顺应天理人心;"逆",则是违背了天理人心。王阳明说"心即理",天理与良知本就自然合一。石碏认为,卫庄公对州吁的过度宠爱,已经违背了天理人心。具体来说,表现为"六逆",即"贱妨贵,少陵长,远间亲,新间旧,小加大,淫破义"。

什么是"贱妨贵"?贱是地位低,贵是地位高。周王朝讲秩序,高低贵贱不能错乱,如果低贱的人比高贵的人更受宠,就是"贱妨贵"。那么,谁是贱,谁是贵?显然,州吁贱,庄公的嫡长子公子完(桓公)贵,让州吁妨碍公子完,国家秩序就会乱。

什么是"少陵长"?少就是年纪小,长就是年纪大。这句是说,州吁的年纪小,公子完年纪大,如果让州吁凌驾于公子完之上,王室秩序就会乱。

同样,"远间亲""新间旧""小加大""淫破义",都是此理。石碏认为,公子完是嫡长子,也是名正言顺的储君,而州吁只是一个年少的庶子,庄公过分宠爱州吁,这已经违背了天理人心,所以为"逆"。那么,"顺"又是怎样的呢?

"君义、臣行,父慈、子孝,兄爱、弟敬。"君主要摆正自己的位置,价值观、人生坐标要正确,这叫"义";臣子忠实地执行君主的命令,这叫"行";父亲要"慈",孩子要"孝";哥哥要"爱",弟弟要"敬"。以上六种道德行为规范,顺应天理人心,称为"六顺"。我们平时老说"顺者昌,逆者亡",就是强调言行要顺应天理人心,既要遵守秩序,也要顺应天道。

儒家尤其强调秩序,"正名""为政以德""不在其位,不谋其政"等,都是强调身份和守本分,地位要与言行匹配,即在什么位置干什么事。作为君主,不要抢大臣的活儿,也就是说,君主是国家的掌舵人，要知人善任，具体的事情要由臣民来做。臣民、父亲、孩子、哥哥、弟弟，都把自己该做的事情做好，这样，天下自然大治。相反，"君不君，臣不臣，父不父，子不子"，如前文说的郑庄公和共叔段，弟弟造哥哥反，哥哥挖坑害弟弟，国家就会乱套。

作为管理者，一定要学会"顺势而为"，这个势就是天理人心，否则会招致祸患。显然，卫庄公在这方面是完全不合格的。州吁肆意妄为，他非但不阻止，反而听之任之。这就是石碏批评他"速祸"的原因。

九·石碏大义灭亲

弗听。

其子厚与州吁游。禁之，不可。桓公立，乃老。

——《石碏谏宠州吁》

虽然石碏慧眼如炬、苦口婆心，但卫庄公不为所动。除了卫庄公，还有一个人听不进石碏的话，那就是石碏的一个儿子，石厚。同为卫国宗室子弟，石厚和州吁经常厮混，而这对早就看透州吁的石碏来说，显然是不可接受的。

儿子犯了错，父亲要怎么做？卫庄公与石碏的做法相反。州吁"好兵"，卫庄公"弗禁"；石厚"与州吁游"，石碏则"禁之"。

可惜，虽然石碏禁止，但儿子石厚就是不听。石碏无奈，等桓公即位，他就做了一件事，原文叫"老"，意思是告老还乡。石碏早已预判州吁会造反，而自己那个管不了的儿子也会跟着作乱，所以赶紧远离是非之地。

果不其然，州吁在哥哥桓公即位之后，三番五次挑事。没几年，州吁就被卫桓公赶出卫国。那他去了哪儿呢？《郑伯克段于鄢》提过卫国周边有个"避难所"。

没错，就是共国，也是后来郑庄公的弟弟段最后的逃亡之地。两个不听话的弟弟碰到一起，可算是找到了知己，整天商量怎么收拾哥哥。结果，还真让州吁找到了机会。某次卫桓公出行，州吁趁其不备，带领一群"流亡通缉犯"发动突袭，杀掉桓公，篡夺了卫国的国君之位。

州吁成为国君后仍不满足，因为他从小好兵，就想给自己的好哥们儿共叔段出头，于是联合了陈国、蔡国和宋国，对郑国发动了战争。郑庄公当然不好惹，面对四国联军，他毫不示弱，跟他们打得不可开交。州吁一点儿便宜没占到，反而劳民伤财，再加上他弑君篡位，得位不正，这就使得整个卫国怨声载道，反对他的声音越来越大。

州吁见自己的地位不稳，忙找亲信出主意。石厚表示，自己那退休多年的老爹深谋远虑，可以听听他的意见。州吁只能请石碏出山，石碏还真给他们指了一条路。

石碏表示，州吁得位不正，当务之急是取得周天子的认可，这样，谁也不能再说什么了。可问题是，周天子会认可州吁吗？这就需要找到天子身边的红人，帮着说说好话，哪怕付出一些代价也是值得的。州吁认为非常有道理，就采纳了石碏的建议。那么，谁是周天子身边的红人呢？陈国的国君陈桓公。于是，州吁亲自出马，前往陈国，希望陈桓公帮自己到周天子那里说好话。

大家有没有发现蹊跷之处？按理说，石碏官都不愿意当，怎么会突然帮助州吁出主意。其实，这里藏了一个大雷。陈国是哪个国家？我们知道，厉妫和戴妫都是从陈国嫁过来的，而卫桓公是戴妫的儿子，换句话说，州吁杀掉的卫桓公，正是陈国的外甥。

石碏忽悠完州吁后，暗中派人到陈国报信，请求陈桓公帮忙捉拿州吁这个弑君凶手。结果，州吁刚到陈国就被抓住了，接着就被石碏派人杀掉了。州吁余党也都没能逃脱制裁，纷纷被杀，包括石碏的儿子石厚。这就有了中国历史上著名的典故——大义灭亲。

这篇文章是希望大家凡事要往长远看，也告诫每一位家长，宠孩子就是害孩子。

13 《谏逐客书》：如何防止被辞退

导语

　　提到李斯，历史上评价不一。有人说他是帮助嬴政统一天下的主要功臣，是堪比周公、召公的不世奇才，只可惜最后陷入小人赵高的阴谋；有人说他尽管才智过人，但为人卑劣，不仅嫉妒韩非并害死了他，还是秦朝覆灭的罪魁祸首，悲惨结局实属罪有应得。想要了解李斯究竟是怎样的人，我们可以读一读《史记·李斯列传》，书里除了司马迁对李斯一生的记录和感慨，还全文载录了李斯亲笔写的文章《谏逐客书》。

《谏逐客书》原文

秦宗室大臣皆言秦王曰："诸侯人来事秦者，大抵为其主游间[1]于秦耳，请一切逐客。"李斯议亦在逐中。斯乃上书曰：

"臣闻吏议逐客，窃以为过矣[2]。

"昔穆公求士[3]，西取由余于戎[4]，东得百里奚[5]于宛，迎蹇叔[6]于宋，求丕豹、公孙支[7]于晋。此五子者，不产于秦，而穆公用之，并国二十，遂霸西戎。

"孝公用商鞅之法，移风易俗，民以殷盛，国以富强，百姓乐用，诸侯亲服，获[8]楚、魏之师，举地千里，至今治强。

"惠王用张仪之计，拔[9]三川之地，西并巴、蜀，北收上郡，南取汉中，包九夷，制鄢、郢[10]，东据成皋之险，割膏腴之壤[11]，遂散六国之从[12]，使之西面事秦，功施[13]到今。

"昭王得范雎，废穰[14]侯，逐华阳，强公室[15]，杜私门[16]，蚕食诸侯，使秦成帝业。此四君者，皆以客之

1 游间：游说离间。
2 吏：这里指秦国的宗室大臣。议：商议，决定。逐客：驱逐客卿。客卿是当时各诸侯国授给外来士人的官职。窃：私下里。过：错。
3 求士：收罗人才。
4 由余：晋国人，原为戎王之臣，出使秦国，秦穆公设法使其投奔秦国，成为穆公谋臣。戎：西戎，对西部少数民族的总称。
5 百里奚：原为虞国大夫。虞亡于晋，他为晋所俘，作为秦穆公夫人（晋献公之女，嫁给穆公）随嫁的奴仆送入秦国，后逃至楚国被捉。秦穆公用五张黑羊皮把他赎回，任为大夫。
6 蹇（Jiǎn）叔：岐州（今属陕西省）人，游于宋，因百里奚推荐，秦穆公以厚礼聘之为上大夫。
7 丕豹：晋大夫丕郑之子，丕郑为晋惠公所杀，丕豹逃至秦国，穆公任以为将，领兵攻晋，生俘晋惠公。公孙支：字子桑，岐州人，原住晋国，后投奔秦国，为秦大夫。
8 获：俘获，战胜。
9 拔：攻取。

功。由此观之，客何负[17]于秦哉？向使四君却客而不内[18]，疏士而不用，是使国无富利之实，而秦无强大之名也。

"今陛下致[19]昆山之玉，有随、和之宝[20]，垂明月之珠，服[21]太阿之剑，乘纤离之马，建[22]翠凤之旗，树灵鼍之鼓[23]。此数宝者，秦不生一焉，而陛下说[24]之，何也？

"必秦国之所生然后可，则是夜光之璧，不饰朝廷；犀象之器，不为玩好；郑、卫之女，不充后宫；而骏马駃騠[25]，不实[26]外厩；江南金锡不为用，西蜀丹青不为采。

"所以饰后宫，充下陈，娱心意，说耳目者，必出于秦然后可，则是宛珠之簪，傅玑之珥，阿缟之衣，锦绣之饰，不进于前，而随俗雅化、佳冶窈窕[27]，赵女不立于侧也。

"夫击瓮叩缶[28]，弹筝搏髀[29]，而歌呼呜呜快耳目者，真秦之声也；郑、卫桑间，韶虞、武象者，异国之乐也。今弃击瓮而就[30]郑卫，退[31]弹筝而取韶虞，若是者何也？快意

10 制：控制，收取。鄢（Yān）：楚国的古都，在今湖北宜城市。郢（Yǐng）：楚都，在今湖北江陵县。
11 膏腴（yú）之壤：指土地肥沃的地区。
12 散：瓦解，拆散。从：同"纵"，此指当时的赵、魏、韩、齐、楚、燕六国联合对抗秦国的合纵策略。
13 施（yì）：延续。
14 穰（Ráng）侯：姓魏名冉，封于穰，故称穰侯。他是昭王母宣太后的异父弟。
15 公室：王室。
16 杜：杜绝。私门：指贵族豪门。
17 负：辜负。
18 向使：假使。却：拒绝。内：通"纳"，接纳。
19 致：得到。
20 有：占有。随、和之宝：指随侯珠与和氏璧，都是稀世珍宝。
21 服：佩带。
22 建：竖立。
23 树：设置。灵鼍（tuó）之鼓：用鳄鱼皮制成的鼓。鼍，鳄鱼的一种，也叫扬子鳄，皮坚厚，可蒙鼓。
24 说（yuè）：通"悦"，喜欢。
25 駃騠（juétí）：良马名。
26 实：充实，充满。
27 随俗雅化：随着时尚变

当前，适观[32]而已矣。今取人则不然，不问可否，不论曲直，非秦者去，为客者逐。然则是所重者在乎色、乐、珠、玉，而所轻者在乎人民也。此非所以跨海内、制诸侯之术也[33]。

"臣闻地广者粟多，国大者人众，兵[34]强则士勇。是以泰山不让[35]土壤，故能成其大；河海不择细流[36]，故能就其深；王者不却众庶[37]，故能明其德。是以地无四方，民无异国，四时充美[38]，鬼神降福，此五帝三王之所以无敌也。今乃弃黔首以资[39]敌国，却宾客以业诸侯[40]，使天下之士退而不敢西向，裹足不入秦，此所谓借寇兵而赍[41]盗粮者也。

"夫物不产于秦，可宝者多；士不产于秦，而愿忠者众。今逐客以资敌国，损民以益仇[42]，内自虚而外树怨于诸侯，求国之无危，不可得也。"

秦王乃除逐客之令，复李斯官。

化装饰打扮。雅，雅致。化，改变服饰。佳冶窈窕：容貌艳丽，体态优美。
28 瓮、缶(fǒu)：皆为日用陶器。秦国用作打击乐器。故秦声质朴粗犷。叩：叩击。
29 搏：拍击。髀(bì)：大腿。
30 就：取。
31 退：摈弃。
32 适观：意即悦人耳目。适，适宜。观，观赏。
33 跨：占有，据有，指统一。海内：全国。制：制服。术：办法，途径，策略。
34 兵：武器。
35 让：舍弃。
36 择：挑选，有所舍弃。细流：小溪流水。
37 众庶：民众。
38 四时充美：一年四季富足美满。
39 黔首：百姓。资：资助。
40 业诸侯：使诸侯成就事业。
41 赍(jī)：给予。
42 仇：指敌国。益仇：对仇敌有利。
• 本文出自《史记·李斯列传》。

一 ·· 破题：谏逐客书

> 秦宗室大臣皆言秦王曰："诸侯人来事秦者，大抵为其主游间于秦耳，请一切逐客。"
>
> ——《谏逐客书》

《谏逐客书》写于秦王嬴政即位的第 10 个年头，这一年的秦国并不太平。作为 13 岁即位的少年君主，嬴政 10 年来如履薄冰。

一方面，经过穆公、孝公、惠王、昭王等几代秦国君主的励精图治，嬴政即位时的大秦已经成为天下第一强国，不但疆域得到极大扩充，而且显示出一统天下的气势，各国有识之士都奔赴秦国效力，试图搭上这艘驶向辉煌未来的大船。嬴政肩负的责任不可谓不重。

另一方面，秦国的内政仍然暗潮汹涌。国相吕不韦大权在握，舍人门客遍天下，仅仅是家里的僮仆就有万人之多。嬴政还有个不省心的母亲——赵姬。庄襄王死后，赵姬虽已贵为大秦太后，却是个"恋爱脑"，先是跟吕不韦勾三搭四，后来又迷上了吕不韦的门客嫪毐。而嬴政不但要忍受背后的指指点点，还要提防吕不韦和嫪毐犯上作乱。

可不论嬴政怎么忍让，糟心事还是发生了。在嬴政即位的第 9 年，已经贵为长信侯的嫪毐发动了叛乱。叛乱平息后，嬴政的怒火并未平息。次年，他便以嫪毐做过吕不韦门客为由，免去了吕不韦的相位。吕不韦虽被罢免，但秦国到处是他的势力，许多重要官位上都有吕不韦曾经的门客。正在嬴政头疼怎么斩草除根时，偏偏又有一人让他恼火，就是在秦国任职的韩国人郑国。

此人出生在原郑国都城（今河南新郑），但郑国这个国家却早在战国初年就已被韩国灭掉。时值各国人才奔向秦国的大潮，郑国也成为其中一员，奔赴大秦效力。在嬴政即位的第一年，郑国就向嬴政建议：关中大地山河四塞，假如修建水渠做好灌溉，便可无惧荒年，大秦兵马再也不用担心粮草问题。嬴政很高兴，于是便任命郑国亲自主持水渠的修建。这项工程一直持续了 10 年，眼见快要完成，嬴政却突然接到情报：郑国竟是韩国派来的间谍，他怂恿嬴政大兴水利，主要是为了耗费秦国的人力物力，从而为韩国赢得更多喘息时间。

这一消息无疑是火上浇油，伤透了嬴政的心：不但吕不韦这种朝中权臣不靠谱，连一个搞工程的也骗他！此时，等着上位的秦王宗室和本国臣僚看到了机会，拼命落井下石：从其他国家来的人，没有一个好东西！他们哪里是来帮我们的？把他们全赶走，以后只用咱们自己人！

就这样，逐客之声在秦国越来越响，很多人都在私下议论。嬴政并未表示反对，认为这一提议不错，既能确保国家安全，又能极大地清除吕不韦的势力，一举两得。但不承想，嬴政很快便接到一封上书，作者正是时任秦国客卿的李斯。

二 · 粮仓里的大老鼠

> 李斯议亦在逐中。斯乃上书曰：
> "臣闻吏议逐客，窃以为过矣。"
>
> ——《谏逐客书》

李斯的家乡是上蔡，位于楚国，在今河南上蔡县。年少时，李斯因聪明好学而担任乡里掌管文书的小吏。有一天，李斯上厕所，见这里的老鼠皮包骨头，看到人来就惊恐逃窜。在粮仓里，李斯也发现了老鼠，它们不但个个肥头大耳，而且不怕人。李斯突然非常感慨：粮仓里的老鼠并不比厕所里的更优秀或更努力，却活得更自在。他觉得，人和人的差别就像厕所里的老鼠与粮仓里的老鼠，生存环境决定际遇。从此，李斯下定决心，就算做一只老鼠，也一定去粮仓里生活。

于是他继续发奋学习，并且拜荀子为师，研究帝王之术。在学成后向老师荀子告别时，李斯表达了自己的雄心壮志："今秦王欲吞天下，称帝而治，此布衣驰骛之时而游说者之秋也。"在李斯看来，秦国就是天下最大的"粮仓"，而秦王想要吞并天下的野心，就是自己进入"粮仓"的最佳机会。李斯受够了冷眼，也过够了穷日子。"诟莫大于卑贱，而悲莫甚于穷困"，这个出身低微的年轻人毅然踏上了西行之路，他要彻底告别底层人的生活，不惜一切代价，去做"一只粮仓里的硕鼠"。

李斯到达秦国时，恰逢庄襄王去世，秦王嬴政登基。时任秦相吕不韦权倾朝野，相府便成了李斯眼中的重要跳板。他设法成了吕不韦的门客，并凭借自己的才华受到重用，做了郎官（相府秘书）。借助吕不韦的权势，李斯很快得到了向秦王嬴政进言的机会，而李斯的辩才也让嬴政十分欣赏，拜他为长史（丞相秘书长）。在李斯的策划下，嬴政采用雷霆手段离间各国诸侯君臣，再派遣良将顺势进攻，很快就取得了巨大成效。李斯一跃成为嬴政面前的红人，接着被拜为客卿（由非本国人士担任的高级官员）。短短几年时间，李斯就由当年的上蔡小吏，火箭一样升迁为大秦高层——当年那只瘦弱的"小鼠"，已然进入最富足的"粮仓"。

正因如此，当逐客令的相关消息传到李斯耳中时，他极为震惊。

更让李斯无法接受的是，自己兼具楚国人和吕不韦门客的双重身份，据说已经进了被重点驱逐的名单。命运似乎又一次和李斯开起了玩笑，假如他被逐出秦国，所有的美好生活和光明前景都将化为泡影，更惨的是，在体验过上等生活之后，他根本无法接受回归底层的生活。于是，李斯拿起笔，再次施展他的惊人辩才，给秦王嬴政写了一封信。

李斯没有任何退路，他开门见山地写道："臣闻吏议逐客，窃以为过矣。"想赶我们走是完全错误的——矛头直指秦王，既体现了李斯一身锐气，也表明了他破釜沉舟、拼死一搏的决心。

三 ·· 李斯的惊人辩才

昔穆公求士，西取由余于戎，东得百里奚于宛，迎蹇叔于宋，求丕豹、公孙支于晋。此五子者，不产于秦，而穆公用之，并国二十，遂霸西戎。

孝公用商鞅之法，移风易俗，民以殷盛，国以富强，百姓乐用，诸侯亲服，获楚、魏之师，举地千里，至今治强。

惠王用张仪之计，拔三川之地，西并巴、蜀，北收上郡，南取汉中，包九夷，制鄢、郢，东据成皋之险，割膏腴之壤，遂散六国之从，使之西面事秦，功施到今。

昭王得范雎，废穰侯，逐华阳，强公室，杜私门，蚕食诸侯，使秦成帝业。此四君者，皆以客之功。由此观之，客何负于秦哉？向使四君却客而不内，疏士而不用，是使国无富利之实，而秦无强大之名也。

——《谏逐客书》

李斯如何说服秦王嬴政？在读《烛之武退秦师》时，我们曾得到这样的启发：说服别人绝不是改变他的需求，而是顺应他的需求，帮助他换个角度看问题。历史上以辩才著称的李斯正是这样做的。

什么是嬴政最关心的？当然是秦国的安定和强大。前文说过，嬴政有压力，除了吕不韦等人制造的内政问题，还有来自数代秦君的治国之功。贾谊在《过秦论》里说始皇"奋六世之余烈"，此言不虚。于是，李斯便从嬴政的治国压力入手：想比肩甚至超越大秦的历代英主，先学学他们怎么对待外来人才吧！

首先是秦穆公。穆公在位期间，秦国吞并了20个周边小国，疆域增加千里，称霸西戎。可以说，秦穆公是大秦霸业的奠基者，而他的丰功伟绩，与他能够重用5名优秀的外来人才不无关系。第一人名为由余，他本是戎王派到秦国的使者，秦穆公与他交谈之后惊为天人，便想尽办法挖墙脚，最终将他招纳，并在他的帮助下成功伐戎；第二人是著名的"五羖大夫"百里奚，他原为虞国大夫，虞国灭亡后，他作为随嫁奴隶被送到秦国，后又逃到楚国，最终被秦穆公用五张黑羊皮买回并获重用，辅佐穆公内修国政，外图霸业；第三人是蹇叔，他原是宋国人，后在好友百里奚的引荐下受到秦穆公的隆重欢迎，并被封为上大夫；还有两位是丕豹、公孙支，一位由晋国逃难至秦，另一位曾在晋国游历多年，最终都得到了秦穆公的重用。李斯用不容辩驳的事实向嬴政说明，穆公对外来人才的重用为大秦奠定了称霸的基业。

其次是秦孝公。他任用商鞅进行变法，使得大秦国富兵强，而商鞅原是卫国人。然后是秦惠王。他任用张仪进行外交连横，使得反秦联盟土崩瓦解，而张仪原是魏国人。最后是秦昭王。他重用魏国的范雎，罢黜乱政的后宫及权臣，并采用其远交近攻的战略蚕食周边诸侯国，使得大秦呈现出一统天下的气势。

李斯的这番话让嬴政大为动容。这四位先代秦君，正是嬴政欲成就大秦帝业的执政楷模。范雎的例子让嬴政格外心动，因为此时的他也面临如何处理后宫和权臣乱政的问题。李斯反问道：假如这四位君主都施行逐客令，哪里还会有今日的强秦呢？

用历史观照现实，是一种很好的论辩方式。李斯以事实向嬴政表明：逐客令与历代大秦明君的做法背道而驰。当然，也有人会说，时过境迁，法随το变，今日之事不同。而李斯早就料到了这点，他接下来的一番话便是直言现实。

四　··　修辞的威力

今陛下致昆山之玉，有随、和之宝，垂明月之珠，服太阿之剑，乘纤离之马，建翠凤之旗，树灵鼍之鼓。此数宝者，秦不生一焉，而陛下说之，何也？

必秦国之所生然后可，则是夜光之璧，不饰朝廷；犀象之器，不为玩好；郑、卫之女，不充后宫；而骏马駃騠，不实外厩；江南金锡不为用，西蜀丹青不为采。

所以饰后宫，充下陈，娱心意，说耳目者，必出于秦然后可，则是宛珠之簪，傅玑之珥，阿缟之衣，锦绣之饰，不进于前，而随俗雅化、佳冶窈窕，赵女不立于侧也。

夫击瓮叩缶，弹筝搏髀，而歌呼呜呜快耳目者，真秦之声也；郑、卫桑间，韶虞、武象者，异国之乐也。今弃击瓮而就郑卫，退弹筝而取韶虞，若是者何也？快意当前，适观而已矣。今取人则不然，不问可否，不论曲直，非秦者去，为客者逐。然则是所重者在乎色、乐、珠、玉，而所轻者在乎人民也。此非所以跨海内、制诸侯之术也。

——《谏逐客书》

讨论现实问题，难点在于把握好度：说轻了，不痛不痒；说重了，惹人恼怒。李斯的《谏逐客书》给出了一个很漂亮的解法，那就是使用修辞。

既然秦国宗室大臣主张非秦国人不用，那么所有不属于秦国原产的物品，是否也都不该用了？试看那昆山玉、随侯珠、和氏璧、明月珠、太阿剑、纤离马、翠凤旗、灵鼍鼓，没有一件产自秦国，秦王却仍将它们视如珍宝，爱不释手，这是为什么呢？假如必须产自秦国才可以用，那就不该用来自他国的夜光美玉装饰宫廷，不该用秦国没有的犀象之牙制作宝器，不该把生于郑卫之地的美女作为后宫佳丽。不仅如此，国外的良马、江南的金锡、西蜀的丹青，一概弃之不用。同样，所有让宗室贵族赏心悦目的宝贝，也都必须出自秦国才可以，那么所有嵌着宛地宝珠的簪子、镶着外地玉玑的耳饰、用齐国东阿帛绢制作的衣服、用他国锦绣制成的饰品，统统都不允许进献；那些按秦国妆容打扮自己的赵国女子，也都不允许站在身边。只有这样，才算彻底贯彻了只用秦国本土人才风物的政策啊！

通过大量的类比与排比，李斯很巧妙地向秦王展示了"一切逐客"的荒谬。更何况，难道秦国本土出产的就一定好吗？说起来，秦国本土的音乐风格是击着瓦器、弹着竹筝、拍着大腿放声吼，而秦王所爱听的郑、卫桑间，韶虞、武象，都是他国的音乐。现在秦王不听自己国家的音乐却爱听他国的音乐，这是什么原因呢？说到底，都是为了称心如意。假如我们一方面坦然享用着他国的物产和音乐，另一方面不管是非曲直地将所有外国人才一概驱逐，这不就是在向全天下宣告，大秦只贪图物产却轻视人才吗？这可不是能够统一天下的做法啊！

话说到这里，李斯已经充分证明了"逐客"的荒谬。但要说服对方，除了论证其言行不合理，还要打消对方的顾虑。嬴政之所以想要"逐客"，主要有两点顾虑：其一，担心间谍混入，扰乱国政；其二，担心吕不韦的势力太大，不好控制。而对这两点，李斯接下来的话也直击了要害。

五 · 格局要打开

> 臣闻地广者粟多，国大者人众，兵强则士勇。是以泰山不让土壤，故能成其大；河海不择细流，故能就其深；王者不却众庶，故能明其德。是以地无四方，民无异国，四时充美，鬼神降福，此五帝三王之所以无敌也。今乃弃黔首以资敌国，却宾客以业诸侯，使天下之士退而不敢西向，裹足不入秦，此所谓借寇兵而赍盗粮者也。
>
> ——《谏逐客书》

劝说他人打消顾虑，最好的方法是告诉他还有其他更重要的事。

李斯告诉嬴政，多有多的好处，对于想要称霸的秦国来说，人才多多益善。当然，欲戴王冠，必承其重，任何事情都不可能只有好处而没有风险。既然要做大，就必须有容错的胸怀。泰山之所以高，是因为它接受了每一块土壤；江海之所以深，是因为其容纳了每一股细流；君王之所以能广布恩德，是因为其能亲近黎民百姓。因此，地不分东南西北，人不分本国外国，春夏秋冬，各有其美，只有这样，鬼神才能保佑，这也是五帝三王无敌于天下的原因。可您现在却把百姓赶向敌国，把人才拱手让给诸侯，那么天下本想为秦国效劳的人才，以后也不可能再到秦国来了。这简直是给敌人送兵器，给小偷送粮食啊！

这就是李斯的高明之处。他并没有说如何阻止间谍的渗透和清除吕不韦的势力，而是告诉嬴政，不该只盯着眼下的得失。盲目排外会严重影响秦国国力，更难一统天下。

今天有句话叫"格局要打开"。什么叫格局？简单来说，就是不纠结于眼前的小事，而是着眼于长远的大事。李斯的思维方式就是引导秦王往高处走，向远处望。如果李斯仅仅站在个人立场上，向嬴政哭诉自己如何忠心耿耿，或者仅仅就事论事，向嬴政保证外国人才不会出问题，都很难说服对方。李斯没从个人和外国人才的角度看问题，而是引导嬴政站在千古一帝的视角上看问题，这就帮助嬴政跳出了眼前的迷雾，看清了应该何去何从。

六 ·· 李斯谏逐客的结局

"夫物不产于秦，可宝者多；士不产于秦，而愿忠者众。今逐客以资敌国，损民以益仇，内自虚而外树怨于诸侯，求国之无危，不可得也。"

秦王乃除逐客之令，复李斯官。

——《谏逐客书》

最后，李斯精炼了两句话。

第一句"夫物不产于秦，可宝者多；士不产于秦，而愿忠者众"，是对前文列举的大段事实进行归纳总结。人才是一个国家的宝贵财富，如果秦王接受来自他国的珍稀宝物，为何不能接受那些想为大秦效力的外来人才呢？尽管出现了郑国这样的间谍，但毕竟是少数。一句"愿忠者众"，既写出了秦国外来人才的现状，也表达了李斯本人的心声。

第二句"今逐客以资敌国，损民以益仇，内自虚而外树怨于诸侯，求国之无危，不可得也"。逐客的本质就是把人才从秦国赶往敌国，是削弱自己的力量而增加敌人的实力。被秦国赶走的人又怎么可能不对秦王产生怨恨呢？他们一旦去往其他国家，就必定会做出对秦不利的事情。届时秦国内部人才缺乏，外部仇敌无数，又怎能不陷入极度危险的境地？

纵观整篇文章，立意高远，文采斐然，怪不得鲁迅将李斯誉为秦朝第一文学家，称赞说"秦之文章，李斯一人而已"。读完《谏逐客书》的嬴政既被李斯的观点说服，也被李斯的才华折服，不但废除了逐客令，而且恢复了李斯的客卿之职，还任命他为廷尉（最高司法长官）。此后20多年，李斯凭借自己的才华，最终帮助嬴政吞并诸国、一统天下，使秦王嬴政成为千古一帝秦始皇，而他自己也成了一人之下、万人之上的秦朝丞相。

14 《郑庄公戒饬守臣》：话不能说得太绝

导语

《郑伯克段于鄢》让我们看到了郑庄公在国内斗争中的老谋深算，而要了解他如何处理"国际斗争"，就不能不读这篇《郑庄公戒饬守臣》。

《郑庄公戒饬守臣》原文

秋，七月，公会齐侯、郑伯伐许[1]。庚辰，傅[2]于许。颍考叔取郑伯之旗蝥弧[3]以先登。子都[4]自下射之，颠。瑕叔盈[5]又以蝥弧登，周麾[6]而呼曰："君登矣！"郑师毕登。壬午，遂入许。许庄公奔卫。齐侯以许让公。公曰："君谓许不共[7]，故从君讨之。许既伏其罪矣，虽君有命，寡人弗敢与闻[8]。"乃与郑人。

郑伯使许大夫百里奉许叔[9]以居许东偏。曰："天祸许国，鬼神实不逞[10]于许君[11]，而假手于我寡人。寡人唯是一二父兄[12]，不能共亿[13]，其敢以许自为功乎？寡人有弟[14]，不能和协，而使糊其口于四方，其况能久有许乎？吾子其奉许叔以抚柔此民也，吾将使获[15]也佐吾子。

"若寡人得没于地，天其以礼悔祸于许，无宁兹[16]许公复奉其社稷？唯我郑国之有请谒焉，如旧昏媾[17]，其能降以相从也。无滋他族，实逼处此，以与我郑国争此土也。吾子孙其覆亡

1　许：周朝诸侯国，姜姓，初都于今河南许昌东。
2　傅：逼近。
3　蝥（máo）弧：郑伯旗名。后借指军旗。
4　子都：指郑国大夫公孙阏。
5　瑕叔盈：郑国大夫。
6　麾（huī）：同"挥"。
7　共：同"供"，供奉，供职。
8　弗敢与闻：不敢接受许国的领土。
9　许叔：许庄公的弟弟。
10　不逞：不满意。
11　许君：指许庄公。
12　父兄：古代国君对同姓臣属的称呼。
13　共亿：相安，和谐。
14　弟：指共叔段。事见《郑伯克段于鄢》篇。
15　获：郑大夫公孙获。
16　兹：此。
17　昏媾（gòu）：通婚。昏，同"婚"。
18　禋（yīn）祀：祭祀天神。
19　圉（yǔ）：边陲。
20　而：同"尔"，你。

之不暇，而况能禋祀[18]许乎？寡人使吾子处此，不唯许国之为，亦聊以固吾圉[19]也。"

乃使公孙获处许西偏，曰："凡而[20]器用财贿，无置于许。我死，乃亟去之。吾先君[21]新邑[22]于此，王室而既卑矣，周之子孙，日失其序。夫许，大岳之胤[23]也。天而既厌周德[24]矣，吾其能与许争乎？"

君子谓：郑庄公于是乎有礼。礼，经国家，定社稷，序人民，利后嗣者也。许无刑而伐之，服而舍之，度德而处之，量力而行之，相时而动，无累后人，可谓知礼矣。

21 先君：指郑庄公的父亲郑武公。
22 新邑：指郑武公东迁建新都于新郑。
23 胤（yìn）：后代。
24 周德：周朝的气运。
· 本文出自《左传·隐公十一年》。

一 · 破题：郑庄公戒饬守臣

鲁隐公元年（前722年），郑庄公打败意图作乱的弟弟共叔段，使郑国的内政问题得到了彻底解决。此后数年，郑庄公挟天子以令诸侯，并采用远交近攻的高超手段，让郑国一跃成为春秋时期中原核心区域的霸主，史称"郑庄小霸"。一些原本对周王室不恭的小诸侯国，都被郑庄公打着王命旗号征服，许国便是其中之一。

许国在今天河南许昌附近，地处中原要冲，周围豪强林立。由于许国离郑国很近，郑庄公早就想拿下许国，并以此作为郑国向南方扩张的跳板。《左传》记载，早在隐公八年（前715年），郑庄公就向鲁国提出，想用位于泰山附近的祊（bēng，属于郑国，离郑国远而离鲁国近）交换位于许国都城旁边的许田（属于鲁国，离鲁国远而离郑国近），从而将许田作为攻打许国的桥头堡，只是鲁隐公没有答应。等到隐公十一年（前712年），郑庄公再也按捺不住，以许国不听周天子号令为由，约同齐鲁两国对许国发起了进攻，最终攻克许都，赶走了许庄公。

仗倒是打赢了，可接下来要如何处理许国却是一个难题。而《郑庄公戒饬守臣》一文，记录了郑庄公对留守许国臣子的告诫之辞，也集中展现了郑庄公在此事上的政治智慧。

二·明枪易躲，暗箭难防

秋，七月，公会齐侯、郑伯伐许。庚辰，傅于许。颍考叔取郑伯之旗蝥弧以先登。子都自下射之，颠。瑕叔盈又以蝥弧登，周麾而呼曰："君登矣！"郑师毕登。壬午，遂入许。

——《郑庄公戒饬守臣》

隐公十一年的七月，鲁、齐、郑三国联军共同发起了对许国都城的攻击。按照古代的干支纪日法，联军在七月初一（庚辰）兵临许都城下，初三（壬午）便攻克许都。这传达了一个信息：许国在鲁、齐、郑这三个强大国家面前，并无抵抗能力。但哪怕看似轻易取胜的战斗，过程仍然一波三折。

首先，虽鲁齐郑联合伐许，但细品原文，不难发现，郑国才是攻城主力。这是因为齐鲁两国远道而来，攻下许国，最大受益方是与许国毗邻的郑国。齐鲁两国碍于同郑国的联盟关系，不得不出兵罢了。理解这一点，我们才能看懂下文齐鲁两国对许国的态度。

其次，郑军内部并非铁板一块。此次伐许，郑国派出了颍考叔和公孙阏（字子都）作为大将，但两人却在出兵前闹出了不小的矛盾。

关于颍考叔，在《郑伯克段于鄢》一文里，他聪明地弥合了郑庄公的母子关系，也因此受到重用。征伐许国发生在郑伯克段10年之后，那时，颍考叔已经是郑庄公身边的得力干将了。关于公孙阏，从其"公孙"的称呼便可知道他出身于郑国王室，是郑桓公之孙，也就是郑庄公的堂兄弟。公孙阏在历史上是个有名的帅哥，《诗经》和《孟子》里都专门提到他长相俊美，堪称春秋时期第一美男子。

颍考叔和子都，一个出身低微却屡建奇功，一个出身高贵且相貌堂堂，两人谁也不服谁。在出征许国前的授兵仪式上，颍考叔和子都为了争夺一辆战车大打出手。颍考叔脑袋灵活，虽然搬不动战车，但眼疾手快地抢了战车中间驾马用的车杠（辕），一直跑到大路上，气得子都拿着戟追了半天。

攻打许国时，颍考叔非常勇猛，拿着象征郑庄公的蝥弧大旗率先登上了城楼，眼见又要立下一件大功。不料怀恨在心的子都从背后突施冷箭，颍考叔中箭，坠城而亡。这便是成语"暗箭伤人"的由来。颍考叔死后，另一位郑国大夫瑕叔盈赶紧接过蝥弧大旗，再次登上城楼挥舞高呼，郑军以为庄公已经登城，士气大振，成功将许都攻下。

《左传》用这样的故事提醒读者，征伐许国的过程暗潮汹涌，不论是外部还是内部，都不那么团结。齐僖公和鲁隐公在处理许国问题上也假意相互谦让。

三 ·· 烫手的山芋

> 许庄公奔卫。齐侯以许让公。公曰："君谓许不共，故从君讨之。许既伏其罪矣，虽君有命，寡人弗敢与闻。"乃与郑人。
>
> ——《郑庄公戒饬守臣》

许都被攻克，国君许庄公逃奔卫国避难。接下来该如何处置许国，首先需要齐国的国君齐僖公表态。齐国始祖乃姜太公，有替周天子征讨不听号令诸侯的特权，这是郑国伐许拉上齐国的部分原因。齐僖公可是个不输于郑庄公的老狐狸，他知道郑庄公此次对许国志在必得，自己无论如何不能抢，就算抢到了也没什么实际好处，所以当即表示齐国对许国没兴趣，转手把问题抛给了鲁隐公。

齐僖公之所以要把许国先让给鲁隐公，有两方面原因。其一，鲁国是一等公爵国，名义上的地位比齐国（二等侯爵国）和郑国（三等伯爵国）都要高；其二，前文说过鲁国有一块"飞地"许田，就在许国都城旁边，收下许都对鲁国而言并不是完全没有好处的。

可鲁隐公何尝不知这里面的门道。郑庄公对许国蓄谋已久，假如鲁隐公横刀夺爱，郑庄公岂肯罢休。何况，在上一年的六月，郑庄公率军打下了郜、防两地，却拱手将它们让给了鲁国，天下难道有免费的午餐？鲁隐公立刻表示："君谓许不共，故从君讨之。"说白了，当初是你齐侯说许国不老实，我才跟着你来的，这许国我哪能要？何况，"许既伏其罪矣，虽君有命，寡人弗敢与闻"。

鲁隐公后面这句话很值得玩味。"许既伏其罪"，就是说许国就算之前对周天子不恭敬，此时也受到了应有的惩罚。换句话讲，不管是谁，此刻假如霸占许国，从道义上都是站不住脚的。哪怕你齐侯下令，这个烫手的山芋我也不能接啊！

话说到这个份儿上，齐侯也不装了，直接将许国的处理权交到了郑庄公手上。那么，郑庄公如何既占领许国，又不落下骂名呢？

四 ·· 晓之以理，动之以情

郑伯使许大夫百里奉许叔以居许东偏。曰："天祸许国，鬼神实不逞于许君，而假手于我寡人。寡人唯是一二父兄，不能共亿，其敢以许自为功乎？寡人有弟，不能和协，而使糊其口于四方，其况能久有许乎？"

——《郑庄公戒饬守臣》

郑国的地理位置在许国北部偏西，而郑庄公的第一步，便是将许国划分为东、西两个部分，将东部交给许叔来管理。郑庄公采用这种"许人治许"的策略，既不会给国际舆论留下霸占许国的口实，也方便管理许国东部地区。当然，许叔名义上是东部的管理者，实际还是处于郑庄公的控制之下，这也是历史上记载的最早的傀儡政权。怎样才能让许国人不产生怨恨，还能死心塌地做好许国东部地区的管理工作，就特别考验郑庄公的智慧了。为此，郑庄公特意叫来协助许叔的许国大夫百里，进行了一番软硬兼施的告诫。

郑庄公首先表示，很多人会以为这场许国的灾难是我带来的，但实际是你们许国自己犯的错。"天祸许国"，一方面是说许国运气差，另一方面是说许国对周天子不恭。在郑庄公看来，许国是因为有错在先，才落得这般田地，而自己只是在执行上天的旨意。

除了在道义上为自己的战争行为开脱，郑庄公还从人情入手，讲起了自己的家事："寡人唯是一二父兄，不能共亿，其敢以许自为功乎？"郑庄公掏心掏肺地说，别以为我惦记你们许国这点儿地方，说句实在话，我连自己那一亩三分地都管不好，哪有闲工夫管你们。接着，他搬出10年前叛逃的弟弟共叔段："寡人有弟，不能和协，而使糊其口于四方，其况能久有许乎？"我连和弟弟的关系都处理不好，还有能力管你们许国吗？显然，郑庄公的手段极为高明。他作为战胜者，却主动降低姿态，对许国大夫晓之以理，动之以情。郑庄公用简单的两句话就甩掉了霸占许国的帽子，在相当大的程度上消解了许国人的怨恨。

五 · 郑庄公的软硬兼施

吾子其奉许叔以抚柔此民也，吾将使获也佐吾子。

若寡人得没于地，天其以礼悔祸于许，无宁兹许公复奉其社稷？唯我郑国之有请谒焉，如旧昏媾，其能降以相从也。无滋他族，实逼处此，以与我郑国争此土也。吾子孙其覆亡之不暇，而况能禋祀许乎？寡人使吾子处此，不唯许国之为，亦聊以固吾圉也。

——《郑庄公戒饬守臣》

郑庄公继续说道："吾子其奉许叔以抚柔此民也，吾将使获也佐吾子。"这里的"吾子"相当于"您"。郑庄公对百里貌似客气地表示，您要帮着许叔好好安抚许国百姓，我也会派公孙获来帮您。这句话看似简单，实际上，庄公一方面告诉百里要盯住许叔，确保许国稳定，不出乱子，另一方面派了自己的心腹公孙获前来，以帮忙的名义监视百里的一举一动。

警告完百里之后，郑庄公又放缓了口气："若寡人得没于地，天其以礼悔祸于许，无宁兹许公复奉其社稷？"这句话是在鼓励百里：你好好干，别以为是给我干活的，说不定哪天我不在人世了，上天还能原谅你们许国，让许公重新回来执政。郑庄公的这句话更是高明，他要让百里明白，管好许国不是在为郑国人做贡献，而是在为许国人自己做贡献：把事情做好，未来的许国才有复国的可能。当然，至于许国何时可以复国，郑庄公委婉地表示，等哪天我不在了再说吧。换句话讲，只要我活着，你们就死了这条心吧。

通过上面的分析，我们不难看出，郑庄公特别擅长硬话软说。一个人的说话方式，本质上是他思维方式的外化。郑庄公的这种说话方式，体现的是他虽然强硬却并不盛气凌人的姿态。

在接下来对百里的告诫中，郑庄公始终保持同样的姿态：只是我郑国有个要求，咱们两国应该像老亲家一样来往，你应该也能屈尊接受吧；郑国之外的其他国家，一概不准沾惹许国，不让它们跟郑国争抢土地。

在和百里的谈话结束时，郑庄公还是留下了两句狠话："吾子孙其覆亡之不暇，而况能禋祀许乎？寡人使吾子处此，不唯许国之为，亦聊以固吾圉也。"说了一大通客气话之后，庄公还要告诉百里，自己不是好惹的：假如你做得不好而让郑国面临动荡，那就别怪我没空管你们许国的香火断不断了——我让你留在这里可不是单纯做好人，更是为巩固郑国的边防。

六 ·· 三十年河东，三十年河西

乃使公孙获处许西偏，曰："凡而器用财贿，无置于许。我死，乃亟去之。吾先君新邑于此，王室而既卑矣，周之子孙，日失其序。夫许，大岳之胤也。天而既厌周德矣，吾其能与许争乎？"

——《郑庄公戒饬守臣》

前文说，郑庄公把许国一分为二，东部交给许叔治理，并让许国大夫百里辅佐。但西部挨着郑国，必须由郑国人自己管理才能放心，于是庄公派遣出身于郑国王室的心腹公孙获，让他直接管理许国西部，同时监视许国东部的一举一动。告诫百里后，郑庄公又将公孙获喊来叮嘱了一番。

公孙获作为郑庄公亲自委派的"总督"，想必趾高气扬的。但一见面，郑庄公便劈头泼来一盆冷水，提出两点要求：第一，所有财产，不要留在许国；第二，我死以后，火速从许国撤走。

要知道，此时的郑国号称"小霸王"，且刚获得对许作战的完胜，郑庄公如此气短，公孙获感到不解。郑庄公补充道："吾先君新邑于此，王室而既卑矣，周之子孙，日失其序。"郑国只是一时强大，郑庄公清醒地认识到未来可能出现的风险：一方面，郑国是在上一代君主郑武公的时候才东迁到此的，时间太短，根基并不扎实，中原若局势有变，必引发郑国动荡；另一方面，郑国是姬姓国，与周天子同命运共呼吸，可周天子的权势已经显而易见地衰落了，那么郑国又能支撑多久呢？

许国则不同，"夫许，大岳之胤也"。许国是姜姓国，传说是尧之四岳中大岳的后代。尽管许国此时国力衰弱，但将来未必不会转运。在郑庄公看来，周朝衰落的大势不可违逆，郑国也不可能一直强盛，俗话说三十年河东，三十年河西，一定要学会见好就收。庄公还判断，自己活着的时候，许国应该掀不起多大的浪，但自己死后，郑国未必还能继续保持强盛的国力，到那时，许国很可能翻身。

后来的历史验证了郑庄公的远见。10年后，郑庄公去世，儿子们陷入夺位之争，郑国大乱，国力一落千丈。而许国人趁机清除郑国在许国的势力，没过几年便将许穆公迎入许都即位，最终完成了复国大业。

15 《邹忌讽齐王纳谏》：怎么说别人不爱听的话

导语

俗话说忠言逆耳——给人提意见是个苦差事。能听进去别人意见的，当然是高人；能把意见说得让人很爱听的，绝对是高手。战国时代的邹忌①就是一位极善于提意见的高手，史书上记载了邹忌给国君提意见的不少事迹，其中最有名的是这篇《邹忌讽②齐王③纳谏》。

---

① 邹忌：齐威王时为相，号成侯，以讽喻善谏见称，但也曾因将相失和而一度逼走田忌。
② 讽：指委婉地劝谏。
③ 齐王：齐威王，名因齐，谥威，田齐桓公田午之子。

《邹忌讽齐王纳谏》原文

邹忌修[1]八尺有余，而形貌昳丽[2]。朝服[3]衣冠，窥镜，谓其妻曰："我孰与城北徐公美？"其妻曰："君美甚，徐公何能及君也！"城北徐公，齐国之美丽者也。忌不自信，而复问其妾曰："吾孰与徐公美？"妾曰："徐公何能及君也！"旦日[4]，客从外来，与坐谈，问之："吾与徐公孰美？"客曰："徐公不若君之美也。"

明日，徐公来，熟[5]视之，自以为不如；窥镜而自视，又弗如远甚。暮，寝而思之，曰："吾妻之美我者，私我也；妾之美我者，畏我也；客之美我者，欲有求于我也。"

于是入朝见威王，曰："臣诚知不如徐公美。臣之妻私臣，臣之妾畏臣，臣之客欲有求于臣，皆以美于徐公。今齐，地方千里，百二十城，宫妇左右莫不私王，朝廷之臣莫不畏王，四境之内莫不有求于王：由此观之，王之蔽甚矣！"

王曰："善。"乃下令："群臣吏

1 修：长，高。
2 昳（yì）丽：光鲜亮丽的样子。
3 服：穿戴。
4 旦日：明日，次日。
5 熟：仔细。
6 刺：指责。
7 谤议：指责议论。
8 市朝：泛指人口聚集的公共场所。市，民间贸易的场所。朝，政府办事的地方。

• 本文出自《战国策》。

民能面刺[6]寡人之过者，受上赏；上书谏寡人者，受中赏；能谤议[7]于市朝[8]，闻寡人之耳者，受下赏。"令初下，群臣进谏，门庭若市，数月之后，时时而间进，期年之后，虽欲言，无可进者。

燕、赵、韩、魏闻之，皆朝于齐。此所谓"战胜于朝廷"。

一 ·· 破题：邹忌讽齐王纳谏

故事里的齐王是战国时代赫赫有名的齐威王。他在位期间，重用贤臣，广开言路，齐国国力大盛。像我们熟知的田忌、孙膑，都是齐威王时代的名臣。

"纳谏"，就是采纳臣民的意见。邹忌给齐王委婉地提了什么意见呢？就是要多听别人的意见。大家想，假如齐威王本来就是个能听进去意见的人，邹忌还需要提这个意见吗？可是如果齐威王不爱听意见，邹忌又该怎么提这个意见呢？

读完标题，我们就知道，邹忌面临着一个大难题。

二 ·· 一个不知道自己有多帅的男人

邹忌修八尺有余，而形貌昳丽。朝服衣冠，窥镜，谓其妻曰："我孰与城北徐公美？"其妻曰："君美甚，徐公何能及君也！"

城北徐公，齐国之美丽者也。忌不自信，而复问其妾曰："吾孰与徐公美？"妾曰："徐公何能及君也！"旦日，客从外来，与坐谈，问之："吾与徐公孰美？"客曰："徐公不若君之美也。"

——《邹忌讽齐王纳谏》

　　文章开篇便说，邹忌是个帅哥。有多帅呢？首先是"修八尺有余"，身长超过八尺，在今天，约为1.85米，这在平均身高不足1.7米的战国，称得上鹤立鸡群了。其次是"形貌昳丽"，形就是身形，貌就是长相，可以说邹忌要身材有身材，要长相有长相。

　　某天清晨，大帅哥邹忌穿戴整齐，瞄了一眼镜子，突然问身旁的妻子："我和城北的徐公比，谁更帅？"

　　这是一个非常生活化的场景，就像今天化完妆的妻子问丈夫：我是不是天下第一好看的人？这种"送命题"，做丈夫的都知道该如何回答，邹忌的妻子也不例外："君美甚，徐公何能及君也！"你简直帅爆了，徐公哪儿比得上你！

　　邹忌口中的"徐公"是什么人呢？文章交代："城北徐公，齐国之美丽者也。"原来，这位城北的徐先生，乃是整个齐国赫赫有名的美男子。这就给读者留下一个疑惑：邹忌虽然长得帅，可能与齐国的"国草"比吗？邹忌作为齐国大夫，不是靠脸吃饭的，而徐公却以长相闻名。我们常说，业余的跟职业的相比，差的可不是一星半点儿。

　　就连邹忌自己也信心不足，于是他又问服侍自己的小妾：你觉得我和徐公比，谁更帅？在古代，妻和妾的地位差别很大，妻子和丈夫属于家中的主人，而妾的地位和仆从差不多。小妾赶紧回答："徐公何能及君也！"似乎是一样的答案——徐公哪儿比得上您呢！

仔细体会一下，妻和妾的答案真的一样吗？妻子先感叹（"君美甚"），后反问（"徐公何能及君也"），语气强烈，从中可以看出妻子的笃定。可小妾的回答，尽管还保留了反问的语气，但把感叹的语气"君美甚"丢掉了。也就是说，小妾的回答似乎并没有妻子那么坚定。是不是我们想多了？不要着急，继续往后读。

"旦日，客从外来，与坐谈，问之。"这里的"旦日"，很多书上会翻译成第二天，但我更倾向于把它解释为白天。为什么呢？有三个原因：第一，这个词是和前面的"朝"相对的。从"朝"的字形来看，左边是太阳还在草丛中并未完全升起，右边是月亮还挂在天上没有落下，它表示的是天刚蒙蒙亮的清晨；而"旦"这个字则是太阳完全跳出了地平线，表示天光大亮之后。邹忌在天蒙蒙亮时穿衣，和卧室里的妻妾聊天，而和门客的对谈则发生在此后的白天，这样的解释更符合逻辑。第二，下文出现了"明日，徐公来"这样的说法，而"明日"就表示"第二天"，没必要在这么短的行文里把一个意思换两种说法。第三，最重要的就是"旦日"其实是在表现邹忌"三连问"的紧凑感。以往古文中可以将"旦日"翻译成第二天，往往是因为前面所发生的事情在夜晚。那么，客又是怎么回答邹忌的呢？"徐公不若君之美也。"显然，这个回答和之前妻妾的回答相比，语气更弱了，连反问都没有，仅仅是一个平铺直叙的肯定：徐公没有您好看。对比之下，我们就可以做出推断：这是作者在有意表达妻、妾、客三种回答的差别——从妻到妾，再到客，说得越来越不笃定，最后甚至有些敷衍了。

为什么会这样？我们权且存疑，先继续看事情的发展。邹忌自天蒙蒙亮开始，问完妻又问妾，一直到大白天再问客，这不是体现邹忌

叁 说话

没完没了的自我炫耀,而是表达他的不确定和不认同。假如一个人很自信,那他是不需要一遍又一遍找人"求证"的。所以,邹忌关心的已经不是自己帅不帅了,他还想弄清楚:自己听到的话到底是不是真的。耳听为虚,眼见为实,弄清真相的最好方法,便是亲眼见见那位大名鼎鼎的齐国美男子——城北徐公。

三 · 邹忌看到的真相

明日,徐公来,熟视之,自以为不如;窥镜而自视,又弗如远甚。暮,寝而思之,曰:"吾妻之美我者,私我也;妾之美我者,畏我也;客之美我者,欲有求于我也。"

——《邹忌讽齐王纳谏》

第二天,"国草"徐公亲自来到了邹忌的家中。怎么会这么巧,头一天邹忌心血来潮跟徐公比美,第二天徐公就来了?这是文章的写作节奏,中间省略了不必要的环节——想要了解真相的邹忌,必定派人拜访了徐公,并请他次日前来自己家中相见。在徐公到来之后,邹忌"熟视之"——左看右看、上看下看。一番打量后,邹忌明白,自己没人家帅。他又一次瞄了一眼镜子里的自己,这下子,真相揭晓了:他的模样虽然不错,但比起徐公来,差得远呢。

当晚,邹忌躺在床上,久久无法入睡。他在想自己与徐公明明差这么多,为什么身边人都要骗自己呢?妻子、小妾和门客,到底是出于怎样的心理?

想了很久,邹忌得出结论:妻子认为我更帅,是因为偏爱;小妾认为我更帅，是因为畏惧；门客认为我更帅，则是因为对我有所求。这也回答了我们前面的疑惑：为什么同样是说邹忌更帅，妻、妾、客的语气却越来越弱。三个人的心思不同，语气便不相同：妻子是笃定，小妾是讨好，门客只是客套。

通过这件事，邹忌突然意识到，人们平时听到的很多话都不是真相。人在表达观点时，会不自觉地受到情感或者利益等因素的影响，往往言不由衷。从别人口中得到真相可不是一件容易的事，就连最亲近的人，比如邹忌的妻子，哪怕不是故意隐瞒，说话时也会因为情感上的偏私而偏离了实际情况。

邹忌进而想到，假如一个人身边有很多爱他、怕他或求他的人，那问题不就大了吗？爱他的人看不到他的不好，怕他的人不敢说他的不好，求他的人不愿说他的不好，那这个人又能听到多少真话呢？所以，权势越大的人，离真相往往越远；越不喜欢别人提意见的人，往往被骗得越惨。想到此，邹忌意识到，齐国还真有这么一个人。

四 ·· 邹忌的劝谏艺术

于是入朝见威王，曰："臣诚知不如徐公美。臣之妻私臣，臣之妾畏臣，臣之客欲有求于臣，皆以美于徐公。今齐，地方千里，百二十城，宫妇左右莫不私王，朝廷之臣莫不畏王，四境之内莫不有求于王：由此观之，王之蔽甚矣！"

王曰："善。"

——《邹忌讽齐王纳谏》

天亮后，邹忌入朝面见齐威王，并给他讲了自己家里发生的事。邹忌讲完后，话锋一转：爱我的妻子、怕我的小妾，再加上求我的门客，把我蒙得连自己长啥样都不知道了。方圆千里、城池林立的齐国，有个人比我牛多了，也惨多了——后宫和近臣没有一个人不爱他，朝廷大夫没有一个人不怕他，整个齐国没有一个人不求他。大王，您被蒙蔽得太严重了啊！

邹忌的这种劝谏方式非常高明：在讲别人缺点时，先拿自己开刀。其实，大家都知道自己不完美，之所以不爱听人提意见，主要有两个原因：一是受不了别人高高在上的指责，二是不觉得这点儿小问题会造成严重后果。邹忌以自己的家事来举例子，就把谈话放在很轻松的氛围里，也通过自嘲给齐威王留足了面子。同时，他通过这件看似不起眼的小事来举一反三，引出治国的大道理，让齐威王意识到问题的严重性。

邹忌讲完，齐威王表示："善。"接下来，他颁布了一条让人惊讶的命令。

五 ·· 最强大的敌人是自己

乃下令："群臣吏民能面刺寡人之过者，受上赏；上书谏寡人者，受中赏；能谤议于市朝，闻寡人之耳者，受下赏。"令初下，群臣进谏，门庭若市，数月之后，时时而间进，期年之后，虽欲言，无可进者。

燕、赵、韩、魏闻之，皆朝于齐。此所谓"战胜于朝廷"。

——《邹忌讽齐王纳谏》

齐威王颁布的这条命令简直是找骂：不论身份地位，只要能当面对我提出批评，就给予上等赏赐；不好意思当面说，但能写信批评我的，给予中等赏赐；就算不直接找我，能在背后挑我毛病的，只要传到我耳朵里，也给予下等赏赐。

每次读到这条命令，我都佩服齐威王的胆识和魄力。毕竟，就连孔子也才敢说自己"六十而耳顺"，能平心静气地接受别人的批评着实不易，更何况是以重赏鼓励别人批评自己。另外，齐威王很聪明，既然你们害怕被惩罚、批评，不敢提意见，那我就反其道而行之——谁提意见就夸赞谁、奖励谁，你们提不提？

此令一出，齐国臣民争先恐后赶往王宫，抢着给齐威王提意见。威王这才明白，原先的"岁月静好"只是假象，齐国竟然有这么多问题亟待解决。此刻，他更加信服邹忌的话——以前的自己可真是被蒙惨了。

几个月之后，状况慢慢发生了改变，提意见的人从"门庭若市"变成了"时时而间进"，隔一段时间才来一个。这说明意见变少了，因为过往提出的合理意见都已经被齐威王一一采纳并认真改正了。等到命令颁布满一年时，尽管还有人想要赏赐，却惊讶地发现已经没什么意见可提了。

读到此处，我们不妨想一想，什么样的人最强大。不是从不犯错的人，而是知错能改的人。知错是第一步，能改是第二步。这两步看似简单，却很少有人能做到。孔子表扬颜回的时候说他"不贰过"，也是为此。《左传》里说"人谁无过？过而能改，善莫大焉"。没有人不犯错误，但多数人都不愿意承认错误，更不愿意改正错误。在接受了邹忌的劝谏后，齐威王不但能够坦诚面对自己的错误，还能真心改正，真不愧是齐国历史上的一代明君。

正所谓胜人者有力，自胜者强，真正强大的人，是能够不断战胜自己的人，而当一个人能够战胜自己时，他也将战无不胜。很快，齐威王纳谏的举措传到了各个诸侯国，燕、赵、韩、魏等国听说后，都意识到不可再与齐国为敌，于是纷纷前来朝见，表示愿意追随齐国。通过内政来战胜外敌，这可谓一个经典案例。

读完《邹忌讽齐王纳谏》，相信你已经得到了很多启示。第一，劝说别人的时候，要先放低自己的身段，从身边小事出发，敢于自我开刀。第二，学会客观看待别人的观点，特别是那些动听的好话，要辨别出其中的情感或利益因素。第三，所谓忠言逆耳利于行，批评的话虽然不好听，却可以让我们意识到问题，而只有意识到问题，才能不断进步。第四，最强大的敌人是你自己，能够战胜自己的人必将无比强大。

16 《触龙说赵太后》：铁了心该怎么劝

导语

什么样的人最难劝？在我看来，就是那种打定主意铁了心的，没等别人开口，就先把狠话说在前头，油盐不进，谁劝就跟谁急。在《触龙[①]说赵太后[②]》这篇文章里，触龙就面临着这样一道难题：他需要劝说赵太后把她最疼爱的小儿子送到别国做人质，而且是在赵太后已经铁了心、急了眼的情况下。

[①] 触龙：战国时期赵国大臣，官居左师。有些版本中作"触詟"，是"触龙言"之误，故本书中均作"触龙"。
[②] 赵太后：赵威后。赵惠文王去世后，赵孝成王年幼，由赵太后临朝听政。

《触龙说赵太后》原文

赵太后新用事[1]，秦急攻之。赵氏求救于齐。齐曰："必以长安君[2]为质[3]，兵乃出。"太后不肯。大臣强谏。太后明谓左右："有复言令长安君为质者，老妇必唾其面！"

左师触龙愿见，太后盛气[4]而揖[5]之。入而徐趋，至而自谢[6]，曰："老臣病足，曾不能疾走，不得见久矣，窃自恕，恐太后玉体之有所郄[7]也，故愿望见。"太后曰："老妇恃辇[8]而行。"曰："日食饮得无衰[9]乎？"曰："恃鬻[10]耳。"曰："老臣今者殊不欲食，乃自强步[11]，日三四里，少益嗜食，和于身。"曰："老妇不能。"太后之色少解。

左师公曰："老臣贱息[12]舒祺，最少，不肖，而臣衰，窃爱怜之，愿令补黑衣[13]之数，以卫王宫。没死[14]以闻。"太后曰："敬诺。年几何矣？"对曰："十五岁矣。虽少，愿及未填沟壑而托之。"太后曰："丈夫[15]亦爱怜其少子乎？"对曰："甚于妇人。"太

1 用事：执政，当权。
2 长安君：赵太后宠爱的小儿子。
3 质：人质，以人作抵押。
4 盛气：蓄怒将发的样子。
5 揖：揖让，或作"胥"，同"须"，等待。
6 谢：谢罪，道歉。
7 郄（xì）：同"隙"，不舒服。
8 辇（niǎn）：古代用人拉着走的车，后多指天子或王室坐的车。
9 衰：减少。
10 鬻（zhōu）：同"粥"，稀饭。
11 强（qiǎng）步：勉力步行。
12 息：儿子。
13 黑衣：代指王宫卫士，因其身穿黑衣，故称。
14 没死：冒着死罪。
15 丈夫：男子。
16 媪（ǎo）：老妇。
17 燕后：赵太后之女，因嫁到燕国为后，故称。
18 奉：同"俸"，俸禄。
19 重器：宝物，贵重的东西。
20 子义：赵国贤士。
· 本文出自《战国策》。

后曰:"妇人异甚。"对曰:"老臣窃以为媪[16]之爱燕后[17],贤于长安君。"曰:"君过矣,不若长安君之甚!"左师公曰:"父母之爱子,则为之计深远。媪之送燕后也,持其踵,为之泣,念悲其远也,亦哀之矣。已行,非弗思也,祭祀必祝之,祝曰:'必勿使反。'岂非计久长有子孙相继为王也哉?"太后曰:"然。"

左师公曰:"今三世以前,至于赵之为赵,赵王之子孙侯者,其继有在者乎?"曰:"无有。"曰:"微独赵,诸侯有在者乎?"曰:"老妇不闻也。""此其近者祸及身,远者及其子孙,岂人主之子孙则必不善哉!位尊而无功,奉[18]厚而无劳,而挟重器[19]多也。今媪尊长安君之位,而封以膏腴之地,多予之重器,而不及今令有功于国;一旦山陵崩,长安君何以自托于赵?老臣以媪为长安君计短也,故以为其爱不若燕后。"太后曰:"诺,恣君之所使之。"于是为长安君约车百乘,质于齐,齐兵乃出。

子义[20]闻之曰:"人主之子也,骨

肉之亲也，犹不能恃无功之尊，无劳之奉，以守金玉之重也，而况人臣乎！"

一 ·· 破题：触龙说赵太后

赵太后新用事，秦急攻之。赵氏求救于齐。齐曰："必以长安君为质，兵乃出。"太后不肯。大臣强谏。太后明谓左右："有复言令长安君为质者，老妇必唾其面！"

左师触龙愿见，太后盛气而揖之。

——《触龙说赵太后》

此事发生在战国时期的赵国，时值上代君主病逝，而继任者年少，便由赵太后代为执掌大权。文章开篇便道："赵太后新用事，秦急攻之。"一个"新"字加一个"急"字，凸显了赵国的内忧外患：赵太后刚刚掌权，内部局势不稳；秦国趁机攻打，战事告急。

在这样一种局面下，赵氏只得向外寻求支援。好在身为东方大国的齐国愿意出兵救赵，但提出了一个明确条件：必须把长安君送到齐国来做人质。在春秋战国时期，国与国之间多有这种"质子"的行为，而作为人质的公子们在异国的遭遇往往并不好，运气差的还可能受尽欺凌，甚至客死他乡。

长安君作为赵太后的小儿子，平日里最受赵太后疼爱，赵太后自然不愿让他出去受苦。尽管"大臣强谏"，可赵太后的态度非常强硬，明确告诉大家：谁要再敢提让长安君去做人质，别怪老妇我唾他一脸!

可左师触龙却挺身而出。"左师"在当时是一种虚职,职级较高但并无实权,往往由功成身退的老干部担任。触龙担任左师,说明他年龄大、资格老,所以赵太后也不便直接拒绝与他见面。更何况触龙只是"愿见",并没有明说是来劝谏——尽管明眼人都能猜到,他大概率是因长安君的事情而来。

赵太后也有同样的想法,文中写她"盛气而揖之",就连见面作揖时,太后也没什么好脸色。

在这样的情况下,触龙该如何对赵太后进行劝谏?触龙接下来的举动,让所有人始料未及。

二·· 你永远叫不醒一个装睡的人

> 入而徐趋,至而自谢,曰:"老臣病足,曾不能疾走,不得见久矣,窃自恕,恐太后玉体之有所郄也,故愿望见。"太后曰:"老妇恃辇而行。"曰:"日食饮得无衰乎?"曰:"恃鬻耳。"曰:"老臣今者殊不欲食,乃自强步,日三四里,少益嗜食,和于身。"曰:"老妇不能。"太后之色少解。
> ——《触龙说赵太后》

文中描写,触龙进门后"徐趋",这个词非常有趣。一般来讲,"徐"是慢,而"趋"则表示小步快走,是臣子面见君主时的礼节——臣子要表现出恭敬勤勉的姿态,所以要脚不离地,称为"趋礼"。触龙面见太后时,虽然做出了趋礼的样子,但行进得异常缓慢。

触龙的这一举动非常有意思。一方面，赵太后正气鼓鼓的，像火药桶一样一点就炸，触龙却慢悠悠的，这就极大地缓和了剑拔弩张的气氛；另一方面，触龙走这么慢是不符合礼节的，肯定要向赵太后做出解释，这就为后面的话做了铺垫。

等走到赵太后跟前，触龙立刻道歉，说"老臣病足，曾不能疾走"——老头子年纪大了，腿脚不好，走不利索。这句话有两个作用，一是给自己刚才慢吞吞的行为做了合理解释，二是解释自己为什么一直都没来看望太后。那为什么现在又来了呢？触龙的解释是"恐太后玉体之有所郄"，也就是担心太后的身体。早不担心，晚不担心，偏偏赶在这个时候担心，触龙的言外之意也很清楚：听说您最近挺闹心的，身体还好吧？

面对触龙的关切，太后自然不好发火："老妇恃辇而行。"仔细品味一下，这句话里还是带着怒气的。触龙说自己腿脚不好，也有点儿担心太后，结果太后回了一句"我走路有人抬"，这就好比有人跟你说"下班时的地铁人真多"，你爱搭不理地回一句"我有司机"。

触龙继续关心道："日食饮得无衰乎？"用一日三餐来寒暄，是传统的习惯。假如饭吃得多，一来说明身体好，二来说明心情不错。赵太后怎么回答呢？"恃鬻耳。"这里的"鬻"就是粥。这个回答看似平常，实则内有乾坤。一方面，从形式来看，太后使用了语气词"耳"，跟前面生硬的"恃辇而行"相比，口气略有缓和；另一方面，从内容来看，太后说自己"喝点儿粥罢了"，似乎默认了自己的烦恼——要知道，赵太后吃不下饭可不仅仅是因为身体不适。

紧接着，触龙便以自己为例向赵太后提议："老臣今者殊不欲食，乃自强步，日三四里，少益嗜食，和于身。"他表示，自己这把年纪也特别吃不下饭，后来就强迫自己每天走走路，一天走三四里，慢慢地就越来越爱吃饭了，身体也好了一些。

对于触龙的建议，太后回应道："老妇不能。"我可做不到，一来没那个时间，二来没那个心情。这感觉已经不是君臣之间的劝谏争论了，更像是老头儿老太太饭后嗑着瓜子聊家常。这几句聊下来，太后心中原本紧绷的弦放松了不少，对触龙的防备心也没那么强了："太后之色少解。"

要想说服人，先要消解他的腻烦心理。当别人厌烦的时候，你讲什么都是白讲。在日常生活中，我们常看到类似的例子，一个人如果在气头上，那么不管你怎么解释，得到的回应都会是"我不听，我不听"，这就是"你永远叫不醒一个装睡的人"。

游说君主也是如此。韩非子在《说难》里认为，一定要重视君主对游说者的腻烦心理。赵太后此前已经对游说者产生了极强的腻烦和抗拒心理，倘若不把这种心理防备打破，那么任触龙如何劝说，恐怕都无法说到太后的心里。

实际上，触龙的策略是极为成功的。他全然不提长安君的事，只是站在关心太后身体的角度聊家常，这就让太后的情绪缓和了很多，而这正是触龙的高妙之处。

三 ·· 赵太后的共鸣

左师公曰："老臣贱息舒祺，最少，不肖，而臣衰，窃爱怜之，愿令补黑衣之数，以卫王宫。没死以闻。"太后曰："敬诺。年几何矣？"对曰："十五岁矣。虽少，愿及未填沟壑而托之。"太后曰："丈夫亦爱怜其少子乎？"对曰："甚于妇人。"太后曰："妇人异甚。"

——《触龙说赵太后》

聊起家常，赵太后的态度缓和了不少，但她并未完全放松戒备。正所谓"无事不登三宝殿"，赵太后明白，作为政坛老手的触龙断然不可能为嘘寒问暖而来。而触龙也没藏着掖着，他寒暄完，直接抛出了自己的请求：给小儿子舒祺找份工作。

触龙说道："老臣贱息舒祺，最少，不肖，而臣衰，窃爱怜之，愿令补黑衣之数，以卫王宫。没死以闻。"简单说，就是触龙想趁自己还在，给小儿子在王宫里找份差事。听到这话，赵太后不但松了一口气，而且颇有共鸣：她又何尝不是想趁自己还在，给小儿子谋一个美好未来呢？于是，太后口风急转："敬诺。年几何矣？"不难发现，此时赵太后的态度已经全然没有了当初的冰冷和抗拒，而是热情地想提供帮助。触龙的回答也特别有艺术："十五岁矣。虽少，愿及未填沟壑而托之。"这里的"填沟壑"，是古人对死亡的隐晦说法。在触龙看来，虽然小儿子只有15岁，但自己的年纪大了，未见得能活多久，所以想早点儿把他托付出去，让他可以干份差事独立谋生。

这真是"可怜天下父母心"，年迈的触龙又何尝不想让孩子留在身边？但他清楚地知道"人走灯灭"，趁自己还在，给孩子找条后路更重要。听完触龙的话，太后笑了："丈夫亦爱怜其少子乎？"你们男人也知道心疼小儿子啊？注意这句话里的"亦"（意为"也"），这显然已经引起了赵太后的强烈共鸣：之前的臣子们都体会不到我对长安君的爱，现在可算找到一个同样心疼小儿子的人了，还是个男的！

触龙一听，直接和太后"攀比"了起来："甚于妇人。"我们男人比你们女人更疼爱年龄小的孩子。太后一听，表示不服："妇人异甚。"我们更疼爱！于是，赵太后原本以为触龙是劝他让长安君做人质的，却发现他是个不亚于自己的"宠娃狂魔"，和自己聊起了对孩子的爱。这当然是赵太后最感兴趣的话题，话匣子一开，"长安君"也不再是赵太后这里的禁忌词了。

四 ·· 父母之爱子，则为之计深远

对曰："老臣窃以为媪之爱燕后，贤于长安君。"曰："君过矣，不若长安君之甚！"左师公曰："父母之爱子，则为之计深远。媪之送燕后也，持其踵，为之泣，念悲其远也，亦哀之矣。已行，非弗思也，祭祀必祝之，祝曰：'必勿使反。'岂非计久长有子孙相继为王也哉？"太后曰："然。"

——《触龙说赵太后》

有意思的是，触龙第一次提及长安君，却说赵太后不够爱长安君："老臣窃以为媪之爱燕后，贤于长安君。"这里提到的燕后，正是赵太后的女儿，此时已经嫁到燕国做王后。触龙的这个判断让赵太后哑然失笑：您可大错特错，我对燕后的爱与长安君相比，差得远了！

这又是触龙高明的地方，他没有拿别人做例子，而是用赵太后自己的一双儿女做比较。这样的好处是，不论是非对错，赵太后都能接受和理解，而且她自己的心思，自己最明白。接下来，触龙抛出了整

篇文章里最重要的一个观点：父母之爱子，则为之计深远。

什么才是对孩子最好的爱？我们在《石碏谏宠州吁》里读到过石碏的观点：父母爱子，要"教之以义方"，也就是要教孩子明辨是非和遵守规矩。为什么教这些呢？这就是触龙所说的"计深远"了。要知道，孩子终究是要离开父母独立生存的，真正爱孩子的父母，给孩子的是可以支撑他独立行走一生的力量。这是古人非常了不起的思想。如果说《曹刿论战》让我们明白了做事情要"远谋"，那么《触龙说赵太后》就告诉我们，爱子要"计深远"。

在明确了自己的核心观点后，触龙表示，赵太后对燕后的爱，才真正符合"计深远"这个标准。当年燕后出嫁时，太后当然十分伤心，"持其踵，为之泣"。今天，仍有一些地方保留着这种嫁女习俗，母亲要为出嫁的女儿亲手穿上新鞋，以此表达对女儿远行的祝福和思念。而当初赵太后替女儿穿鞋时，也曾不舍到抱着她的脚哭；燕后出嫁后，赵太后也常常思念她。尽管如此，在每次祭祀时，赵太后却总是祈祷女儿千万不要回来。这是因为在古代，女子在出嫁后通常不会回娘家，除非被退婚。触龙对太后说，您这么想念燕后，却祈祷她不要回来，难道不是为她做长久的打算，让她的子孙能够世代继承燕国的王位吗？这才是真正的爱她呀！

值得注意的是，此时太后第一次说出了表示认同的话："然。"在最开始的时候，太后的态度是抗拒和腻烦，一上来就给触龙脸色看，面对触龙的嘘寒问暖也是爱搭不理的——"老妇恃辇而行""恃鬻耳""老妇不能"。等聊到疼爱的小儿子时，太后尽管不反感，却并不认同触龙的看法，"妇人异甚""君过矣"都是在争辩。直到触龙以燕后为例向赵太后说明什么是真正的爱，太后才打心眼儿里认同了触龙的观点：父母之爱子，则为之计深远。有了观点上的认同，长安君的事情终于可以拿到台面上说了。

五 ·· 富贵传家，不过三代

左师公曰："今三世以前，至于赵之为赵，赵王之子孙侯者，其继有在者乎？"曰："无有。"曰："微独赵，诸侯有在者乎？"曰："老妇不闻也。""此其近者祸及身，远者及其子孙，岂人主之子孙则必不善哉！位尊而无功，奉厚而无劳，而挟重器多也。今媪尊长安君之位，而封以膏腴之地，多予之重器，而不及今令有功于国；一旦山陵崩，长安君何以自托于赵？老臣以媪为长安君计短也，故以为其爱不若燕后。"

——《触龙说赵太后》

在从正面讲通了"计深远"的道理后，触龙又从反面出发，提醒赵太后不为子女计深远的后果。他提到了历史上的诸侯王孙：三代以前赵国那些被封侯的王孙，他们的后代在哪里？不只赵国的，哪个诸侯国的后代还在？这些被封侯的王孙贵族，有的自己都不能善终，哪怕躲过了灾祸，他们的子孙也终有躲不过去的时候。难道君主的子孙注定倒霉吗？原因很简单，这些人"位尊而无功，奉厚而无劳，而挟重器多也"。只是因为出身好，就身居高位、得享富贵，对国家人民毫无功劳，却占有大量财富，这怎么可能长久呢？

哪怕是在两千年后的今天，这些话依然振聋发聩。很多人总想要把地位和财富留给子女，却不知名利永远需要与贡献和德行匹配。一个人有足够的贡献和德行，才拥有能够承载名声和财富的能力，"厚德载物"正是此理。为什么很多时候"富不过三代"？因为继承者对先代的财富并无贡献，却成为它们的所有者，而不劳而获的财富又最容易麻痹人的奋斗意志，至多三代以后，这财富便守不住了。反观那些财富能流传几代的超级家族，无一不懂得这个道理，他们绝不会仅仅留给后代财富，更重要的是传承道德质量和文化精神。所以老话说：道德传家，十代以上；耕读传家次之，诗书传家又次之；富贵传家，不过三代。

听完这一正一反的案例，赵太后肯定也意识到了自己的问题。触龙也不再讳言，趁热打铁地直接点明了赵太后的错："今媪尊长安君之位，而封以膏腴之地，多予之重器，而不及今令有功于国；一旦山陵崩，长安君何以自托于赵？"这是触龙和其他大臣劝谏时不一样的着眼点，其他人是站在国家利益和道德制高点上，要求赵太后放弃对长安君的爱，这自然会激起赵太后的强烈逆反心理。但触龙不同，他首先认同赵太后对长安君的爱是人之常情，然后就"什么才是真正的爱"这个问题和赵太后展开讨论：您如今赐予长安君高贵的地位和巨额财富，却不让他对国家有丝毫功劳和贡献，等您去世之后，长安君又如何能够长久地在赵国生存呢？赵国及诸侯国那些王孙后代的例子，不是正活生生地摆在眼前吗？所以我才说，您对长安君的爱远远比不上对燕后的爱啊！

六 · 触龙的智慧

太后曰："诺。恣君之所使之。"于是为长安君约车百乘，质于齐，齐兵乃出。

子义闻之曰："人主之子也，骨肉之亲也，犹不能恃无功之尊，无劳之奉，以守金玉之重也，而况人臣乎！"

——《触龙说赵太后》

直到此时，触龙仍然没有劝赵太后送长安君去齐国，但太后已经清楚了什么才是正确的选择。太后表示，一切都听触龙的安排。这句话已经是认可将长安君送往齐国做人质了，触龙完美地完成了自己的劝说使命，而赵国也最终得到了齐国的援助。

最后我还想补充一点，就是触龙的劝说从头到尾都有十分精巧的设计，特别是前面和太后嘘寒问暖的那一段。一般认为，这是在缓和太后的情绪，但读完全篇，我们才会发现这也是一个生动的例子：安逸的"恃辇而行"，并非真正对身体有益；哪怕腿脚不好，要想吃得下饭，也还是要像触龙一样坚持每天走走路。这又何尝不是一种"计深远"呢？

文章的最后提到了赵国一位贤者子义的话：就连君主的亲骨肉都要靠价值和贡献生存，更何况臣民呢？我想，这也给了今天的我们很多启示。不论是谁，要想在社会上长久生存发展，都需要为社会创造价值。同样，如果想让孩子获得长久的幸福，那就要努力将他们培养成能为社会创造价值和做出贡献的人，这才是聪明的父母应该做的事。

17 《子产论尹何为邑》：有些机会不能给

导语

在《子产坏晋馆垣》里，我们看到了子产的外交才能。假如要了解子产的管理才能，就要读这篇《子产论尹何为邑》。在这篇文章里，子产用他高超的认知水平，征服了当时郑国的执政大臣子皮，并告诫子皮和后世的管理者，应当如何培养和任用那些有潜力的人才。今天，很多人认为，对于优秀的"潜力股"，应该给予更多的机会，但子产提醒我们，有些机会不能给。

《子产论尹何为邑》原文

子皮[1]欲使尹何[2]为邑。子产[3]曰:"少[4],未知可否。"子皮曰:"愿[5],吾爱之,不吾叛也。使夫[6]往而学焉,夫亦愈知治矣。"子产曰:"不可。人之爱人,求利之也。今吾子爱人则以政,犹未能操刀而使割也,其伤实多。子之爱人,伤之而已,其谁敢求爱于子?子于郑国,栋也。栋折榱[7]崩,侨将厌[8]焉,敢不尽言?子有美锦,不使人学制焉。大官大邑,身之所庇也,而使学者制焉。其为美锦,不亦多乎?侨闻学而后入政,未闻以政学者也。若果行此,必有所害。譬如田猎[9],射御贯[10],则能获禽;若未尝登车射御,则败绩[11]厌覆[12]是惧[13],何暇思获?"子皮曰:"善哉!虎不敏。吾闻君子务知大者远者,小人务知小者近者。我,小人也。衣服附在吾身,我知而慎之;大官大邑,所以庇身也,我远而慢[14]之。微[15]子之言,吾不知也。他日[16]我曰:'子为郑国,我为吾家,以庇焉其可也。'今而后知不足。自今请,虽

1 子皮:姬姓,罕氏,名虎,字子皮。郑大夫,执政大臣。郑穆公的曾孙、公子喜的孙子、公孙舍之的儿子。
2 尹何:子皮的家臣。
3 子产:即公孙侨。子皮退休后,子产任执政大臣。
4 少(shào):年轻。
5 愿:忠厚,谨慎。
6 夫(fú):他,指尹何。
7 榱(cuī):屋椽。
8 厌(yā):同"压"。
9 田猎:打猎。
10 贯:同"惯",习惯。
11 败绩:翻车。
12 厌覆:翻车被压。
13 惧:担心,害怕。
14 慢:懈怠,轻视。
15 微:无,没有。
16 他日:昔日。
17 抑:只不过。
18 委:任命,托付。

· 本文出自《左传·襄公三十一年》。

吾家，听子而行。"子产曰："人心之不同，如其面焉。吾岂敢谓子面如吾面乎？抑[17]心所谓危，亦以告也。"

子皮以为忠，故委[18]政焉。子产是以能为郑国。

一 · 破题：子产论尹何为邑

> 子皮欲使尹何为邑。子产曰："少，未知可否。"子皮曰："愿，吾爱之，不吾叛也。使夫往而学焉，夫亦愈知治矣。"
> ——《子产论尹何为邑》

文章标题的意思是，子产对尹何管理子皮的私邑发表看法。这里涉及三个人：子产、子皮和尹何。

关于子产，我们已经很熟悉，他是郑国有名的贤大夫。他除了长于外交辞令，还知人善任，《左传》说他"择能而使之"，就是擅长挑选人才并发挥他们的长处，是很多人才的伯乐。而子产自己也有一位伯乐，便是子皮。

子皮在郑国执政多年，他深知子产的贤能，后来主动将郑国的执政权授予子产。当时郑国地处大国之间，宗族派系庞杂，子产为政遇到很大困难，子皮给了他极大的支持。子皮去世时，子产痛哭着说自己再也无法有所作为了，因为子皮是他唯一的知己。

除了子产，子皮也非常喜欢身边一位叫尹何的小兄弟。关于尹何，历史上并没有留下太多信息，但从这篇文章中能看出，他虽然年轻，但颇得子皮信任。于是某天，子皮向子产提到，想让尹何来治理自己的私邑："子皮欲使尹何为邑。"

子产怎么看呢？他说："少，未知可否。"子产并非说自己不知道，而是用"未知"来委婉地表示否定，理由就是"少"——太年轻了，没经验。但子皮认为，年轻不是问题，没有经验可以学，他看重的是尹何的"质量"。"愿"在这里的意思是为人本分，子皮认为尹何是个老实人，对自己忠心耿耿，把私邑交给他管理，自己最放心。子皮之所以这样想，是因为私邑是大夫的封地，相当于"大本营"，肯定要找一个心腹来管理。在子皮看来，尹何跟自己一条心，这比什么都重要，至于管理才能，不会的话可以学。尹何聪明，早晚会管理。

子皮的论调有点儿像今天的一种说法：价值观比能力更重要。这句话对不对呢？很对，假如价值观有问题，那么能力越大，危害就越大。但价值观很正的人，是否就可以随意使用呢？在这一点上，子产提出了不同的看法。

二 ·· 喜欢就要让他好

子产曰："不可。人之爱人，求利之也。今吾子爱人则以政，犹未能操刀而使割也，其伤实多。子之爱人，伤之而已，其谁敢求爱于子？"

——《子产论尹何为邑》

子产不再委婉表达了，而是直接表示"不可"。他认为，正因为子皮重视和喜欢尹何，所以更不应该让尹何现在就替他管理私邑。

"人之爱人，求利之也。"子产一上来先提出一个明确的观点：什么是真正的爱？我们喜爱一个人，应该给他谋求好处，而不是伤害他。让不懂管理的尹何去替子皮治理私邑，是否对尹何有好处呢？表面上看，好像是在重用他，但实际上是将尹何放在了危险的位置上。"今吾子爱人则以政，犹未能操刀而使割也，其伤实多。"子产打比方说，这就好比您让一个不会用刀的人去割肉，他一定会伤到自己。您打着喜爱一个人的名义，却在做伤害这个人的事情，以后谁还敢接受您的这种喜爱呢？

从子皮的角度来说，做什么对尹何好？那就是给他升官，让他去治理封地。但子皮没有考虑的是，年轻的尹何现在是否具备相应的能力呢？如果尹何没有这个能力，子皮非要强人所难，那么结果就是伤害他。这便是子产深谋远虑之处。

三 · 有些事情不能试

子于郑国，栋也。栋折榱崩，侨将厌焉，敢不尽言？子有美锦，不使人学制焉。大官大邑，身之所庇也，而使学者制焉。其为美锦，不亦多乎？侨闻学而后入政，未闻以政学者也。若果行此，必有所害。譬如田猎，射御贯，则能获禽；若未尝登车射御，则败绩厌覆是惧，何暇思获？

——《子产论尹何为邑》

在子皮看来，让尹何替自己治理私邑，正好是一个帮助他成长的机会，试试又何妨？但子产认为，不是所有事情都可以试。

子皮是郑国的执政大臣，相当于国相。对于郑国来说，他是当之无愧的栋梁。一旦他出问题，整个郑国就可能崩塌，子产也必然会受到影响。子产之所以态度坚决，就是因为子皮的私邑治理关乎整个郑国的稳定，怎么能让一个不懂管理的年轻人随便尝试呢？

所以子产表示，不是我想干涉您的家事，但这件事情的后果是包括我本人在内的所有人承受不起的，我哪儿能不讲呢？"侨将厌焉，敢不尽言？"接下来，子产又打了一个比方："子有美锦，不使人学制焉。"假如您有一块美丽的丝绸，您会让人用它学裁剪吗？封邑是您的大本营，怎么能让一个毫无经验的人拿来练手呢？"其为美锦，不亦多乎？"让尹何管理您的私邑，可比让人用美锦学习裁剪严重多了！

"侨闻学而后入政，未闻以政学者也。"这里的"学"，主要是指学习治理之道和贵族礼仪。在子产那个年代，做官是专门的学问，需要进行专业的学习才可以上任。正所谓"学而优则仕"，做官关系到百姓福祉和政权稳定，不是闹着玩的。所以子产表示，自己只听说过学习后出来做官的，却从没听说过用做官来学习的。假如把做官当成学习的途径，"必有所害"。

这里的"害"不只是针对国家百姓，连当事人也将深受其害。为了说明这个道理，子产又打了个比方："譬如田猎，射御贯，则能获禽；若未尝登车射御，则败绩厌覆是惧，何暇思获？"这就像是驾车打猎，只有熟悉射箭和驾车的人，才有可能打到猎物。假如让一个生手去驾车打猎，他可能连驾车、射箭都害怕，怎么能指望他打到猎物呢？

子产的意思是，一个人假如从事自己完全不擅长的事情，则势必承担巨大的心理压力，没能力却有压力，怎么可能做得好呢？所以，爱就变成了害。

四·子产的说话艺术

子皮曰："善哉！虎不敏。吾闻君子务知大者远者，小人务知小者近者。我，小人也。衣服附在吾身，我知而慎之；大官大邑，所以庇身也，我远而慢之。微子之言，吾不知也。他日我曰：'子为郑国，我为吾家，以庇焉其可也。'今而后知不足。自今请，虽吾家，听子而行。"子产曰："人心之不同，如其面焉。吾岂敢谓子面如吾面乎？抑心所谓危，亦以告也。"

子皮以为忠，故委政焉。子产是以能为郑国。

——《子产论尹何为邑》

子产的话点醒了子皮，他立刻承认了自己的错误和短视，并表达了对子产的钦佩。

"吾闻君子务知大者远者，小人务知小者近者。我，小人也。"我早就听说真正的君子是目光长远、从大局出发的人，见识短浅的人则总是盯着眼前的小事。看来我的见识还是太短浅了。像做衣服这样的小事我都看得很重，知道不该让新手用美锦来学习裁剪；像治理封邑这么重大的事，我却如此轻视，如果不是您的提醒，我到现在也没有明白啊！以前我还说，以您的才能，您去治理郑国，我自己把封地管好就行了。现在看来，我哪怕是处理家事，也需要借重您的智慧呢！

通过这段话，我们不难看出子皮的心胸。他如此坦诚地承认自己的错误和赞美子产的才能，为子产在郑国发挥才能创造了空间，同样是了不起的。

子产应该怎么回应子皮的赞赏呢？倘若坦然接受，似乎就承认了子皮的无知；倘若扭捏拒绝，又似乎有些虚伪。我们来看子产说话的艺术。

子产回应道："人心之不同，如其面焉。吾岂敢谓子面如吾面乎？抑心所谓危，亦以告也。"人和人的心理感受是不一样的，就好比人的长相各不相同。所以在面对同样一件事的时候，我们只是基于不同的感受和心情来发表意见而已。我不敢要求您的想法和我一样，就像您不可能长得和我一样。同样地，我只是站在自己的角度，觉得您的做法有危险，所以据实相告罢了。至于实际情况，还是要以您自己的心理感受和具体想法为准啊。

子产的回答既保留了自己的主见，也顾及了子皮的脸面。听完子产的话，"子皮以为忠"，知道他不但本事大，而且很忠诚，敢于直言，又极有智慧，于是更加放心地将郑国大小政事都交给子产。

有个问题值得思考：为什么在子产说完这番话后，子皮会觉得他"忠"？在这里，"忠"是没有私心。显然，子产并非为了自己的利益，而是从大公无私的角度出发，这也是子皮信任子产的根本原因。

我们常常认为，对一个人好就要给他机会，但这篇文章告诉我们，有些机会不能给，真正对一个人好，就不要让他去做那些他并不擅长却责任重大的事，否则于人于己都后患无穷。

18 《宫之奇谏假道》：有些便宜不能占

导语

我们熟知的成语"唇亡齿寒"就出自这篇文章。它还告诉我们一个道理：有些便宜不能占。喜欢占便宜的人，通常并不明白所谓"便宜"的背后究竟有些什么。

《宫之奇谏假道》原文

晋侯[1]复[2]假道[3]于虞以伐虢[4]。宫之奇[5]谏曰："虢，虞之表[6]也。虢亡，虞必从之。晋不可启，寇[7]不可玩[8]。一之为甚，其可再乎？谚所谓'辅车相依[9]，唇亡齿寒'者，其虞虢之谓也。"

公曰："晋，吾宗[10]也，岂害我哉？"对曰："大伯[11]、虞仲[12]，大王之昭也。大伯不从，是以不嗣。虢仲、虢叔，王季之穆[13]也，为文王卿士，勋在王室，藏于盟府。将虢是灭，何爱于虞？且虞能亲于桓、庄[14]乎？其爱之也，桓、庄之族何罪？而以为戮，不唯逼[15]乎？亲以宠[16]逼，犹尚害之，况以国乎？"

公曰："吾享祀[17]丰洁[18]，神必据[19]我。"对曰："臣闻之，鬼神非人实亲，惟德是依。故《周书》[20]曰：'皇天无亲，惟德是辅。'又曰：'黍稷非馨[21]，明德惟馨。'又曰：'民不易物，惟德繄[22]物。'如是，则非德，民不和，神不享矣。神所冯[23]依，将在德矣。若

1 晋侯：指晋献公。
2 复：再一次。
3 假道：借路。
4 虞：周朝诸侯国名，在今山西平陆东北。虢：周朝诸侯国名，在今山西平陆。
5 宫之奇：虞大夫。
6 表：外部，屏障。
7 寇：侵略者，敌人。
8 玩：轻视，忽视。
9 辅车相依：喻互相依存。辅，车旁夹着的木板。
10 宗：晋、虞、虢均为姬姓国，同一个祖宗。
11 大伯：太王的长子。
12 虞仲：太王的次子。
13 穆：古代宗庙排列的次序，父居左为"昭"，子居右为"穆"。
14 桓、庄：指桓叔和庄伯。桓叔是晋献公的曾祖，庄伯是晋献公的祖父。桓、庄之族指晋献公的同祖兄弟。
15 逼：威胁。
16 宠：地位尊贵。
17 享祀：祭祀。
18 丰洁：丰，丰盛；洁，洁净。
19 据：凭依，倚仗。
20 《周书》：古书名，最早期的版本已亡佚。

晋取虞，而明德以荐馨香，神其吐之乎？"

弗听，许晋使。宫之奇以其族行，曰："虞不腊[24]矣。在此行也，晋不更[25]举[26]矣。"

冬，晋灭虢。师还，馆于虞。遂袭虞，灭之，执虞公。

21 馨：散布很远的香气。
22 繄（yī）：语气词。
23 冯：通"凭"。
24 腊：祭名，古代阴历十二月的一种祭祀。
25 更（gēng）：再。
26 举：起兵。
• 本文出自《左传·僖公五年》。

一·· 破题：宫之奇谏假道

这篇文章的主人公宫之奇，当时是虞国的大夫，并非虞国人，身份决定了他的立场、做法，乃至结局。宫之奇的祖上是周天子分封的一个诸侯，后来为晋国所灭。亡国之后，宫之奇的族人便逃到了虞国。

得知宫之奇到了虞国后，雄才大略的晋献公担心得好几天睡不着觉。晋献公深知宫之奇的才华，有了宫之奇，虞国如虎添翼，晋国要灭掉虞国就难了。

标题里的"谏假道"，就是在晋国向虞国借路攻打虢国时，宫之奇对虞公的劝谏。要读懂这篇文章，先要弄清楚晋国、虞国、虢国这三个国家的关系。第一，晋国为什么要攻打虢国？第二，晋国攻打虢国，为什么非要借虞国的路？第三，虞国跟虢国到底是什么关系？

二·· 晋国为什么要借道虞国去打虢国？

晋侯复假道于虞以伐虢。

——《宫之奇谏假道》

要回答第一个问题，就要看看晋国所处的地理位置。晋国地处山西高原，在西部的渭河平原上，有与其争雄的秦国。黄河呈"L"形从两国之间穿过，而洛水以东、黄河以西，就成为秦晋两国的必争之地。这便是秦国跟晋国争夺地盘的第一个大的战场，叫作"河西战场"。

两国之间还有第二个战场，就是"中原战场"。两国位置其实都偏西，但都特别希望能进入中原地区。要进入中原，可谓难于上青天，为什么？因为一面是黄河，一面是华山，二者都是险要之地，所以两国必须争夺通往中原地区的中间通道。

这条通道在历史上非常有名，叫作"崤函通道"。秦国和晋国只有经过崤函通道，才能真正进入中原地区。

晋国如果想进入崤函通道，就必须经过虢国。晋国之所以要攻打虢国，除了扩充地盘，更重要的原因在于，虢国占据了崤函通道的关口，控制了晋国通往中原的命脉。

如果晋国要攻打虢国，就要穿过中条山，绕非常远的路，这条路也很难走。有没有捷径？这就要说到虞国了。虞国位于中条山地区的一个小盆地，可以从南北方向直接穿过中条山，北边是晋国，南边就是虢国。

也就是说，晋国如果想要攻打虢国，有两条路可以走：一条路是穿过虞国，这是最短的直线距离；另一条路是从西往东绕过中条山，又远又难走。显然，最好的方法就是借虞国的路。

还有一点值得注意，就是虞国和虢国之间有着很特殊的关系。从地理位置来看，虢国守住了虞国的南大门，虞国守住了虢国的北大门，致使这两个国家都不易攻打。如果晋国想要灭掉虢国，那么虞国就可以随时从北部派兵支援；如果晋国想要攻打虞国，那么虢国也可以随时从南部派兵支援。因此，虢国和虞国互为表里，唇齿相依。

既然晋国攻打虢国势在必行，那么拉拢虞国让路也就变成了晋国的当务之急。其实在三年之前，即僖公二年（前658年），晋国就已经向虞国借过一次路了。当时，晋国大臣荀息请求带着晋国的双宝（宝马、宝玉）去讨好虞国，但晋献公愁眉不展地说："宫之奇存焉。"虞国有个足智多谋的宫之奇，恐怕此行难以成功。而荀息却表示没关系："宫之奇之为人也，懦而不能强谏。"荀息认为宫之奇虽然很聪明，但有些软弱，更不会为了虞国拼命。前文提过，宫之奇根本就不是虞国人，他只是带着自己的部族到虞国来避难的。在避难期间，他会尽可能地给虞公提些建议，但如果虞公不采纳这些建议，他也就点到为止。"懦而不能强谏"，也为后面写宫之奇没有成功地说服虞公做了铺垫。

说回正文，文章的第一句"晋侯复假道于虞以伐虢"，"复"就是"又一次"，在三年之前，晋国就已经借了一回虞国的路，那时是去攻打黄河北岸的北虢（又名夏阳），结果就把黄河北边的虢国土地吞并了。当晋国攻打北虢的时候，虞国的国君贪财到什么程度？他不仅收了晋国的礼物，还主动提出当先锋，他说："我们离北虢更近，我们先进攻。"因此，当时是虞国和晋国联军一起攻克了北虢。

三年之后，晋国表示，想再借一次路，把南虢也灭掉。从前面的事就能看出，虞公是一个很喜欢占便宜的人，之前都答应过一次了，这次更觉得没问题。占便宜似乎是一件挺让人开心的事，但仔细地想一想就知道，"便宜"才是最贵的。所谓天上掉下来的馅饼，往往可能都是陷阱，占小便宜的结果经常就是吃大亏。

为什么有那么多人喜欢占便宜？主要是目光短浅，缺乏远见，同时抱有侥幸心理，觉得上当受骗的不会是自己。虞公正是如此。

第一，虞公目光太短浅。他看不到一旦虢国被完全吞并，虞国就会彻底失去支援。而且此时虞国已经被晋国包围了，北边是晋国的疆域，南边也是晋国的疆域，虞国早晚会被吞并。

第二，虞公抱有侥幸心理。他总觉得"晋国不至于这么狠"，"晋国不会攻打虞国的"，给自己找了各种各样的理由，这些实质上都是他的借口，宫之奇对他的劝说就是赤裸裸地揭穿他的借口。那么，虞公到底找了些什么借口？宫之奇又是怎样戳穿他的？

三 ·· 虞国为什么不能让虢国被晋国灭掉？

> 宫之奇谏曰："虢，虞之表也。虢亡，虞必从之。晋不可启，寇不可玩。一之为甚，其可再乎？谚所谓'辅车相依，唇亡齿寒'者，其虞虢之谓也。"
>
> ——《宫之奇谏假道》

对于晋国、虞国、虢国之间的关系，宫之奇心知肚明。他一开口就劝虞公："虢，虞之表也。……晋不可启，寇不可玩。"虞国和虢国互为表里，而晋国心狠手辣，绝不能让其得逞。"一之为甚，其可再乎？"之前的一次借路就已经过分了，怎么还能让他们借第二次？

接着，宫之奇提到了当时的一个谚语，叫作"辅车相依，唇亡齿寒"。"唇亡齿寒"的意思一目了然：如果没有嘴唇的保护，那牙齿肯定会受冻；没有了牙齿，嘴唇也好不到哪儿去。

什么叫"辅车相依"呢？这里的"辅"，指的是以前战车上的一个部件。车本身的承载力有限，要想承载更重，就得在旁边放上横木，类似于货车上的货板，专门用来载东西，这就是"辅"。还有一种说法，认为"辅"和"车"分别指颊骨和牙床。不论是哪种说法，都是在说"辅车"和"唇齿"一样，是相互依存的关系。

宫之奇认为，虞国和虢国的关系如此紧密，千万不能让虢国被晋国吞并。假如晋国再借一回路，把黄河以南的虢国也灭掉，那么虞国就有灭顶之灾。

宫之奇看得如此清楚，说明晋献公之前的担忧是有道理的，有宫之奇在，可能晋国的阴谋很难得逞。但荀息的观点也很正确，那就是虞公不一定会采纳宫之奇的建议。

四 ·· 虞公的第一个借口

公曰："晋，吾宗也，岂害我哉？"对曰："大伯、虞仲，大王之昭也。大伯不从，是以不嗣。虢仲、虢叔，王季之穆也，为文王卿士，勋在王室，藏于盟府。将虢是灭，何爱于虞？且虞能亲于桓、庄乎？其爱之也，桓、庄之族何罪？而以为戮，不唯逼乎？亲以宠逼，犹尚害之，况以国乎？"

——《宫之奇谏假道》

面对宫之奇的进谏，虞公表示："晋，吾宗也，岂害我哉？"晋国和我们同宗，怎么会伤害我们呢？

要想理解这句话，就要弄清楚几个国家祖上的关系。

相传周朝的王室全是后稷的子孙，在后稷子孙中的第十二代，出现了一位"古公亶父"。古公亶父常被称为"大王"，他在世时做的最重要的事，就是率领自己的子民部族搬到了岐下，为未来周朝的建立打下了基础。《诗经》记载道："率西水浒，至于岐下。"《水浒传》这本书的名字，就源自这句话。

古公亶父有三个儿子：老大叫太伯，老二叫虞仲，老三叫季历。值得注意的是，虞仲是虞国的始祖，而季历的儿子就是周文王。在周文王的孙子里，有一位叫唐叔虞，就是晋国的第一任国君。这么看，晋国和虞国确实同宗。可问题是，虢国的第一任国君是周文王的弟弟，论起来，虢国跟晋国的关系可比虞国跟晋国的关系近多了！晋国假如连虢国都能打，为什么不能打虞国呢？

宫之奇毫不客气地戳穿了虞公的借口："大伯、虞仲，大王之昭也。大伯不从，是以不嗣。虢仲、虢叔，王季之穆也。""昭"和"穆"是关于子孙后代的说法，奇数代子孙就叫"昭"，偶数代子孙就叫"穆"。例如，第一代叫"昭"，第二代叫"穆"，第三代还叫"昭"，第四代又叫"穆"，以此类推。

宫之奇表示，虞国跟晋国的关系，根本就没有虢国跟晋国的关系近，现在晋国连虢国都要灭掉，更何况虞国？

"且虞能亲于桓、庄乎？其爱之也，桓、庄之族何罪？"宫之奇提到的"桓"是桓叔，"庄"是庄伯，他们和晋国历史上一个非常重要的事件有关，叫作"曲沃代翼"。

"曲沃"和"翼"都是晋国的城池。翼原本是晋国的国都,而曲沃是桓叔的封地。曲沃地势险要,易守难攻,桓叔的势力日渐强大,甚至超过了国君。桓叔将曲沃传给了他的儿子庄伯,庄伯又传给儿子"称",称直接造反,灭掉了原来的晋国国君,取而代之,成为晋武公,这就是"曲沃代翼"。

　　要去攻打虢国的晋献公,就是晋武公的儿子。晋献公即位后,认为桓叔、庄伯的其他子孙可能会对自己的统治地位构成威胁,就密谋将他们全部杀死。

　　宫之奇告诉虞公,晋献公连自己爷爷和太爷爷的后代子孙都杀,他不会来杀您吗?他连一个小宗族的利益都要争夺,就不会争夺整个虞国的利益吗?"亲以宠逼,犹尚害之,况以国乎?"

　　虞公爱占便宜,很想得到晋国送的宝物。当一个人一心想着占便宜的时候,他的脑子就是糊涂的。"利令智昏",虞公正是如此。

五 ·· 虞公的第二个借口

　　公曰:"吾享祀丰洁,神必据我。"对曰:"臣闻之,鬼神非人实亲,惟德是依。故《周书》曰:'皇天无亲,惟德是辅。'又曰:'黍稷非馨,明德惟馨。'又曰:'民不易物,惟德繄物。'如是,则非德,民不和,神不享矣。神所冯依,将在德矣。若晋取虞,而明德以荐馨香,神其吐之乎?"

——《宫之奇谏假道》

　　被宫之奇反驳后,虞公又提出了第二个借口。

"吾享祀丰洁，神必据我。"虞公认为，自己有上天保佑，因为他在每次祭祀的时候都特别认真，供品的质量也非常好，即"丰洁"。"丰"就是多，"洁"就是净。

于是，宫之奇又进行了反驳，主要讲了两点。

第一点，分析祭祀真正的意义。《左传》里有句话，叫作"国之大事，在祀与戎"。打仗为什么重要？大家都能理解。但祭祀为什么重要？因为祭祀的时候，你相信举头三尺有神明，列祖列宗会在天上看着你。也就是说，祭祀最重要的意义是让人有敬畏之心。

宫之奇告诉虞公，真正的祭祀根本不是"我给神明好东西，神明就会保佑我"，而是"我对神明有真正的敬畏之心，所以神明才会保佑我"。

那敬畏之心体现在哪儿？宫之奇总结成一个字：德。他说："臣闻之，鬼神非人实亲，惟德是依。"如果先祖有灵，他们也只会去保佑那些有德之人。宫之奇还列举了《周书》上的很多教诲："皇天无亲，惟德是辅"，上天不会亲近任何人，只会帮助有德的人；"黍稷非馨，明德惟馨"，真正香气远飘的不是食物，而是德行。

宫之奇也是借此间接地批评虞公。虞国跟虢国的关系是守望相助、唇齿相依的关系。本来两国是盟友，结果你收了别人的礼，就背叛了盟友，甚至还主动去打头阵，这显然是失德的行为。因此，不管你怎么给神明进供，准备多少好吃又干净的供品，你连德行都失去了，结局是不会好的。如果没有德行，那么"民不和，神不享矣"，即百姓不会和睦，神明也不会庇佑你。

《曹刿论战》也说到过同样的问题："小信未孚，神弗福也。"只有做有德之君，对所有的百姓好，大家才会拥戴你，神灵才会保佑你。

从正面阐述后，宫之奇又从反面来进行论证："若晋取虞，而明德以荐馨香，神其吐之乎？"假如真的只要给神明好的供品，就会得到神明的保佑，那么当晋国吞并了虞国，再修明德行，准备更好的供品时，神明该保佑谁？难道到时候神还会把晋国的供品吐出来吗？

宫之奇的推论很有力量，然而，即便如此，虞公也仍然不采纳他的建议。

六·贪小便宜吃大亏

弗听，许晋使。宫之奇以其族行，曰："虞不腊矣。在此行也，晋不更举矣。"

冬，晋灭虢。师还，馆于虞。遂袭虞，灭之，执虞公。

——《宫之奇谏假道》

虞公就是一个爱贪小便宜的人，他心里想的只是要把晋国的宝马、美女、玉石、钱财收入囊中。所以不管宫之奇怎么劝谏，虞公眼里只有那些小便宜，所有的理由也只不过是借口。最终，贪图眼前利益的虞公还是答应了晋国使者的请求，再一次借路给晋国的军队。

宫之奇一看，大事不好，立马带上自己的族人离开了虞国。而故事的结局，也确实像宫之奇预言的那样："虞不腊矣。"

"腊"在古代是一种祭祀的类型，即"腊祭"。我们今天说的"腊月"也源自此处，因为到了这个月，就该举行"腊祭"了。"虞不腊矣"的意思是，虞国根本撑不到"腊祭"的时候了。在宫之奇看来，"晋不更举矣"，晋国的军队攻克了虢国之后，就会立马灭掉虞国，用不着再次发兵。

这年冬天，晋国借虞国之路，灭掉了孤立无援的虢国。回师时，晋军对虞国发起突袭，轻而易举灭掉了虞国，并抓住了虞公。"利令智昏"的虞公为了占点儿小便宜，最终自食其果，亲手葬送了自己的国家。

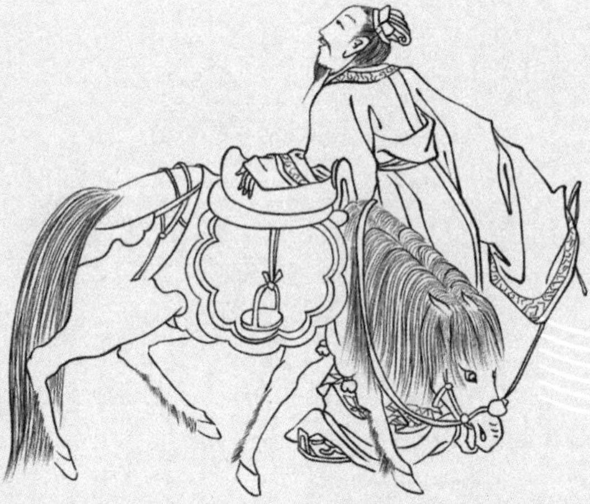

肆

文章

文章是有灵魂的。

通过精细地解读文本，
动脑分析，用心感受，
思接千载，视通万里，
实现与古人的心灵对话，
最终以古人智识壮我之血脉，
以历史洞见为未来开路。

19 《有子之言似夫子》：断章取义要不得

导语

互联网很神奇，它给了许多人表达的机会，也能让一句话瞬间传遍天下。信息越多，就越显碎片化，误解也常常发生。因此，我总会劝身边的朋友翻开《古文观止》，读一读《有子之言似夫子》。

《有子之言似夫子》原文

有子¹问于曾子²曰:"问丧³于夫子⁴乎?"曰:"闻之矣。丧欲速贫,死欲速朽。"有子曰:"是非君子之言也。"曾子曰:"参也闻诸夫子也。"有子又曰:"是非君子之言也。"曾子曰:"参也与子游⁵闻之。"有子曰:"然。然则夫子有为言之也。"

曾子以斯言告于子游。子游曰:"甚哉,有子之言似夫子也!昔者夫子居于宋,见桓司马⁶自为石椁⁷,三年而不成。夫子曰:'若是其靡⁸也,死不如速朽之愈也。'死之欲速朽,为桓司马言之也。南宫敬叔⁹反¹⁰,必载宝而朝。夫子曰:'若是其货¹¹也,丧不如速贫之愈也。'丧之欲速贫,为敬叔言之也。"

曾子以子游之言告于有子。有子曰:"然。吾固曰非夫子之言也。"曾子曰:"子何以知之?"有子曰:"夫子制于中都,四寸之棺,五寸之椁,以斯知不欲速朽也。昔者夫子失鲁司寇,将之荆,盖先之以子夏,又申之

1 有子:有若,字子有,世称"有子"。孔子的弟子。
2 曾子:曾参,字子舆,世称"曾子"。孔子的弟子。
3 丧:这里指失去官位。
4 夫子:指孔子。
5 子游:言偃,字子游。孔子的弟子。
6 桓司马:即桓魋,又称向魋,宋国左师向巢的弟弟。司马是官名。
7 椁:套在棺材外面的大棺材。
8 靡:浪费,奢侈。
9 南宫敬叔:即仲孙阅,鲁大夫。
10 反:指失去官职回国。
11 货:贿赂。

• 本文出自《礼记·檀弓上》。

以冉有，以斯知不欲速贫也。"

一 ·· 破题：有子之言似夫子

这篇文章出自《礼记》，《礼记》相传由西汉的戴圣编写，是一部儒家思想的资料汇编。标题里的"夫子"，就是儒家开创者孔子，而"有子"则是孔子的一名重要弟子——有若。

有若的名号在今天已经不算响亮。比起他，很多人更熟悉颜回、曾参，或者子贡、子路。但在当年，有若在孔门的地位和影响力丝毫不亚于曾参，从两件事中便可初探端倪。

其一，《论语》几乎对所有的孔门弟子都直呼其名，而只对两名弟子使用了"子"的敬称——称有若为"有子"，称曾参为"曾子"。这很可能是因为后来参与编纂《论语》的多为有若或曾参的学生，所以除了孔子，他们只称自己的老师为"子"，即"先生"。而有若在《论语》中出现在第二章，排在曾参之前，这足以说明有若在孔门的地位。

其二，《史记》写孔子去世后，有若被孔门弟子当作孔子的替身来参拜，原因是"状似孔子"，也就是跟孔子长得像。事实上，有若比孔子小 30 多岁，《孔子家语》里说他"好古道"，有若之所以被孔门弟子参拜，更多是因为他的思维方式和孔子极为接近。

如何了解一个人的思维？最直接的办法就是听他说话。语言是思维的具体呈现，"有子之言似夫子"，其相似之处并不在于内容或声音，而在于如何思考。

二 · 一次互不相让的争论

有子问于曾子曰:"问丧于夫子乎?"曰:"闻之矣。丧欲速贫,死欲速朽。"有子曰:"是非君子之言也。"曾子曰:"参也闻诸夫子也。"有子又曰:"是非君子之言也。"曾子曰:"参也与子游闻之。"有子曰:"然。然则夫子有为言之也。"

——《有子之言似夫子》

作为孔子的学生,有若和曾参都比孔子小很多。一般认为,有若比孔子小 33 岁,曾参比孔子小 46 岁。当年孔子的教学方式是因材施教,而且往往是"户外课堂",随时随地开展教学,这就使得不同弟子听到的教诲有些差别。所以,孔门弟子也经常聚在一起讨论问题,互通有无,这个习惯一直延续到孔子逝世之后。

某日,有若向曾参请教道:"问丧于夫子乎?"这里的"丧",指的是丢官。如果丢了官,应该怎么办?显然,有若自己并没有听孔子讲过相关的事,而此时孔子已去世,所以他找来同门的曾参询问。曾参表示,老师还真讲过,说的是"丧欲速贫,死欲速朽"。什么意思呢?"丧欲速贫",简单说就是丢官以后,最好赶紧破产——颇有些幸灾乐祸的意思。除了这句,曾子还"买一送一",说孔子还说了句"死欲速朽",就是死了以后,最好赶紧腐烂。

丢了官赶紧完蛋,死了赶紧腐烂,这是孔子的观点?有若当即表示:不可能,绝对不可能!这种话哪儿能是孔老师这种君子说的?可曾参很笃定:老师讲的时候,我就在边上呢!谁知有若仍然不信:这不可能是一位君子的观点!曾参也较上劲了:不信你去问子游,他当时也在!

子游的年纪和有若差不多,是孔子七十二贤徒中唯一的南方人,有"南方夫子"之称。可哪怕有子游做证,有若虽然口气缓和了一点儿,但仍不相信:好吧,就算夫子说过,也一定有别的原因!

三 ·· 子游口中的真相

曾子以斯言告于子游。子游曰:"甚哉,有子之言似夫子也!昔者夫子居于宋,见桓司马自为石椁,三年而不成。夫子曰:'若是其靡也,死不如速朽之愈也。'死之欲速朽,为桓司马言之也。南宫敬叔反,必载宝而朝。夫子曰:'若是其货也,丧不如速贫之愈也。'丧之欲速贫,为敬叔言之也。"

——《有子之言似夫子》

子游听完曾参的转述后,大吃一惊:有若说的话,和夫子说的太像了!"丧欲速贫,死欲速朽"的确是孔子所说的,但另有隐情。

原来,当年孔子周游列国,在宋国住过一段时间。孔子是宋国人的后裔,和宋景公同宗同族,因为当时已经名闻天下,所以受到了宋景公的高度重视。这就让时任宋国大司马、手握宋国军政大权的桓魋非常不爽,他觉得自己的权势受到了威胁,不但屡次对宋景公说孔子的坏话,还派人前去劫杀孔子。孔子对桓魋的态度很有意思,他一边离开宋国,一边对弟子们说:"天生德于予,桓魋其如予何!"我的德行是上天赋予的,区区桓魋能把我怎样?话虽这么说,该躲咱就躲;虽然躲着他,依旧鄙视他。这就叫战略上的藐视,战术上的重视。

桓魋这个人，除了嫉贤妒能，还以权谋私。桓魋派人给自己打造厚重的石椁，以待死后使用。"椁"是棺材外面套的大棺材，可以保护里面的棺木。一般人做椁使用的是木材，而桓魋为了彰显地位，特意派人用石材打造，而且三年都没造完，可谓劳民伤财。孔子本就瞧不上桓魋，听说这件事之后，就说了句"死欲速朽"——死了赶紧烂掉算了，这么耗费财物干什么呢？

显然，孔子讲这话是在讥讽桓魋。我们绝不能忽视具体语境，不能因孔子说过某话，就认为那是孔子的观点。有若所说的"夫子有为言之"，就是这个意思。

至于"丧欲速贫"，自然也有具体语境。子游说，孔子说的是南宫敬叔。南宫敬叔本是鲁国大夫，也做过孔子的学生，在丢掉官位后一度离开了鲁国。后来他回国，拉着满车宝物入朝，以求复官。孔子对这种行为表示不齿，他认为如果一个人为了谋官而到处行贿，那还不如赶紧破产，于是说出了"丧欲速贫"。所以，简单把"丧欲速贫"当作孔子的观点，也是断章取义。

很多人今天仍然犯同样的错误，听到某句话后，不管前因后果，也不顾说话人的意图，就想当然地认为是字面意思。特别是在网络时代，碎片化信息充斥，特定场合下的只言片语很容易被别有用心的人拿来大做文章，因此，我们尤其要有自主判断的能力。

读到这里，不得不惊叹，有若不像子游，他并不知道孔子说的是桓魋和南宫敬叔，却也做出了极为准确的判断。他究竟是如何推断的呢？

四 ·· 有若的高明之处

> 曾子以子游之言告于有子。有子曰："然。吾固曰非夫子之言也。"曾子曰："子何以知之？"有子曰："夫子制于中都，四寸之棺，五寸之椁，以斯知不欲速朽也。昔者夫子失鲁司寇，将之荆，盖先之以子夏，又申之以冉有，以斯知不欲速贫也。"
>
> ——《有子之言似夫子》

听完子游的话，曾参对有若大为佩服，但也十分好奇。他又一次找到有若，除了告诉他事情的真相，也顺带表明自己的困惑：你怎么这么料事如神？

有若说，很简单，看看孔夫子自己怎么对待"死"和"丧"就知道了。起初孔子做中都宰（今山东汶上县的主政官员），就曾制定了下葬的规矩：棺要四寸厚，椁要五寸厚。假如孔子认为人死了就该赶紧腐烂，怎么还会制定这样的规矩呢？后来，孔子辞掉鲁国大司寇（鲁国最高司法长官）的职位，花了十几年周游列国，推行自己的主张。在快要到达楚国的时候，孔子还相继派出子夏和冉有，让他们提前进入楚国了解情况。假如孔子觉得丢了官就该赶紧完蛋，他又怎么会做出这样的行为呢？

由此可见，有若不只听一个人说的话，还会考察他平时的行为，从而做出全面的判断。《论语》中记载了孔子的这样一句话："始吾于人也，听其言而信其行；今吾于人也，听其言而观其行。"孔子早年也轻信别人的言辞，但最后发现很多人仅是说得好听，却并不真正去做。后来，孔子除了听别人说什么，还观察别人做什么，看言行是否一致。这样既可以发现言行不一的人，又可以辨别传言的真伪。

有若最初听到传言时并没有轻易相信，也没有因为某些话是孔子亲口所说，就奉为圭臬。他始终独立思考和自主判断，保持着敏锐的洞察力和清晰的逻辑思维能力，这就能做出正确的判断，避免了人云亦云或断章取义。难怪孔门弟子会将他视为孔子的接班人——有子之言似夫子，诚然不虚。

20 《桃花源记》：学会给人讲故事

导语

《桃花源记》可谓家喻户晓，直到今天，我们仍然使用"世外桃源"来形容与世隔绝、生活安乐的理想世界。很多人都十分向往《桃花源记》塑造的那个美丽的桃源村庄，但倘若结合陶渊明所处的时代环境来细读全文，你就会发现这个村庄并没有表面看起来的那么简单。《桃花源记》的故事尽管美丽，背后却充满诡异。

《桃花源记》原文

晋太原[1]中,武陵[2]人捕鱼为业。缘[3]溪行,忘路之远近。忽逢桃花林,夹岸数百步,中无杂树,芳草鲜美,落英缤纷。渔人甚异之。复前行,欲穷其林。林尽水源,便得一山。山有小口,仿佛若有光。便舍船,从口入。

初极狭,才通人。复行数十步,豁然开朗。土地平旷,屋舍俨然[4],有良田、美池、桑竹之属[5]。阡陌[6]交通,鸡犬相闻。其中往来种作,男女衣着,悉如外人。黄发垂髫[7],并怡然自乐。见渔人,乃大惊,问所从来,具答之。便要[8]还家,设酒杀鸡作食。村中闻有此人,咸来问讯。自云先世避秦时乱,率妻子邑人[9],来此绝境,不复出焉,遂与外人间隔。问今是何世,乃不知有汉,无论魏晋。此人一一为具言所闻,皆叹惋。余人各复延至其家,皆出酒食。停数日,辞去。此中人语云:"不足为外人道也。"

既出,得其船,便扶[10]向路,处处志[11]之。及郡下[12],诣[13]太守,说

1. 太原:应作"太元"。东晋孝武帝司马曜的年号(376—396)。
2. 武陵:郡名,治所在今湖南常德。
3. 缘:沿。
4. 俨然:形容整齐的样子。
5. 属:类。
6. 阡陌:田间小路。
7. 黄发垂髫(tiáo):指老人、小孩。黄发,旧说人老后头发由白变黄。髫,小孩额前垂下的头发。古时童子不束发,故称"垂髫"。
8. 要(yāo):同"邀"。
9. 邑人:同乡人。
10. 扶:沿着。
11. 志:做标记。
12. 郡下:武陵城下。
13. 诣(yì):拜访。
14. 刘子骥:晋隐士。
15. 亲往:一本作"规往"。
16. 问津:本意指询问渡口所在,这里指探寻、访求。津,渡口。

如此。太守即遣人随其往，寻向所志，遂迷，不复得路。

南阳刘子骥[14]，高尚士也，闻之，欣然亲往[15]，未果，寻病终。后遂无问津[16]者。

一 ·· 破题：桃花源记

晋太原中，武陵人捕鱼为业。缘溪行，忘路之远近。忽逢桃花林，夹岸数百步，中无杂树，芳草鲜美，落英缤纷。渔人甚异之。复前行，欲穷其林。

——《桃花源记》

"晋太原中，武陵人捕鱼为业。"文章用讲故事的口吻开篇，简明交代了事情发生的时间、地点和人物：东晋太元年间，在武陵有个人靠捕鱼为生。"缘溪行，忘路之远近"，有一天，他顺着小溪行船，不知不觉走了很远，来到了一个陌生的地方。

"忽逢桃花林，夹岸数百步，中无杂树，芳草鲜美，落英缤纷。"这片桃花林出现得很突然，毫无铺垫和征兆，故而文章用了"忽"字。而且，桃花林很大，里面竟然连一棵别的树都没有，而是整整齐齐的桃树，桃花瓣瓣飘落，十分漂亮。渔人对这凭空出现的美景感到十分诧异，于是继续前行，想要看看林子的尽头究竟有些什么。

假如你熟悉志怪小说，那你对这样的场景应该不会感到陌生：某人某天迷了路，突然来到一个美丽的地方，要么是高大的房舍屋宇，要么是奇异的花丛密林，主人公经历了一番神奇遭遇后，时过境迁，才发现此处竟是野外荒丘。

事实上，志怪小说的流行就源自魏晋南北朝时期。鲁迅在他的《中国小说史略》中说，"自晋讫隋，特多鬼神志怪之书"。当时的文人圈也非常流行创作志怪小说，比如中国现存最早的志怪小说集《搜神记》，其作者干宝就是东晋史官，比陶渊明早几十年。甚至有一本《搜神后记》，所题作者就是陶潜（即陶渊明）。

此外，桃树也与志怪颇为有关——桃木有"鬼怖木"之称，自古有桃木可镇灾避邪之说。桃花林也在某些志怪故事里被用作阴阳两界的分割线，例如东汉王充在《论衡》里就曾引用一个《山海经》的故事：东海度朔山上有一片绵延三千里的桃花林，其枝间，东北是鬼门，供万鬼出入。

看到这里，我们可以做一个大胆的假设：有没有一种可能，陶渊明在写《桃花源记》时，有意借助了当时流行的志怪故事外壳呢？若果真如此，陶渊明想要借此表达什么？

二·美丽而诡异的村庄

林尽水源，便得一山。山有小口，仿佛若有光。便舍船，从口入。

初极狭，才通人。复行数十步，豁然开朗。土地平旷，屋舍俨然，有良田、美池、桑竹之属。阡陌交通，鸡犬相闻。其中往来种作，男女衣着，悉如外人。黄发垂髫，并怡然自乐。见渔人，乃大惊，问所从来，具答之。便要还家，设酒杀鸡作食。村中闻有此人，咸来问讯。自云先世避秦时乱，率妻子邑人，来此绝境，不复出焉，遂与外人间隔。问今是何世，乃不知有汉，无论魏晋。此人一一为具言所闻，皆叹惋。余人各复延至其家，皆出酒食。停数日，辞去。此中人语云："不足为外人道也。"

——《桃花源记》

    等渔人行船到小溪的尽头，桃花林不见了，取而代之的是一个奇怪的山洞。"山有小口，仿佛若有光。"山洞本身不稀奇，稀奇的是从里面竟隐约透出光来。由于已经是在小溪的尽头，船无法继续前进，渔人便舍下船，从洞口走了进去。刚进山洞，路窄得出奇，将将容一人通过。渔人被山洞另一侧的光亮吸引，坚持走了几十步路之后，天地一下子开阔起来。

    呈现在渔人面前的是一座美丽安宁的村庄。这里有平整宽广的土地，整齐划一的房屋，举目四望，到处是肥沃的农田、美丽的池塘和高大的桑竹。村庄的道路交错相通，不时传来鸡鸣狗叫的声音。这里的男男女女辛勤地劳作，衣着打扮与外面的人并无不同，老人和孩子们都高高兴兴，无忧无虑。

    就在渔人四处打量时，村里的人发现了他。他们对闯入者极为吃惊，询问渔人从何而来。等听完渔人的自述，就有人将他邀请到家中做客，还端上了丰盛的酒菜。其他村民听说有人从外面的世界进来，也都纷纷赶来探问。从他们口中，渔人才知道这些人的祖先是在躲避秦朝祸乱时过来的，从那之后再没有出去过。

    许多人都被陶渊明笔下的这个美丽桃花源吸引，却忽视了故事里的诡异之处。且不说为何里面的人从来没有出去过，单是"男女衣着，

肆　文章

悉如外人"这一句，就不符合常理。文章开篇便提到故事发生在晋太元年间，假如里面的人在秦朝时期就来此避难，那他们的穿衣风格理应和外人有很大的差别。既然村人从未出去过，为何要特意强调他们的穿着和外人一样呢？

但假如我们顺着志怪故事的思路来理解，就很容易说通了：这些人早已在秦时祸乱中死去，他们穿的很可能是后人祭祀时焚化的冥衣。而进入桃花源时那个"初极狭，才通人。复行数十步，豁然开朗"的奇特通道，也恰恰符合魏晋时期的墓地结构：外面的甬道狭长，里面的墓穴则很宽敞。且阴阳有别，村里人在看到渔人时会大惊失色也就不奇怪了。

当然，我并不认为陶渊明是要讲一个鬼故事，他只是借助当时最盛行的志怪结构来暗示我们，这样的桃花源并非世间所有。桃花源的世界是祥和美好的，人与人之间并无争斗，而且热情好客。这里的人在听到两汉魏晋发生的事情后，都为世人的悲惨遭遇感到悲哀。这些年里，百姓屡遭战乱，这个世外之地却独享安宁。此时我们便能理解故事采用志怪结构的讽刺性了：人虽活着，却连鬼都不如。

桃花源的人款待了渔人许多天，直到他告辞。在渔人临行前，村里的人专门叮嘱他要保密："不足为外人道也。"这一句正是为下文埋下的伏笔，世道凶险，假如外面的人知道有桃花源的存在，那么这里必将不得安宁。可渔人毕竟也是"外人"，他会不会替村民们保守秘密呢？

三 · 尔虞我诈的现实世界

既出，得其船，便扶向路，处处志之。及郡下，诣太守，说如此。太守即遣人随其往，寻向所志，遂迷，不复得路。

南阳刘子骥，高尚士也，闻之，欣然亲往，未果，寻病终。后遂无问津者。

——《桃花源记》

辞别村人后，渔人顺着原路从山洞中出来，找回了自己的船。于是，他便沿着来时的路行船返回，但一路上做了各种记号。在读到"处处志之"四个字的时候，我常常不寒而栗：人心险恶，这个表面上和善老实的渔人，非但没有感激村民的热情招待，反而从一开始就留了私心。村里人特意嘱咐他不要对外人说起，他却刻意标记。等一回到郡下，渔人就迫不及待地向太守报告了一切，赤裸裸地出卖了好心的村民。

读到这里，我们可以感受到陶渊明藏于字里行间的那种气愤。在陶渊明生活的时代，人与人之间的尔虞我诈，比鬼还要可怕。这样的写法一直影响到蒲松龄的《聊斋志异》：鬼狐常常是重情义的，自私自利的却是人。这些故事透露的正是作者对现实深刻的批判和辛辣的讽刺。

陶渊明毕竟是善良的，热爱田园生活的他给了故事一个美好的结局，也让后世许多人对这个美丽的桃花源始终怀有期待和幻想。太守立即派人跟随渔人前往，却并没有根据记号找到当初那个地方。从现实的角度看，桃花源似乎得到了保全，但从志怪小说的角度来说，桃花源本就不属于这个世界。

故事的结尾也颇为有趣：南阳有一位刘子骥先生，在听说了桃花源的事情后，非常开心地打算前去一探究竟，可惜没有实现，不久后便去世了。从此之后，世上再没有人打听桃花源的位置了。陶渊明就用这样一种结尾，让美丽的桃花源永远地隐藏在传说和梦幻里。

任何认为桃花源真实存在的人，都不理解陶渊明写这个故事的深意。讲故事本身就是一种情感和思想的表达，通过这个志怪故事，陶渊明把自己对黑暗现实的批判讽刺和对美好世界的向往表达得淋漓尽致，令千载之后的我们读完仍浮想联翩，叹息不已。

21 《兰亭集序》：生死之外无大事

导语

提到《兰亭集序》，书法爱好者无一不晓，因为其原作在书法史上被称为"天下第一行书"。每一种书体都有其独特之处，隶书古朴典雅，楷书方正严谨，行书潇洒飘逸。能够写出"天下第一行书"的人，内心一定是非常洒脱的，能够做到人书合一。本篇不谈书法，只欣赏文章的风采。

《兰亭集序》原文

　　永和九年[1]，岁在癸丑，暮春之初，会于会稽[2]山阴之兰亭[3]，修禊[4]事也。群贤毕至，少长咸集。此地有崇山峻岭，茂林修竹，又有清流激湍，映带[5]左右，引以为流觞曲水[6]。列坐其次[7]，虽无丝竹管弦之盛，一觞一咏[8]，亦足以畅叙幽情。是日也，天朗气清，惠风和畅，仰观宇宙之大，俯察品类之盛，所以游目骋怀[9]，足以极视听之娱，信可乐也。

　　夫人之相与[10]，俯仰一世。或取诸怀抱，晤言[11]一室之内；或因寄所托，放浪形骸之外。虽取舍万殊，静躁不同，当其欣于所遇，暂得于己，快然自足，曾不知老之将至。及其所之既倦，情随事迁，感慨系之矣。向之所欣，俯仰之间，已为陈迹，犹不能不以之兴怀。况修短随化[12]，终期于尽。古人云："死生亦大矣。"[13]岂不痛哉！

　　每览昔人兴感之由，若合一契[14]。未尝不临文嗟悼[15]，不能喻之于怀。固知一死生为虚诞，齐彭殇[16]为妄作。

1　永和九年：公元353年。永和，晋穆帝年号。
2　会（kuài）稽：古郡名，郡治在山阴（今浙江绍兴）。
3　兰亭：位于今绍兴城区西南13公里的兰渚山麓，是王羲之的园林住所。
4　修禊（xì）：古时濯除不洁的习俗。于阴历三月上巳日（三国魏以后定为夏历三月初三），临水洗濯，借以祓除不祥。
5　映带：景物相互映衬，彼此相连。
6　流觞（shāng）曲水：于环曲的水流旁宴集，在水的上流放置杯口处有两个对称的杯把的酒杯，任其顺流而下，杯停在谁的面前，谁就取饮。觞，酒杯。
7　次：处所，地方。
8　一觞一咏：指饮酒和咏诗。
9　骋（chěng）怀：尽展胸怀。
10　相与：往来，结交。
11　晤言：晤谈，对谈。
12　化：造化。
13　语出《庄子·德充符》。

后之视今，亦犹今之视昔。悲夫！故列叙时人，录其所述。虽世殊事异，所以兴怀，其致一也。后之览者，亦将有感于斯文。

14　契：投合、契合。
15　嗟悼：嗟叹哀悼。
16　彭殇：指长寿与夭折。彭，彭祖，传说他活了800岁，长寿的代表。殇，未成年而死。

一 ·· 破题：兰亭集序

王羲之生活在东晋，而魏晋时期被称为中国历史上有名的"洒脱时代"，用一句话概括：生死之外无大事。

魏晋时期的笔记小说《世说新语》中就有很多这样的例子。比如夏侯玄，某天他正倚着柱子写字，突然天降大雨，一道惊雷劈过来，劈裂了他身后的柱子，还烧着了他的衣服。旁边的人吓得都站不住了，可夏侯玄只是淡定地拍了拍衣服，接着写字。

再比如东晋名臣谢安，他曾担任淝水之战的总指挥。前方战报到来时，谢安正和朋友下棋，他看完战报面不改色，在大家的焦急询问下才平淡地说了句"打赢了"。

王羲之也是一个洒脱的人。成语"东床快婿"说的就是王羲之。当朝太尉郗鉴派人到王家选女婿，王家子弟精心打扮，非常热情，只有王羲之露着肚皮在东厢房吃东西。使者回来很气愤地跟太尉讲王羲之的态度，可没想到太尉就选了这个躺着的小伙儿，因为他最洒脱！

年轻时的王羲之如此洒脱，而在写《兰亭集序》时，王羲之约50岁，在这篇文章里，他有些不淡定了。让我们从这场发生在春天的美好集会说起。

二·春天的故事

> 永和九年，岁在癸丑，暮春之初，会于会稽山阴之兰亭，修禊事也。群贤毕至，少长咸集。此地有崇山峻岭，茂林修竹，又有清流激湍，映带左右，引以为流觞曲水。列坐其次，虽无丝竹管弦之盛，一觞一咏，亦足以畅叙幽情。
>
> ——《兰亭集序》

文章开篇便点出了集会的时间。"永和"是晋穆帝的年号，晋穆帝九年，按照古代的天干地支纪年法就是癸丑年。"暮春之初，会于会稽山阴之兰亭，修禊事也。""暮春之初"是春天即将结束时，此时正值三月三日上巳节，古人有去水边洗濯嬉游的习俗，称为"禊事"，寻一个美丽的地方踏青，体会"流水落花春去也"的别样风情。

春光美好，但即将逝去，人会有怎样的感慨？一方面，为春景柔美而喜；另一方面，为春景易逝而悲。这一喜一悲，正是《兰亭集序》的情感基调。也就是说，文章第一句就埋下了"喜"与"悲"两条情感主线。

借景抒情，是许多作家使用的写作手法。例如，《红楼梦》中的"共读西厢"和"黛玉葬花"都发生在春夏之交——"三月中浣"，与《兰亭集序》里所说的"暮春之初"相近。在美好却即将消逝的春光里，宝玉在沁芳闸桥边的桃花树下偷读《西厢》，一阵风吹来，桃花落了一身、一书、一地，非常美。黛玉见状，情动之余又不由觉得美景易逝、人生短暂，于是有了"花谢花飞花满天，红消香断有谁怜"的感慨。

王羲之参加的这次集会也是如此。文章没有具体交代与会者们的名字，而是用整体视角描述了当时的盛况："群贤毕至，少长咸集。"首先，有名望、有才华的人都来了，据说有40多人。其次，老的少的都来了，几代人都在。根据资料，当时除了谢安这样有名望的前辈，还有王羲之的儿子等后起之秀。

　　"此地有崇山峻岭，茂林修竹，又有清流激湍，映带左右，引以为流觞曲水。"这句话交代了兰亭的环境之美：既有"崇山峻岭"这样的远景，又有"茂林修竹"这样的近景；身处之地，不管是极目远眺，还是环顾四周，都有美景映入眼帘，有山有竹，清溪环绕。

　　面对如此美景，到场的雅士高朋便"列坐其次"，玩起了"曲水流觞"的游戏。"觞"就是酒杯，古代酒杯的杯口处有两处突起，像一对小小的"翅膀"，所以又称"羽觞"，它可以使酒杯在水中漂浮。"流觞"就是将酒杯放在水中，让它循流而下，漂到谁面前，谁就要饮酒作诗。在今天的绍兴兰亭，仍保留着类似"流觞"的活动。

　　"虽无丝竹管弦之盛，一觞一咏，亦足以畅叙幽情。""一觞"就是喝一杯漂到面前的酒，"一咏"则是喝完酒后要作诗吟咏。在场的人都是饱学之士，临场赋诗自然不在话下。尽管并无歌舞管弦，但这样一杯酒接着一杯酒，一首诗接着一首诗，也足以畅快地表达胸中之情了。这些诗歌在集会后便辑成了一本诗集——《兰亭集》，其序言就是《兰亭集序》。

三·· 第一种情感

　　是日也，天朗气清，惠风和畅，仰观宇宙之大，俯察品类之盛，所以游目骋怀，足以极视听之娱，信可乐也。

夫人之相与，俯仰一世。或取诸怀抱，晤言一室之内；或因寄所托，放浪形骸之外。虽取舍万殊，静躁不同，当其欣于所遇，暂得于己，快然自足，曾不知老之将至。

——《兰亭集序》

集会的第一种情感自然是快乐，它伴随着我们在人生中的美好际遇而来，让人流连忘返。

"是日也，天朗气清，惠风和畅，仰观宇宙之大，俯察品类之盛，所以游目骋怀，足以极视听之娱。"这是诗人们在集会中感受到的快乐：在这个美丽的春天，晴空万里，凉风习习，眼前这片广袤的天地和万物生灵，使人心生欢喜。

王羲之则由眼前的快乐，想到了人生的更多乐趣。"或取诸怀抱，晤言一室之内；或因寄所托，放浪形骸之外。虽取舍万殊，静躁不同，当其欣于所遇，暂得于己，快然自足。"人生的快乐有许多，有的人喜欢安坐屋中，或读书或静思，借以观照内心；有的人则喜欢行万里路，在对世界的探索中寄托情感或印证自我。生命中总有一些人或事，会让人感到满足和欣喜，甚至感觉不到时间的流逝。

王羲之在书写"乐"的间隙，偷偷穿插了"人之相与，俯仰一世"和"曾不知老之将至"两个短句，而时光易逝正是乐极生悲的缘由。快乐之时，最难察觉时间的流逝。正因如此，当快乐戛然而止时，悲伤才来得猝不及防。

四 ·· 第二种情感

及其所之既倦，情随事迁，感慨系之矣。向之所欣，俯仰之间，已为陈迹，犹不能不以之兴怀。况修短随化，终期于尽。古人云："死生亦大矣。"岂不痛哉！

——《兰亭集序》

快乐是多种多样的，但不管是怎样的快乐，最终都将结束和消失。

首先，人总是向往自己未曾得到的事物，而对已经获得的事物会逐渐失去兴趣。"所之既倦，情随事迁"，那些曾经让人兴奋的梦想一旦实现，就失去了它们的魅力。

其次，即便我们保持初心，那些美好的事物又是否可以长存？"向之所欣，俯仰之间，已为陈迹"，美丽的人和物，无一经得起岁月的摧残，让人不禁感慨"林花谢了春红，太匆匆"，"自是人生长恨水长东"！

尽管世上有赏不完的流水和明月，但我们的生命是有限的。"修短随化，终期于尽"，人能活多久并不由自己掌握，不论寿命长短，人都会走向生命的尽头。我们终将告别人世间的一切美好，每念及此，又怎能不心痛！

那么，我们究竟该如何度过这让人既"乐"又"悲"的人生呢？

五 ·· 《兰亭集序》教会了我们什么？

每览昔人兴感之由，若合一契。未尝不临文嗟悼，不能喻之于怀。固知一死生为虚诞，齐彭殇为妄作。后之视今，亦犹今之视昔。悲夫！故列叙时人，录其所述。虽世殊事异，所以兴怀，其致一也。后之览者，亦将有感于斯文。

——《兰亭集序》

《兰亭集》中的作品虽多，却无一逃过"乐"与"悲"这两种情感。王羲之继续感慨，以前，我常在古人的诗文中读到同样的感受，简直像信物一般契合。我也曾对着古人的诗文感慨，但心里仍无法真正明白。

这句话从侧面表达了王羲之对兰亭雅集的感受，因为正是这场美好到极致的集会，让他真正体验到了无与伦比的快乐，也让他对"乐极生悲"感同身受。

"固知一死生为虚诞，齐彭殇为妄作。"所谓"一死生"就是认为死和生是不可分割的整体，并没有太大的差别。《庄子》里有个"鼓盆而歌"的故事，说庄子的妻子去世时，惠子前去吊唁，却发现庄子在敲着盆高歌。这可把惠子气坏了，他认为庄子没良心。庄子却说，生和死只不过像四季轮回，自己的妻子只是变成另一种形态，去了另一个地方，所以悲伤是没有意义的，不如为她唱首歌，送她去远方。

什么叫"齐彭殇"呢？"彭"是指彭祖，据说他活了800岁，是长寿的代表；"殇"则是指还未成年就死了的人。《庄子》认为长寿与夭折都只是相对概念，"彭"和"殇"的差别并不大。在活了亿万年的生命面前，800年只是一瞬间；而和许多只能活一个夏季的生命相比，哪怕是十几年也已经相当漫长了。所以从这个意义上讲，追求生命的长度并无意义，更重要的是人生的每分每秒如何度过。

"一死生"和"齐彭殇"都是道家的思想观点，在魏晋时期非常流行。以洒脱著称的王羲之非常熟悉这种思想。但这场美妙的集会仍使他无比留恋，甚至让他抛却理性，直面自己的内心：生命太美好了，怎么能说生命的长和短没有区别呢？

　　"后之视今，亦犹今之视昔。悲夫！"王羲之说："未来的人看今天的人，就像今天的人看古代的人。"其实，我们今天读王羲之的《兰亭集序》，就是所谓的"后之视今"，那么美的春天，那么美的风景，那么好的一群人，就这样随着时间消逝了，这是多让人难过的事啊！

　　"故列叙时人，录其所述。虽世殊事异，所以兴怀，其致一也。"在王羲之看来，正因为人生易逝，我们才要记录人生。哪怕未来沧桑变幻，人的情感底色也不会改变，并将永远为这人生的"乐"与"悲"而感慨。未来的人们虽然无法目睹前人的生命与遭遇，却可以从前人留下的文字中感受到他们生命的悸动。这便是《兰亭集》这本诗集存在的意义。

　　本来《兰亭集序》只是一本诗集的序言，但它的立意极高，使得它的名气远远超出了诗集里的任何一首诗。王羲之想要表达的是，世界很美好，人生很短暂，所以我们要把这些短暂的美好记录下来，这正是结集的意义。

　　读完《兰亭集序》，我们也应当明白，人生短暂，所以更应该珍惜、记录、体会我们身边美好的人和事。在懂得人生的乐与悲之后，我们更要珍惜自己的生命，体会生命中每一个美好的瞬间，哪怕不能将它们留在纸上，也要将它们长留心间。

22 《与韩荆州书》：李白如何自我介绍

导语

　　假如要给某位大人物写一封自荐信，你会怎么写？很多人拿捏不好，不知道该低调还是高调。写得低调，感觉有点儿乏善可陈；写得高调，又有自卖自夸之嫌。如果感到为难，不妨看看这篇《与韩荆州书》，这是唐朝大诗人李白写的"自荐信"。

《与韩荆州书》原文

白[1]闻天下谈士[2]相聚而言曰:"生不用封万户侯[3],但愿一识韩荆州。"何令人之景慕[4]一[5]至于此!岂不以周公之风,躬吐握[6]之事,使海内豪俊[7],奔走而归之,一登龙门[8],则身价十倍。所以龙蟠凤逸[9]之士,皆欲收名定价于君侯[10]。君侯不以富贵而骄之,寒贱而忽之,则三千之中有毛遂[11],使白得颖脱而出,即其人焉。

白,陇西布衣[12],流落楚汉。十五好剑术[13],遍干[14]诸侯。三十成文章,历抵卿相。虽长不满七尺,而心雄万夫[15]。皆王公大人,许与气义[16]。此畴曩心迹[17],安敢不尽于君侯哉!

君侯制作侔神明[18],德行动天地,笔参造化[19],学究天人[20]。幸愿开张心颜[21],不

1 白:李白自称。古人写信,自称其名以示恭敬。
2 谈士:游说之士,辩士。此指当时一些为功名而奔走活动的人。
3 万户侯:汉朝制度,诸侯食邑,大者万户。此取其官高爵显之意。
4 景慕:景仰爱慕。
5 一:竟然。
6 躬:亲自。吐握:吐哺、握发的缩略语。《韩诗外传》记载,周公不敢轻慢来访者而"一沐(洗头)三握发,一饭三吐哺(嘴里嚼着的食物)",显示求贤若渴。
7 豪俊:有才德的人。
8 登龙门:比喻得到有声望者的接引。
9 龙蟠凤逸:比喻豪杰之士潜藏闲居,如龙蛰伏深渊,如凤闲适安逸。
10 收名:获得美名。定价:确定评价。君侯:唐人对贵官的尊称。此指韩荆州。
11 毛遂:相传战国时赵平原君有门客三千,毛遂在门客中是不被重视的。后秦围赵都邯郸,赵派平原君出使楚国求援,毛遂自荐同去,终于帮助平原君与楚国订立了盟约。
12 布衣:平民,也指无官职的读书人。
13 十五:指少年时期,不一定确指15岁。剑术:击剑之术。
14 遍干:广泛求见。
15 心雄万夫:心志比万夫都高。
16 许:称许。气义:雄伟的志节和正义的精神。
17 畴曩(chóunǎng):从前。心迹:抱负和事迹。
18 制作:此指制定典章的功业。侔(móu):等于。神明:天神。
19 笔:文笔。造化:自然化育之道。

肆 文章 257

以长揖[22]见拒。必若接之以高宴[23]，纵之以清谈[24]，请日试万言，倚马可待[25]。今天下以君侯为文章之司命，人物之权衡，一经品题，便作佳士；而今君侯何惜阶前盈尺之地，不使白扬眉吐气、激昂[26]青云耶？

昔王子师为豫州[27]，未下车[28]即辟荀慈明[29]，既下车又辟孔文举[30]。山涛[31]作冀州，甄拔三十余人，或为侍中、尚书，先代所美。而君侯亦一荐严协律[32]，入为秘书郎[33]；中间崔宗之、房习祖、黎昕、许莹之徒，或以才名见知，或以清白见赏。白每观其衔恩抚躬[34]，忠义奋发。白以此感激，知君侯推赤心于诸贤之腹中，所以不归他人，而愿委身国士。倘急难有用，敢效微躯[35]。

且人非尧舜，谁能尽善？白谟猷筹画[36]，安能自矜[37]？至于制作[38]，积成卷轴，则欲尘秽视听[39]，恐雕虫小技，不

20	究：探究。天人：天道和人事的深微之处。
21	幸愿：希望。开张：展开。心颜：心胸颜面。
22	长揖：拱手自上而至极下，古时宾主以平等身份相揖之礼。与拜相比，见贵官而行长揖之礼是高傲的表现。
23	接：接待。之：指代李白自己。下句中同。高宴：盛大的宴席。
24	纵：纵任。清谈：本指玄谈，此指尽情畅谈。
25	倚马可待：形容文思敏捷。
26	激昂：奋发。
27	王子师：东汉王允，字子师。汉灵帝时任豫州刺史。
28	下车：指官吏到任。
29	辟：征召。荀慈明：名爽，被征召为州从事。
30	孔文举：名融，亦被征召为州从事。
31	山涛：字巨源，西晋人，竹林七贤之一，曾任冀州刺史。
32	严协律：名不详。或以为指严武。协律：协律郎，掌乐律之官。
33	入：指入朝为官。秘书郎：秘书省的郎官，掌图书经籍。
34	衔恩：感恩。抚躬：省察自己。
35	敢效微躯：愿献出自己的生命。微躯，谦辞，指自己。
36	谟猷（yóu）筹画：谋划打算。指政治上出谋划策。
37	安能自矜：怎能自夸。
38	制作：此指诗文创作。
39	尘秽视听：谦辞，意谓自己的作品可能会玷污韩荆州的耳目。尘秽，脏物，这里用作动词。
40	刍荛（chúráo）：原意为割草采薪者，引申为草野之民。此指自己的诗文，自谦不佳。
41	兼：加上。书人：抄写的人。
42	轩：小屋。
43	缮（shàn）：誊抄。

合大人。若赐观刍荛⁴⁰，请给纸笔，兼之书人⁴¹，然后退扫闲轩⁴²，缮⁴³写呈上。庶青萍、结绿⁴⁴，长价于薛、卞⁴⁵之门。幸推下流⁴⁶，大开奖饰。惟君侯图⁴⁷之！

44 庶：庶几，表希望。青萍、结绿：宝剑名和美玉名，比喻自己的文章。
45 薛、卞：薛烛，春秋时越人，善识剑。卞和，春秋时楚人，善识玉。此以喻韩荆州，赞扬他有知人之明。
46 幸推：希望能够推举。下流：指处于下位之人。
47 惟：助词，表希望语气。图：考虑。

一 · 破题：与韩荆州书

韩荆州是谁？此人名朝宗，当时正担任荆州长史，故称"韩荆州"。韩朝宗出身名门，是唐朝名臣韩思复的长子，年纪轻轻就中了进士。在做荆州长史前，他还做过左拾遗，在京中颇有人缘。韩朝宗虽然官职不算大，在当时的文人圈子里却相当出名，因为他有一个喜好——向朝廷举荐人才。

在唐朝，读书人想要做官，可以走两条路：一条是科举，另一条是荐举。所谓科举就是通过考试做官，这条路非常不好走，不但录取率极低，还有诸多出身方面的限制，据说李白就因为出身问题而无法参加科举考试。由于科举极难，很多人只得另辟蹊径，找在朝廷说得上话的人举荐自己。

韩朝宗这样一尊"大佛"来到荆州，自然是附近一带文人的福音，许多人纷纷前往拜见，以结识韩朝宗为荣，就连"风流天下闻"的孟浩然也不例外。后来韩朝宗从荆州离任时，孟浩然还专门写了一首名为《送韩使君除洪州都曹》的送别诗。

韩朝宗赴任荆州长史，正是李白郁郁不得志之时。当时李白已经33岁,非但无法参加科举,找人举荐也一再失败。此前,李白已经先后拜见过安州(今湖北安陆)裴长史、长安玉真公主等名流,却因遭人谗言而屡屡无果。在长安、开封、嵩山、洛阳等地游历了一圈,除了结识了崔宗之等几个新朋友,李白几乎一无所获。他苦闷地回到湖北安州的家中,却听到了一个令他惊喜的消息:韩朝宗已经来到了不远处的荆州。

韩朝宗的名字对李白而言早已如雷贯耳,李白的新朋友崔宗之就得到过韩朝宗的举荐。大喜过望的李白即刻泛舟前往,并在出发前挥毫泼墨,写下一封自荐信,这便是《与韩荆州书》。

二 · 给老板加油的求职者

白闻天下谈士相聚而言曰:"生不用封万户侯,但愿一识韩荆州。"何令人之景慕一至于此!岂不以周公之风,躬吐握之事,使海内豪俊,奔走而归之,一登龙门,则身价十倍。所以龙蟠凤逸之士,皆欲收名定价于君侯。君侯不以富贵而骄之,寒贱而忽之,则三千之中有毛遂,使白得颖脱而出,即其人焉。

——《与韩荆州书》

李白的激动之情溢于言表。这个24岁便"仗剑出蜀,辞亲远游"的天才,在仕途上一再受挫,奔波十年却一事无成,内心的失落不言而喻。但李白又是乐观的,他相信"天生我材必有用",自己这匹千里马只是还没有遇见伯乐。对素有伯乐之名的韩朝宗,李白早就心心念念地想见一面,此次有望得见,自然欣喜万分。

"生不用封万户侯，但愿一识韩荆州。"这是在天下士人中流传甚广的一句话，道出了无数怀才不遇的人渴求知己的心声。每次听到这句话，李白都在想，这是怎样一个了不起的人啊！他该像当年的周公一样惜才，"躬吐握之事"，才会使得天下才子前来投奔，并以此为荣吧！

　　周公是孔子的偶像，他先后辅佐周武王、周成王治理天下，求贤若渴。《史记》也写道，他"一沐三捉发，一饭三吐哺，起以待士，犹恐失天下之贤人"。据说有次他正在吃饭，刚把肉塞进嘴里，听说有人才前来投奔，连肉都顾不上嚼，直接吐出来，前往接见。曹操《短歌行》中的"周公吐哺，天下归心"，就是说这件事。还有一次，周公正在洗头，有人前来拜访。当时男子留长发，周公连头发都顾不上擦干，握着湿漉漉的头发就出来了。聊完之后，回去刚开始洗没多久，又来一位访客，周公就又握着头发出来一回，如是多次。

　　李白对韩荆州的称赞是非常巧妙的。他没有直接说韩荆州像周公一样惜才，这样说有些谄媚。李白只是说自己与韩荆州神交已久，在听到其他人对韩荆州的赞叹时，便曾想象韩荆州的作风，定该是像周公一样有"吐握"之德！借天下士人之口写出自己对韩荆州的倾慕，光明磊落，毫无阿谀之气。倾慕的背后，是李白多年来怀才不遇的苦闷和久旱逢甘霖的欣喜，正为下文的"求职"埋下伏笔。

　　"一登龙门，则身价十倍"，使用了李膺的典故。李膺是东汉名士，当时朝廷纲纪颓堕，《后汉书》说他"独持风裁，以声名自高。士有被其容接者，名为登龙门"。李白将韩荆州比作李膺，除了称赞他的地位，也称赞他的品格：能被韩荆州相中的人，无一不是高风亮节之士。同样，前来投奔韩荆州的人，自然也是看重韩荆州的风骨和气节，

"所以龙蟠凤逸之士，皆欲收名定价于君侯"。李白用这样的句子，既赞扬了韩荆州拔擢后进的美德和卓尔不群的风骨，也表明了自己此次前来的原因。

"君侯不以富贵而骄之，寒贱而忽之，则三千之中有毛遂，使白得颖脱而出，即其人焉。"这体现了李白强大的自信，却表达得极为得体。毛遂是战国时期赵国平原君的门客，起初并不为平原君所知。后来，毛遂向平原君自荐，但平原君不以为然，说真正的人才在世上就像口袋里的锥子，它的"颖"（锥尖）是一定会被看见的。毛遂回答说，我现在就是在请你把我放进口袋里，假如能早点儿进去，我就能早点儿"颖脱而出"了。后来，毛遂果然替平原君立下大功，后世也留下了"毛遂自荐"和"脱颖而出"两个成语。李白表示，前来投奔韩荆州的人才很多，就像当年平原君"食客三千"，希望韩荆州也能像平原君一样不看重出身，那么他必将像毛遂一样脱颖而出。

李白这段话的巧妙之处在于，他没有一上来就说自己希望得到韩荆州的举荐，而是希望韩荆州成为周公、李膺、平原君一样的人。这既是对韩荆州的称赞，也是一种期待。虽然是给自己找工作，却一直在给老板肯定和鼓励，既给了老板面子，又说明了自己的来意，所以显得不卑不亢，自信而不失分寸。

在巧妙说明来意后，李白便要做自我介绍了。

三 · 李白的自我介绍

白，陇西布衣，流落楚汉。十五好剑术，遍干诸侯。三十成文章，历抵卿相。虽长不满七尺，而心雄万夫。皆王公大人，许与气义。此畴曩心迹,安敢不尽于君侯哉!

——《与韩荆州书》

很多人在写简历或自我介绍时容易犯一个错误:长篇大论,自说自话,把自己从小到大的各种荣誉罗列一遍,恨不得连上小学时被评选为"劳动小能手"都写上去,完全不考虑对方想看什么。其实,你说得越多,对方的注意力就越分散;信息越庞杂,对方就越不知道你想表达什么。

自我介绍,不是写你经历过什么,而要写你想让对方了解什么。李白的自我介绍只用了三句话,但每句都有明确的表达目的,句与句之间也有清晰的逻辑。

第一句:"白,陇西布衣,流落楚汉。"这句话是表明自己出身寒微,只是平民百姓,没有家族背景,也一直未遇明主。韩荆州既是惜才之人,自然非常关注那些散落民间的"明珠",而李白特别使用了"流落"二字,一方面表现了自己的潦倒,另一方面希望借此引起韩荆州的怜惜和重视。那么,李白究竟有何才能,值得韩荆州关注?

第二句:"十五好剑术,遍干诸侯。三十成文章,历抵卿相。"这句话既讲述了过往经历,也表明了自己卓越的才能。这里所使用的修辞手法叫作"互文",意思是李白自幼文武双全,历年来已经遍访地方名流与达官显贵。李白用这句话向韩荆州表明,自己尽管出身寒微,却并非无能之辈,不但兼具文才武略,而且遍游四方,见过世面。可既然如此,为何至今无尺寸之功,而至于韩荆州之门?

第三句:"虽长不满七尺,而心雄万夫。皆王公大人,许与气义。"对于这句话,很多人只觉得是自夸,其实却显露了李白的尴尬与无奈。"长不满七尺"说的是身高，李白为什么突然讲自己的身高？这很可能跟古代的荐举传统有关。

李白究竟多高？假若按照唐朝的尺寸，则一尺有30厘米以上，七尺已经超过了两米，这显然不是李白此句的真实意思。这里的"七尺"，应当是沿用了汉朝以来"七尺男儿"的说法。在古代，男子二十成年，身高多在七尺左右，按汉尺来算约为一米六二。李白如今说自己"长不满七尺"，也就是身材偏矮。

然而，荐举的传统向来对容貌身材有所要求，唐人也是如此。当年王维得到玉真公主的青睐，跟他"妙年洁白，风姿郁美"的风采不无关系。这里的"虽长不满七尺"，看似是李白的豪言壮语，实则交代了他在举荐之路上屡屡受挫的重要原因。

尽管李白身材矮小，但他恃才傲物，所以"心雄万夫"正是他此前屡遭拒绝的又一个原因。"王公大人，许与气义"，表面似乎是在说王公大人都赞赏李白的气概和道义，但假如真是此意，为何王公大人不曾举荐李白？古人写文章说话都很讲究隐晦的表达，所以我认为，李白此句并非夸耀自己有多受王公大人的赏识，而恰恰是说自己因为傲气自负和不事谄媚而遭到权贵的拒绝。

也就是说，"虽长不满七尺，而心雄万夫。皆王公大人，许与气义"，这句话应该反着理解。李白身材矮小，不受重视，偏偏还恃才傲物、不懂奉承，所以长久以来得不到权贵名流的赏识。只有这样理解，李白的这三句话才浑然一体，将自己的出身、经历、才能，以及怀才不遇的原因交代得清清楚楚。

"此畴曩心迹，安敢不尽于君侯哉！"李白将自己的过往和心路历程对韩荆州和盘托出，也是相信韩荆州不会像其他"王公大人"那样以貌取人，或者只看重那些溜须拍马之徒。所以在接下来的文字里，李白讲述了韩荆州的与众不同。

四 ·· 高贵的心酸

> 君侯制作侔神明，德行动天地，笔参造化，学究天人。幸愿开张心颜，不以长揖见拒。必若接之以高宴，纵之以清谈，请日试万言，倚马可待。今天下以君侯为文章之司命，人物之权衡，一经品题，便作佳士；而今君侯何惜阶前盈尺之地，不使白扬眉吐气、激昂青云耶？
>
> ——《与韩荆州书》

"君侯制作侔神明，德行动天地，笔参造化，学究天人。"这里的"制作"就是功业，李白奉承韩荆州，说他的功业堪比神明，德行感动天地。单看这一句，李白无疑是在拍韩荆州马屁，说他功业大，德行高。但参考后面一句，或许更能了解李白的心酸："幸愿开张心颜，不以长揖见拒。"所谓"长揖"，是古代的一种礼节，拱手高举然后落下。古代有规矩，布衣百姓见公卿须拜，也就是低头弯腰，但士人有长揖不拜的特权。李白是在强调自己身为士子，会保持读书人的骨气，希望德才兼备的韩荆州能够不拘小节，不因李白的出身和傲骨而将他拒于门外。这也反过来说明，李白在此前谒见众权贵名流时正是因"长不满七尺"和"心雄万夫"而被拒。

"必若接之以高宴，纵之以清谈，请日试万言，倚马可待。"尽管出身寒微、性情耿介，但李白对自己的才华是充满信心的。他表示，只要韩荆州愿意给一个机会，自己就一定会还他一个惊喜。李白又引用了东晋袁宏"倚马可待"的例子：桓温北伐时，命袁宏写军用公文，袁宏倚马疾书，写得又快又好。李白自然也有这样的才华，后来杜甫在《饮中八仙歌》里说李白"斗酒诗百篇"，可见一斑。对于袁宏，李白想来是有很深的共鸣的，他们俩的天才和高傲如出一辙。袁宏当年因冒犯桓温而"荣任不至"，李白也因恃才傲物而屡屡见拒。

"今天下以君侯为文章之司命，人物之权衡，一经品题，便作佳士；而今君侯何惜阶前盈尺之地，不使白扬眉吐气、激昂青云耶？"读到这句话时，我依然强烈地感受到李白心中的那股不平之气。只要是韩荆州称赞的人物和文章，便会立刻被世人关注，李白多么想要一个机会，一扫十年来心头的阴霾。而这个机会就在眼前，它只是韩荆州的举手之劳罢了。那么，李白该如何说动韩荆州举荐自己呢？

五 · 向先贤学习

昔王子师为豫州，未下车即辟荀慈明，既下车又辟孔文举。山涛作冀州，甄拔三十余人，或为侍中、尚书，先代所美。而君侯亦一荐严协律，入为秘书郎；中间崔宗之、房习祖、黎昕、许莹之徒，或以才名见知，或以清白见赏。

——《与韩荆州书》

当你想让别人为你做些什么的时候，一定不要站在自己的角度，而要站在对方的角度想问题。于是李白将笔触由自己转移到韩荆州身上，用历史上的先贤来激发韩荆州的举荐之心。

"昔王子师为豫州，未下车即辟荀慈明，既下车又辟孔文举。山涛作冀州，甄拔三十余人，或为侍中、尚书，先代所美。"王子师是谁？你可能觉得这个名字很陌生，此人其实就是《三国演义》里使用"连环计"除掉董卓的司徒王允。王允出身太原王氏，家族中人才辈出。而汉朝察举孝廉出仕的制度叫作征辟制度，如果是皇帝征召就叫"征"，官员征召就叫"辟"。在当时的官场上，察举孝廉、交际名士是一种很重要的做法，一来相当于给潜力股投资，二来可以给自己积累实力和名望。王允就曾以善于举荐人才著称，黄巾军起义时，皇帝派他做豫州刺史保卫京师洛阳，他立马征召了名士荀爽和孔融来做刺史府从事。

同样，魏晋时期的山涛也以善于拔擢人才著称。当年冀州风俗鄙薄，无推贤荐才之风。山涛担任冀州刺史后，选拔隐逸之士，他所表彰或任命的 30 多人都显名于当世，而山涛也因此受到百姓士人的仰慕推崇。一方面，李白期许韩朝宗也是王允、山涛一样的人物，能推荐自己走上仕途；另一方面，李白认为自己是荀爽、孔融一样的名士，未来也定然可以成就韩朝宗的美名。

更何况，举荐名士对于韩朝宗早已不是新鲜事了。"而君侯亦一荐严协律，入为秘书郎；中间崔宗之、房习祖、黎昕、许莹之徒，或以才名见知，或以清白见赏。"仅仅李白所知的被举荐的名士，就有严武、崔宗之、房习祖、黎昕、许莹等人。李白特意提到，他们才华出众，高风亮节，而这两点也正是李白自己引以为傲的。他觉得这些人身上有的，自己都不缺，那么韩朝宗举荐自己也应当是名正言顺的。

李白的判断是否准确呢？韩朝宗在读完《与韩荆州书》之后究竟是何反应，历史并无记载，但李白并未因为这封信而被朝廷征召，为什么呢？

六 ·· 韩荆州为何没有举荐李白？

> 白每观其衔恩抚躬，忠义奋发。白以此感激，知君侯推赤心于诸贤之腹中，所以不归他人，而愿委身国士。倘急难有用，敢效微躯。
>
> 且人非尧舜，谁能尽善？白谟猷筹画，安能自矜？至于制作，积成卷轴，则欲尘秽视听，恐雕虫小技，不合大人。若赐观刍荛，请给纸笔，兼之书人，然后退扫闲轩，缮写呈上。庶青萍、结绿，长价于薛、卞之门。幸推下流，大开奖饰。惟君侯图之！
>
> ——《与韩荆州书》

李白的才华毋庸置疑，韩朝宗慧眼如炬也不假，但李白最大的错误，就是把韩朝宗等人当成了"活雷锋"。王允征辟荀爽、孔融，难道仅仅是因为他们的才华吗？要知道，荀爽的出身可是颍川荀氏，他的家族乃是颍川士族中最杰出的一个，举荐荀爽就相当于得到了整个颍川士族的支持。孔融身为孔子后裔，祖上做过汉元帝的老师，父亲也是太山都尉，他本人更是少年成名，很小就得到过名士李膺的夸赞——没错，就是前面所说的"登龙门"那位，《世说新语》里还专门有一则故事讲述此事。

再看看韩朝宗举荐的几位，关于房习祖、黎昕、许莹的资料不多，但就严武和崔宗之两人而言，被举荐也绝不仅仅是因为"才名"或"清白"那么简单。严武的父亲是中书侍郎严挺之，朝廷正四品官员，严武自幼就声名远播；崔宗之的出身更不一般，属于天下闻名的博陵崔氏，仅在唐朝就出了16位宰相。李白单单看到这些人的才华和清白，却看不透背后复杂的关系和利益，不能不说他在政治上比较幼稚。

所以，缺少政治资本的李白，尽管充分表达了他的感激与忠诚，却无法真正打动韩朝宗。时至今日，我们仍不免为李白扼腕叹息，生在那样一种体制下，要遇到一个伯乐是何等困难！尽管李白又将韩朝宗比作对人"推心置腹"的汉光武帝刘秀，还将他誉为"国士"，但李白并不能扭转唐朝官场的时势，自然也就无法真正赢得韩朝宗的青睐了。

在文章的最后，李白表示人非圣贤，每个人都有短板，自己也不例外：若论"谟猷筹画"，也就是献谋略、出主意，他断然不敢自夸，但若论舞文弄墨，他却不遑多让。李白表示，假若韩朝宗有意，自己将献上过往所作的文辞诗篇。即便此时，李白还保持着他的傲气，表示韩朝宗如果想看，就请派人自带纸笔前来抄写，而自己将"退扫闲轩"，静候光临。这就好比一个人已经失业，却坚持要求用人单位到自己家里签合同，既傲气又心酸。可假若没有这样的傲气与心酸，李白又何以成为"谪仙人"呢？

"庶青萍、结绿，长价于薛、卞之门。幸推下流，大开奖饰。惟君侯图之！"李白再次将自己比作青萍宝剑和结绿美玉，等待薛烛这样的相剑师和卞和这样的识玉者来发现自己的价值。

哪怕写到最后一句，李白的这封自荐信也保持着棱棱气骨，毫无含哀乞怜之象，无愧于"诗仙"的豪迈本色。最震撼人心的悲剧无过于英雄与命运的抗争，李白的这次"求职"虽然以失败收场，却让后世文人看到了他的雄豪笔力和高雅气节，令人在叹惋之余依旧心生敬意。

23 《前出师表》：掌握汇报的分寸感

导语

诸葛亮被视为智慧的化身，无人不知，很大程度上归功于《三国演义》。但《三国演义》毕竟是小说，其中的诸葛亮与历史上的诸葛亮还是有不少差别。要想了解真实的诸葛亮，就一定要读他的《出师表》。

《出师表》非常有名，历史上无数爱国志士受其感染，南宋就有"读诸葛孔明《出师表》而不堕泪者，其人必不忠"的说法。杜甫曾说，"出师未捷身先死，长使英雄泪满襟"，陆游也说，"出师一表真名世，千载谁堪伯仲间"。

《前出师表》原文

臣亮言：先帝创业未半，而中道崩殂[1]。今天下三分[2]，益州疲敝，此诚危急存亡之秋也。然侍卫之臣不懈于内，忠志之士忘身于外者，盖追先帝之殊遇[3]，欲报之于陛下也。诚宜开张圣听[4]，以光[5]先帝遗德，恢宏[6]志士之气；不宜妄自菲薄[7]，引喻失义，以塞忠谏之路也。

宫中、府中，俱为一体，陟罚臧否[8]，不宜异同。若有作奸犯科[9]及为忠善者，宜付有司[10]，论其刑赏，以昭陛下平明之治[11]，不宜偏私，使内外异法也。侍中、侍郎郭攸之、费祎、董允等，此皆良实，志虑忠纯，是以先帝简拔[12]以遗陛下。愚以为宫中之事，事无大小，悉以咨之，然后施行，必能裨补[13]阙漏[14]，有所广益。将军向宠，性行淑均，晓畅军事，试用于昔日，先帝称之曰能，是以众议举宠以为督。愚以为营中之事，事无大小，悉以咨之，必能使行阵[15]和穆，优劣得所也。亲贤臣，远小人，此先汉所

1　中道：中途，半道。崩殂（cú）：古代皇帝死亡称崩，亦称殂。
2　天下三分：指魏、蜀、吴三国分立。
3　殊遇：特殊的恩遇。
4　开张圣听：广泛听取群臣的意见。圣，对皇帝的尊称。
5　光：发扬光大。
6　恢宏：鼓舞，振奋。
7　妄自菲薄：随便地看轻自己。
8　陟（zhì）罚：升迁和处罚。臧否：善恶，这里指表扬和批评。
9　作奸犯科：做了坏事触犯法律。
10　有司：有关部门。
11　昭：显示。平明之治：公正清明的治理。
12　简拔：选拔。
13　裨（bì）补：弥补。
14　阙：通"缺"，缺点。漏：疏漏，过失。
15　行（háng）阵：队伍行列，代指军队。
16　贞亮：忠贞坦诚。死节：死于节义，意思

以兴隆也；亲小人，远贤臣，此后汉所以倾颓也。先帝在时，每与臣论此事，未尝不叹息痛恨于桓、灵也。侍中、尚书、长史、参军，此悉贞亮死节[16]之臣也，愿陛下亲之信之，则汉室之隆，可计日而待也。

臣本布衣[17]，躬耕[18]于南阳，苟全性命于乱世，不求闻达[19]于诸侯。先帝不以臣卑鄙，猥自枉屈[20]，三顾臣于草庐之中，咨臣以当世之事。由是感激，遂许先帝以驱驰[21]。后值倾覆，受任于败军之际，奉命于危难之间，尔来[22]二十有一年矣。先帝知臣谨慎，故临崩寄臣以大事也。受命以来，夙夜忧叹，恐托付不效，以伤先帝之明。故五月渡泸，深入不毛[23]。今南方已定，兵甲已足，当奖率三军，北定中原。庶竭驽钝[24]，攘[25]除奸凶，兴复汉室，还于旧都。此臣所以报先帝而忠陛下之职分也。至于斟酌损益[26]，进尽忠言，则攸之、祎、允之任[27]也。愿陛下托臣以讨贼兴复之效，不效则治臣之罪，以告先帝之灵；若无兴德之言，则责攸之、祎、允之咎，以彰[28]

是能以死报国。
17 布衣：平民。
18 躬耕：亲自耕种。
19 闻达：扬名显达。
20 枉屈：委屈，谓屈尊就卑。
21 驱驰：奔走效力。
22 尔来：从那以来。
23 不毛：指荒芜、没有开垦的地方。
24 庶：希望，愿意。竭：尽。驽钝：比喻自己平庸的才能。驽，劣马。钝，刀刃不锋利。
25 攘：排除，铲除。
26 损益：得失。
27 任：职责。
28 彰：公布，暴露。
29 慢：怠慢。
30 咨诹（zōu）善道：咨询治国的好办法。咨诹，询问。

其慢[29]。陛下亦宜自谋，以咨诹[30]善道，察纳雅言，深追先帝遗诏。臣不胜受恩感激。今当远离，临表涕泣，不知所云。

一·· 破题：前出师表

臣亮言：先帝创业未半，而中道崩殂。今天下三分，益州疲敝，此诚危急存亡之秋也。然侍卫之臣不懈于内，忠志之士忘身于外者，盖追先帝之殊遇，欲报之于陛下也。诚宜开张圣听，以光先帝遗德，恢宏志士之气；不宜妄自菲薄，引喻失义，以塞忠谏之路也。

——《前出师表》

《出师表》共有两篇，时间上一前一后，前者写于蜀汉建兴五年，后者则写于建兴六年。为了加以区分，后世分别称为《前出师表》和《后出师表》。"表"是古代的一种奏章形式，用于臣子向皇帝奏明事项。《出师表》要奏明的主要事项就是"出师"，也就是率军出征。诸葛亮为何请求出征？要征讨谁？这一切都要从三国的建立说起。

东汉末年，曹操挟天子以令诸侯，东汉名存实亡。公元220年，曹操去世，其子曹丕篡汉称帝。接着，刘备打出兴复汉室的大旗，建立了蜀汉政权，而孙权统领的东吴也在次年宣布独立。值得注意的是，刘备的目标并不是建立自己的割据政权，而是要灭掉曹魏，恢复汉家天下，只是这个计划由于种种意外而被搁浅。

在建立蜀汉政权的第三年，刘备重病不起。临终前，他将兴复汉室的大业托付给了诸葛亮，并让儿子刘禅视诸葛亮为父。刘备去世后，刘禅即位，改元建兴，南方诸郡趁势反叛。由于时值刘备大丧，不宜出兵。建兴三年，诸葛亮亲自带兵南征，平定了南方叛乱，消除了北伐曹魏的后顾之忧。建兴四年，年仅40岁的魏文帝曹丕病死，诸葛亮感觉北伐时机成熟，次年上奏后主准备出兵，这奏章便是《前出师表》。

此时，已经是刘备去世的第5个年头了。文章开篇写道："先帝创业未半，而中道崩殂。"许多人无法理解"创业未半"，上文说了，刘备建立自己的政权，目的是兴复汉室。但刘备死时，蜀汉政权仍偏居西南，北有曹魏，东有孙吴，汉室兴复大业远未完成。

"今天下三分，益州疲敝，此诚危急存亡之秋也。"创始人刘备突然去世，无疑给了益州（蜀汉政权所在地）这个成立不足3年的"公司"极大打击，而在平定南方叛乱的过程中，蜀汉的国力也进一步被削弱。

"然侍卫之臣不懈于内，忠志之士忘身于外者，盖追先帝之殊遇，欲报之于陛下也。"尽管形势不容乐观，但诸葛亮等蜀汉老臣并未放弃奋斗和希望。朝廷内外仍然有一批赤诚臣子能为后主尽忠，来报答先帝的知遇之恩。前面两句分析了蜀汉面临的危急形势，讲明了北伐的紧迫性和必要性；这一句则说明了群臣的忠义和高涨的士气，点出了北伐的底气和成功的可能性。

接着，诸葛亮从正反两方面对后主劝谏："诚宜开张圣听，以光先帝遗德，恢宏志士之气；不宜妄自菲薄，引喻失义，以塞忠谏之路也。"诸葛亮先告诉后主应该广泛听取意见，后劝后主不应该过分地看轻自己，或者讲一些不恰当的话。

其实，诸葛亮的身份很尴尬。一方面，作为臣子，诸葛亮对后主应当恭恭敬敬；另一方面，诸葛亮是托孤重臣，刘禅按照刘备的遗嘱"事之如父"。诸葛亮既当臣子又当长辈，很多话不能不讲，却又不能明讲。诸葛亮在出征前劝后主多听意见，别灰心丧气，讲话要得体，这既是臣子对君主的劝谏，也是长辈对孩子的嘱托。

那么，诸葛亮到底有什么放心不下的呢？

二·· 诸葛亮的担忧

> 宫中、府中，俱为一体，陟罚臧否，不宜异同。若有作奸犯科及为忠善者，宜付有司，论其刑赏，以昭陛下平明之治，不宜偏私，使内外异法也。
>
> ——《前出师表》

关于"宫中、府中"，历来有不同的说法。很多书将"府中"解释为"将军幕府"，可能是考虑到后文提到了"将军向宠"，但这样解释显然缺乏逻辑。要想了解诸葛亮的真实意思，必须站在他的位置上看问题。

根据《三国志》的记载，刘禅即位后，诸葛亮被封为武乡侯，"开府治事"。这里的"府"，就是诸葛亮作为丞相的办事机关。自秦朝以来，皇权和相权有明确分工，皇帝任命丞相，而丞相统领百官。换句话讲，天下归皇帝所有，但百官的管理权在丞相手中。有没有皇帝直接管理的机构呢？有，那便是皇宫。这就使得皇帝很容易和宫里人走得近，和丞相及百官离得远。

东汉的灭亡便与此有关。东汉末年，宦官与外戚交替专权，本质上就是因为皇帝宠信内宫，将宫中人等视为心腹偏听偏信，对群臣百官则不够信任。诸葛亮曾和刘备谈及此事，对桓帝、灵帝的做法痛心疾首，故而在出征前反复叮咛刘禅。

所以，这里的"宫中、府中"，应该理解为受皇帝直接管理的宫内人员和受丞相管理的群臣百官。在诸葛亮看来，所有人都是为皇帝服务的，应当一视同仁，而不该有所偏心。不管是宫内人员还是群臣百官，根据表现，该赏的就赏，该罚的就罚，一碗水端平。而且不论是赏是罚，都应该交给相应的机构来处理，这样才能体现君主的客观公正。

诸葛亮的这段话，当然是基于东汉末年的惨痛教训说的，但有没有对现实的考虑呢？未必没有。妈妈在出门前反复叮嘱孩子不许看电视，说明她对孩子的自控力并不放心。同样，诸葛亮临行时再三叮嘱，显然对后主是有所担忧的。

三 · 用心良苦的建议

侍中、侍郎郭攸之、费祎、董允等，此皆良实，志虑忠纯，是以先帝简拔以遗陛下。愚以为宫中之事，事无大小，悉以咨之，然后施行，必能裨补阙漏，有所广益。将军向宠，性行淑均，晓畅军事，试用于昔日，先帝称之曰能，是以众议举宠以为督。愚以为营中之事，事无大小，悉以咨之，必能使行阵和穆，优劣得所也。

——《前出师表》

诸葛亮既然担忧，就在临行时反复叮嘱，还做了一些安排。

首先，诸葛亮提到了郭攸之、费祎和董允，前两位是侍中，董允是黄门侍郎。这两种官职都相当于皇帝的贴身秘书，协助皇帝处理宫中大小事务。诸葛亮特别强调，这三位都是先帝特意为刘禅挑选的，不论是人品还是能力都完全靠得住。有这些人把关，宫中的事情就不会出乱子。

其次，诸葛亮提到了将军向宠。此时向宠的职位是中部督，其职责是管理宫廷宿卫军，保卫皇帝，警卫京城和皇宫。诸葛亮又一次提到了先帝：当年刘备率大军伐吴，被东吴陆逊火烧连营，唯独向宠的部队完好无损，故而刘备称赞他能干。由此可见，向宠的才能并非攻城略地，而是老成持重，将后主的保卫工作交给向宠来负责，诸葛亮最为放心。

四·扶不起的阿斗

亲贤臣，远小人，此先汉所以兴隆也；亲小人，远贤臣，此后汉所以倾颓也。先帝在时，每与臣论此事，未尝不叹息痛恨于桓、灵也。侍中、尚书、长史、参军，此悉贞亮死节之臣也，愿陛下亲之信之，则汉室之隆，可计日而待也。

——《前出师表》

人员安排完成后，诸葛亮讲出了他的心事："亲贤臣，远小人，此先汉所以兴隆也；亲小人，远贤臣，此后汉所以倾颓也。"诸葛亮此去北伐，生死未卜，后主要走的路却还很长。所以，诸葛亮又为后主指明了未来挑选人才的标准。

　　作为一个领导者，应该亲近什么人，远离什么人？诸葛亮的标准：亲近贤才，远离小人。西汉之所以得以建立和发展，离不开刘邦对萧何、张良、韩信等贤才的重用，而东汉之所以最终衰落和灭亡，则归因于桓帝、灵帝对宦官奸臣的宠信。

　　言及此，诸葛亮再次提到了先帝，当年他们曾共同讨论国家兴衰之道，对东汉末年宦官误国恨得咬牙切齿。诸葛亮表示，如今的侍中（郭攸之、费祎）、尚书（陈震）、长史（张裔）、参军（蒋琬），都是值得信赖和重用的贤才。他希望后主能够亲近、信任并重用他们，这样汉室的兴复必指日可待，自己哪怕无法亲眼见证，也可以在泉下瞑目了。

　　可惜的是，后主并没有感念诸葛亮的苦心。尽管诸葛亮已经无微不至地把饭送到了后主的嘴边，但这个扶不起的阿斗最终还是走上了"亲小人，远贤臣"的邪路。只知道"此间乐，不思蜀"的刘禅从没想过，刘备和诸葛亮倘若泉下有知，将是何等痛心和气愤！

五 · 兴复汉室的使命

　　臣本布衣，躬耕于南阳，苟全性命于乱世，不求闻达于诸侯。先帝不以臣卑鄙，猥自枉屈，三顾臣于草庐之中，咨臣以当世之事。由是感激，遂许先帝以驱驰。后值倾覆，受任于败军之际，奉命于危难之间，尔来二十有一年矣。先帝知臣谨慎，故临崩寄臣以大事也。受命以来，夙夜忧叹，恐托付不效，以伤先帝之明。故五月渡泸，深入不毛。今南方已定，兵甲已足，当奖率三军，北定中原。庶竭驽钝，攘除奸凶，兴复汉室，还于旧都。

——《前出师表》

  安排完事情，诸葛亮回忆起了过往：我本是在南阳种地的一介草民，没有什么大的追求，只想在乱世中普普通通地过完这一生。可先帝不嫌弃我卑微的出身，多次亲自到访我破旧的草庐，向我求教天下大事。为了报答先帝的知遇之恩，我才愿意出山奔走驱驰。兵败后，先帝将大任托付于我，算起来有 21 年了。先帝知道我为人谨慎，所以将兴复汉室的大业托付给我。自受命以来，我日夜忧虑，生怕对不起先帝的重托。

  这段文字充分体现了诸葛亮的赤诚之心，完全符合苏轼"简而尽，直而不肆"的评价。它像极了一个英雄在赴死前的人生回顾，又像一位老者在面对晚辈时的徘徊低语。诸葛亮用这样简单直接的文字，将自己的使命光明磊落地讲述，比任何巧言妙词都更加令人动容。

  然后，诸葛亮又说到自己的北伐准备。他为了稳定后方，"五月渡泸，深入不毛"。建兴三年，诸葛亮亲自带兵南征平叛，《三国演义》里"七擒孟获"的故事说的便是此事。当时西南地区尚未开发，毒蛇猛兽极多，而且瘴气很重，三月、四月都无法渡河。诸葛亮不顾安危，五月渡过泸水，深入不毛之地，在秋天就平定了叛乱，解决了北伐的后顾之忧。如今，蜀汉军队已休整完毕，而魏国曹丕又刚好去世，正是出兵北伐的绝佳时机。

  "当奖率三军，北定中原。庶竭驽钝，攘除奸凶，兴复汉室，还于旧都。"诸葛武侯豪情万丈：他将用尽全部力量，率领大军收复中原，彻底击垮曹魏政权，重建大汉王朝。

六 ·· 临表涕泣，不知所云

此臣所以报先帝而忠陛下之职分也。至于斟酌损益，进尽忠言，则攸之、祎、允之任也。愿陛下托臣以讨贼兴复之效，不效则治臣之罪，以告先帝之灵；若无兴德之言，则责攸之、祎、允之咎，以彰其慢。陛下亦宜自谋，以咨诹善道，察纳雅言，深追先帝遗诏。臣不胜受恩感激。今当远离，临表涕泣，不知所云。

——《前出师表》

诸葛亮深知，北伐中原是先帝遗命，也是自己报答先帝和为后主尽忠的职责。因此他主动请缨，讨汉贼，兴汉室。至于陪在后主身边、为后主进言兴德，就让郭攸之、费祎、董允等新一代贤臣来做吧。

文章最后，诸葛亮深情地对后主说道："陛下亦宜自谋，以咨诹善道，察纳雅言，深追先帝遗诏。臣不胜受恩感激。"老臣不在身边了，您自己要用心，多向大家征求治国安邦的良方，采纳那些有益于国的忠言，永远不要忘记先帝的遗命，这就是对我的恩德了，我在远方也会感念的。

"临表涕泣，不知所云。"最后一句，实乃情之所至。蜀汉危急存亡之际，后主却醉生梦死。武侯身负重任，不能不去，偏又挂念后主，无法宽心，故而殷殷敦促如严父，又勤勤叮咛似慈母。读完全文，不禁掩卷长叹：一片忠心，千古如见！

24 《陈情表》：史上最牛请假条

导语

南宋赵与时的《宾退录》说："读诸葛孔明《出师表》而不堕泪者，其人必不忠。"这话后面还有一句："读李令伯《陈情表》而不堕泪者，其人必不孝。"俗话说，自古忠孝难两全，《前出师表》和《陈情表》，一忠一孝，可谓古人尽忠尽孝的典范。

《陈情表》原文

臣密言：臣以险衅[1]，夙遭闵凶[2]。生孩六月，慈父见背[3]；行年四岁，舅夺母志[4]。祖母刘，愍[5]臣孤弱，躬亲[6]抚养。臣少多疾病，九岁不行，零丁孤苦，至于成立[7]。既无叔伯，终鲜兄弟。门衰祚薄[8]，晚有儿息。外无期功强近[9]之亲，内无应门五尺之童[10]。茕茕孑立[11]，形影相吊[12]。而刘夙婴[13]疾病，常在床蓐[14]。臣侍汤药，未尝废离。

逮奉圣朝[15]，沐浴清化[16]。前太守臣逵，察[17]臣孝廉；后刺史臣荣，举臣秀才。臣以供养无主，辞不赴命。诏书特下，拜[18]臣郎中；寻[19]蒙国恩，除臣洗马[20]。猥[21]以微贱，当侍东宫[22]，非臣陨首[23]所能上报。臣具以表闻[24]，辞不就职。诏书切峻[25]，责臣逋慢[26]；郡县逼迫，催臣上道；州司临门，急于星火。臣欲奉诏奔驰，则以刘病日笃[27]；欲苟顺[28]

1. 险衅：险难和祸患，指命运不济。
2. 夙：早，指幼年。闵（mǐn）凶：忧患凶丧之事，指父死母嫁。
3. 慈父见背：父亲背弃了我，这是对父亲死去的委婉说法。
4. 舅夺母志：舅舅逼母亲改嫁。志，指守节之志。
5. 愍（mǐn）：同"悯"，怜悯。
6. 躬亲：亲自。
7. 成立：长大成人。
8. 门衰祚（zuò）薄：家门衰微，福分浅薄。
9. 强近：比较亲近。
10. 应门：照应门户。童：同"僮"，仆人。
11. 茕（qióng）茕：孤独的样子。孑（jié）立：孤独地生活。
12. 形影相吊：只有自己的身子和影子互相安慰。吊，安慰。
13. 婴：缠绕。
14. 蓐（rù）：草席。
15. 逮（dài）：及，到。圣朝：指晋。
16. 沐浴：本指洗头洗澡，借喻蒙受。清化：清明的教化。
17. 察：选拔，荐举。
18. 拜：授官。
19. 寻：不久。
20. 除：除去旧职，授予新职。洗（xiǎn）马：官名，太子属官，掌宫中图籍。

私情，则告诉[29]不许。臣之进退，实为狼狈[30]。

伏惟圣朝以孝治天下，凡在故老[31]，犹蒙矜育[32]，况臣孤苦，特为尤甚。且臣少事伪朝[33]，历职郎署，本图宦达[34]，不矜[35]名节。今臣亡国贱俘，至微至陋，过蒙拔擢[36]，宠命优渥[37]，岂敢盘桓[38]，有所希冀？但以刘日薄[39]西山，气息奄奄[40]，人命危浅[41]，朝不虑夕。臣无祖母，无以至今日；祖母无臣，无以终余年。母孙二人，更相为命，是以区区不能废远[42]。臣密今年四十有四，祖母刘今年九十有六。是臣尽节于陛下之日长，报[43]刘之日短也。乌鸟私情[44]，愿乞终养。臣之辛苦，非独蜀之人士及二州牧伯所见明知，皇天后土，实所共鉴。

愿陛下矜愍愚诚，听臣微志。庶[45]刘侥幸，卒保余年。臣生当陨首，死当结草。臣不胜犬马怖

21 猥：辱，表自谦。
22 东宫：太子所居之处。这里指太子。
23 陨首：掉头，指丧生。
24 具：全，都，详尽。闻：告知。
25 切峻：急切严厉。
26 逋（bū）慢：谓怠慢不敬。
27 笃：深重，严重。
28 苟顺：姑且迁就。
29 告诉：向上禀告诉说。
30 狼狈：困顿窘迫、左右为难的样子。
31 故老：指老年人。
32 矜：怜悯。育：抚养。
33 伪朝：指蜀汉。
34 宦达：为官显达。
35 矜：自夸。
36 过：超出常规。拔擢：提拔。
37 宠命：特别恩惠的任命。优渥：优厚。
38 盘桓：逗留徘徊，指辞不赴命。
39 薄：迫近。
40 奄奄：气息微弱将绝的样子。
41 危浅：危急短促，指活不长久。
42 区区：个人的私愿。废远：废养远离。
43 报：报答。
44 乌鸟私情：相传乌鸦能反哺，即幼鸟长成后转而哺养老鸦。
45 庶：或许，大概。

惧之情，谨拜表以闻。

一·破题：陈情表

　　《陈情表》和《出师表》一样，都是臣子写给帝王的奏章。不同的是，《出师表》是要出兵，而《陈情表》则是要"陈情"。所谓"陈"，就是陈述、讲述，《陈情表》是李密向晋武帝司马炎写的一封陈述自己境况的信。李密为何要写这封信？

　　李密，字令伯，出生在三国时期的益州，当时蜀汉政权已经建立，李密是土生土长的蜀国人。小时候的李密命途多舛，刚出生6个月，父亲就去世了；4岁那年，母亲改嫁。李密幼年体弱多病，几乎活不下来，幸好有祖母刘氏照料，才慢慢长大。李密性情温厚，对祖母十分孝敬，后来刘氏生病，李密为了照顾她，常常彻夜不眠，他的孝行传遍乡里，颇为时人称道。

　　李密的祖父做过太守，祖母刘氏也十分重视读书，李密在她的教导下博览群书，十分好学，尤其精通《左传》。长大后的李密因德才兼备而被多次举荐、征召，先后在蜀汉担任益州从事、尚书郎，相当于现在省部级领导的秘书。李密还曾代表蜀国出使东吴，以辩才闻名天下。李密40岁时，蜀汉灭亡，他便隐居乡里，不再出仕，专心照顾年事已高的祖母。

　　4年后，晋武帝司马炎册立太子，需要找一个既有阅历又有名声的人给太子做"秘书"，便想到了李密。但诏书下了几次，都被李密以祖母无人照顾为由拒绝，这就使得晋武帝勃然大怒。

　　晋武帝为何如此执着，定要李密出山呢？这和西晋建立时的情况有关。要知道，司马氏本是曹魏的臣子，后来篡魏自立，自然没脸再提倡忠君爱国。而在古代能与"忠"分庭抗礼的只有"孝"，所以晋武帝便大肆提倡孝道，还将"以孝治国"定为西晋的基本国策。李密以至孝闻名天下，又在蜀地颇得人心，还有给领导做秘书的丰富经验，让他做太子的"秘书"，可谓一举多得。更何况李密当年在蜀汉出力，如今偏不出来替司马氏效劳，这也让晋武帝相当恼怒。所以，尽管李密一再推辞，晋武帝仍然不放弃，还给底下的办事人员下了死命令，就算绑也要把李密绑到京城。

在这种局势下，再不做点儿什么，李密很可能有性命之忧。更重要的是，他的祖母已经垂垂老矣，断然无法独活。无奈之下，李密只能亲自给晋武帝写信"请假"，但该怎样写这张"请假条"，才能打消晋武帝的猜忌和怒火呢？

二 · 真诚的力量

臣密言：臣以险衅，夙遭闵凶。生孩六月，慈父见背；行年四岁，舅夺母志。祖母刘，愍臣孤弱，躬亲抚养。臣少多疾病，九岁不行，零丁孤苦，至于成立。既无叔伯，终鲜兄弟。门衰祚薄，晚有儿息。外无期功强近之亲，内无应门五尺之童。茕茕孑立，形影相吊。而刘夙婴疾病，常在床蓐，臣侍汤药，未尝废离。

——《陈情表》

李密的第一句话是："臣以险衅，夙遭闵凶。""险衅"就是厄运，"闵凶"就是灾难。用今天的话来说，李密从小命不好，多灾多难。

这句话主要是为接下来的内容做一个总起，同时还有另一作用，那便是暗示晋武帝，李密运气差，可能并非辅佐太子的最佳人选。

接着，李密便具体诉说了自己的悲惨童年：6个月大时，父亲去世；4岁那年，舅舅逼母亲改嫁。只有祖母刘氏可怜李密孤苦体弱，亲自将他养大。小时候的李密身体很弱，弱到什么地步呢？原文说他"九岁不行"，有些书将它翻译成"9岁了还不会走路"，这显然有违常理，解释成"9岁的时候路都走不稳"似乎更为妥当。

"零丁孤苦，至于成立。既无叔伯，终鲜兄弟。门衰祚薄，晚有儿息。"李密连续使用三句话来陈述自己的孤苦：从小一个人长大，上一代没有叔伯照顾，这一代没有兄弟做伴，下一代也是老来得子。孤苦到什么地步呢？活着没人在家开门，死了没人守孝服丧——"期功强近之亲"就是关系近到需要服丧满1年、9个月或5个月的亲人；"应门五尺之童"就是已经长到可以开门迎送客人的孩子。"茕茕孑立，形影相吊"，每天孤零零一个人，只有影子和自己做伴。

李密强调自己孤单无助，正是为请求留下来照顾祖母做铺垫。他没有叔伯，没有兄弟，孩子还未成年，所以祖母只能靠自己照料。假如李密走了，他的祖母就也会陷入活着的时候没人开门，死了之后没人服丧的处境。所以，李密的这些话看似在说自己，实则句句说祖母刘氏：年迈的她和自己一样孤单，且比自己更无助。他还说，如今祖母刘氏年事已高，常年卧病在床，而自己近年来都是亲自侍奉，几乎寸步不离。

因个人困难而无法接受他人请托时，最好不要遮遮掩掩，而是大方地说明事实。人非草木，孰能无情？只要坦诚待人，就会赢得别人的共情和理解。《陈情表》能够打动晋武帝和后世的千万读者，凭借的正是真诚的力量。

三 · 如何消除晋武帝的猜忌？

> 逮奉圣朝，沐浴清化。前太守臣逵，察臣孝廉；后刺史臣荣，举臣秀才。臣以供养无主，辞不赴命。诏书特下，拜臣郎中；寻蒙国恩，除臣洗马。猥以微贱，当侍东宫，非臣陨首所能上报。臣具以表闻，辞不就职。诏书切峻，责臣逋慢；郡县逼迫，催臣上道；州司临门，急于星火。臣欲奉诏奔驰，则以刘病日笃；欲苟顺私情，则告诉不许。臣之进退，实为狼狈。
>
> ——《陈情表》

讲完家事，李密开始讲国事："逮奉圣朝，沐浴清化。"这个部分看似很复杂，实际上内在逻辑非常清晰，共分三个阶段。

第一阶段："前太守臣逵，察臣孝廉；后刺史臣荣，举臣秀才。臣以供养无主，辞不赴命。"在这个阶段，是李密得到地方官员的察举推荐。推举李密的官员先后有两位，一位名逵，因李密孝顺长辈而推举他为孝廉；另一位名荣，因李密才华出众而推举他为秀才。考虑到祖母无人供养，李密全都推辞了。

第二阶段："诏书特下，拜臣郎中；寻蒙国恩，除臣洗马。猥以微贱，当侍东宫，非臣陨首所能上报。臣具以表闻，辞不就职。"这次和上次不同：上次是由地方官举荐，这次则是皇帝亲自任命，先是任命李密为郎中，后又任命他为太子洗马。这里的郎中可不是医生，全称叫作"尚书诸曹郎中"，是尚书曹司之长，属于司局级别的高级官员。同样,太子洗马不是太子的马夫,而是太子的"秘书"。

面对晋武帝的征召,李密虽然感动不已,但仍然上表婉拒,"辞不就职"。

第三阶段:"诏书切峻,责臣逋慢;郡县逼迫,催臣上道;州司临门,急于星火。臣欲奉诏奔驰,则以刘病日笃;欲苟顺私情,则告诉不许。"假如说拒绝地方官员的举荐尚能平安无事,那拒绝晋武帝的征召可就非同小可了。于是,晋武帝再度下诏,责令李密不得拖延,郡县州司也急了,屡次上门催促李密动身。在文中,李密用了"切峻"来形容晋武帝诏书措辞的严厉,又用"逼迫"来描述地方官员的步步紧逼,足见其承受的压力之大。接着,李密坦诚交代了自己内心的痛苦与无奈:想要奉召出仕,又放不下病重的祖母;留下来照顾祖母,却又不被朝廷批准——实在是进退两难。

这三个阶段的表达层层递进,非常清晰地向晋武帝展现了李密的遭遇和困境。当一个人被猜忌时,最聪明的做法就是把所有问题拿到明面上说。李密这番开诚布公的话,消除了晋武帝的猜忌,但他还需要给晋武帝"安慰"——毕竟此前抗旨不遵。

四 · 如何平复晋武帝的情绪?

伏惟圣朝以孝治天下,凡在故老,犹蒙矜育,况臣孤苦,特为尤甚。且臣少事伪朝,历职郎署,本图宦达,不矜名节。今臣亡国贱俘,至微至陋,过蒙拔擢,宠命优渥,岂敢盘桓,有所希冀?但以刘日薄西山,气息奄奄,人命危浅,朝不虑夕。臣无祖母,无以至今日;祖母无臣,无以终余年。母孙二人,更相为命,是以区区不能废远。

——《陈情表》

出仕和留守看似是一对不可调和的矛盾，但李密非常敏锐地抓住了两者的"中间地带"，那便是晋朝的国策——以孝治国。

前文说过，晋武帝提倡"以孝治天下"，还特意颁布了许多相关法令，大肆鼓励孝行。李密抓住这一点，表示自己留在家奉养祖母并非对抗君命，反而是顺应国策，所以并不会损害晋武帝的君威。李密非常清楚，晋武帝之所以恼怒，无非有两个原因：一是觉得李密不遵诏令，有损帝王之威；二是认为李密自矜名节，要么是追求清高的名声，要么是想借此漫天要价。

于是在解释完第一个问题后，李密继续自白心迹：我就是一个俗人，当然是希望做官的，假如自矜名节，当年也不会在蜀汉任职。更何况身为"亡国贱俘"，我也知道您给的这份差事已经是抬举我了，哪儿还敢不知好歹地讨价还价？之所以拒绝您的好意，既不是图名，也不是图利，仅仅是因为祖母刘氏已经"日薄西山，气息奄奄，人命危浅，朝不虑夕"。

李密的这段话当然不仅是陈述事实，也是在向晋武帝求情，希望他能够让自己送祖母最后一程。接着，他说了一句极为感人的话："臣无祖母，无以至今日；祖母无臣，无以终余年。"没有祖母，李密走不到今天；没有李密，祖母也看不到明天。"母孙二人，更相为命，是以区区不能废远。"李密表示，祖母和自己这么多年相依为命，他实在不忍抛下她独自远行！

面对恼怒的晋武帝，李密的这种处理方式十分值得学习。他没有据理力争，而是选择以情动人，因为要平复一个人的情绪，最好的方法绝不是和他争论，而是将心比心，与对方共情。李密感激的不仅有祖母的养育之恩，也有晋武帝的知遇之恩。

言说至此，不管晋武帝原本如何生气，他都不会再怪李密不识好歹。平复了晋武帝的情绪，距离解决问题便只剩下最后一步。

五 ·· 如何解决忠孝难两全的难题？

臣密今年四十有四，祖母刘今年九十有六。是臣尽节于陛下之日长，报刘之日短也。乌鸟私情，愿乞终养。臣之辛苦，非独蜀之人士及二州牧伯所见明知，皇天后土，实所共鉴。

愿陛下矜愍愚诚，听臣微志。庶刘侥幸，卒保余年。臣生当陨首，死当结草。臣不胜犬马怖惧之情，谨拜表以闻。

——《陈情表》

自古忠孝难两全，李密呈上《陈情表》，假如只表示尽孝，不能尽忠，晋武帝肯定是不乐意的。这时，李密用了非常有智慧的处理方式，将原本对立的矛盾关系变成了并不矛盾的先后关系。

《陈情表》最后的陈述看似普通，实则精彩。"臣密今年四十有四，祖母今年九十有六"，如果没有这两个数字，恐怕晋武帝还不会答应得那么干脆。李密表示，自己并非只想尽孝，不想尽忠，而是想先尽孝、后尽忠。毕竟，留给他尽忠的时间还有很长，但尽孝的时间已经非常少了。人生七十古来稀，李密的祖母已经 96 岁，就算李密为她尽孝送终，又能持续多久呢？"是臣尽节于陛下之日长，报刘之日短也。"

通过这样的解释,李密就将原本看似不可调和的忠孝矛盾完美消解了:忠和孝可以都要,只是有先有后,而且两者都没怎么耽误。李密接着用"乌鸟私情,愿乞终养"来进一步表达自己的心愿:连乌鸦都知道反哺,何况是生而为人、自幼受祖母大恩的自己呢?

"臣之辛苦,非独蜀之人士及二州牧伯所见明知,皇天后土,实所共鉴。"李密表示,上述情况绝对属实,众人做证,天地共鉴。假如晋武帝愿意赐给李密这个尽孝的机会,让刘氏得以在他的陪伴下度过人生的最后时光,那么李密将肝脑涂地,誓死效忠——"臣生当陨首,死当结草"。

试想,晋武帝读到此处会做何感想?首先,李密并非不知好歹,而是完全领受我的恩典,生气发火是没有必要的。其次,假如逼着李密来尽忠,必使他心神不宁,终生抱憾,工作也不会干好。但假如允许李密在家尽孝终了,则并不会耽误他尽忠,反而还能让他心怀感恩,誓死效命。何况,让李密照顾祖母本就符合国情国策,也能为天下树立好榜样。

事实上,晋武帝读完李密的《陈情表》后大为感动,认为此人心怀家国,忠孝两全。因此,晋武帝非但不再怪罪李密,还特意给李密家送去两名仆人,帮他打理家务,直到祖母刘氏去世。

《陈情表》作为一篇情理与文采俱妙的佳作流传下来,堪称"史上最牛请假条"。